高职高专财政金融类专业规划教材

银行法理论与实务

朱 鹤 编著

清华大学出版社
北京

内 容 简 介

本书围绕与银行业实务紧密联系的法律制度，从民事、商事、银行业监督管理、反洗钱、商业银行和金融犯罪这6个方面具体阐述了银行业的法律法规。本书在剖析法学理论和法律条文时，结合经典案例，深入浅出，力求从实际解决问题，突出银行业法律的实用性。

本书既可以作为高职高专金融类、经济类及相关专业的教材，也可以作为应用型本科院校教学用书及金融机构培训教材。

本书封面贴有清华大学出版社防伪标签，无标签者不得销售。

版权所有，侵权必究。举报: 010-62782989, beiqinquan@tup.tsinghua.edu.cn。

图书在版编目(CIP)数据

银行法理论与实务 / 朱鹤编著 . —北京：清华大学出版社，2020.8（2024.8重印）
高职高专财政金融类专业规划教材
ISBN 978-7-302-55327-4

Ⅰ.①银… Ⅱ.①朱… Ⅲ.①银行法—中国—高等职业教育—教材 Ⅳ.① D922.281

中国版本图书馆 CIP 数据核字 (2020) 第 062210 号

责任编辑：施　猛
封面设计：常雪影
版式设计：方加青
责任校对：成凤进
责任印制：曹婉颖

出版发行：清华大学出版社
网　　址：https://www.tup.com.cn, https://www.wqxuetang.com
地　　址：北京清华大学学研大厦 A 座　　邮　　编：100084
社 总 机：010- 83470000　　邮　　购：010-62786544
投稿与读者服务：010-62776969, c-service@tup.tsinghua.edu.cn
质 量 反 馈：010-62772015, zhiliang@tup.tsinghua.edu.cn

印 装 者：三河市君旺印务有限公司
经　　销：全国新华书店
开　　本：185mm×260mm　　印　　张：17.5　　字　　数：373 千字
版　　次：2020 年 8 月第 1 版　　印　　次：2024 年 8 月第 3 次印刷
定　　价：58.00 元

产品编号：085442-02

前言

随着我国银行业务日益融入国际环境和金融体制改革的不断深入，我国的银行业务不断创新，银行风险不断显现。为规避银行风险、规范银行机构的经营行为，近年来，我国政府根据银行发展的要求，对现有的银行法律法规进行了修订和完善。银行相关法律的不断完善对银行法的教学提出了更高的要求，为满足高职高专银行业法律法规的教学需要以及银行机构从业人员的培训需要，我们在清华大学出版社的组织下编写了此书。

本书在编写过程中力求做到结构新颖，内容务实创新，准确体现银行法规的精神，反映我国最新的银行立法动向。本书在每章开篇都设置了学习目标，使学生明确本章所学的银行法规的内容，准确把握所学章节的重点、难点；每章都安排了大量的案例和经典例题，加强理论与实践的结合，增强学生对银行法规的领悟；每章都设置了课后思考题，有助于学生对所学的银行业法律法规有更深的理解。

本书共分6章，教材内容紧紧围绕银行业务中经常运用到的法律法规。本书由辽宁金融职业学院朱鹤编著，并负责大纲制定、定稿、编写和审阅工作。

在本书编写过程中，作者参考了大量的相关资料和论著，并吸收了其中的一些研究成果，在此，谨向所有参考文献的作者致谢。由于银行业法律法规涉及的内容较多，范围较广，编者能力有限，书中难免存在疏漏之处，恳请读者批评指正，以便进一步修订完善。反馈邮箱：wkservice@vip.163.com。

作者
2019年9月
中国·沈阳

目录

第1章 民事法律制度

- 1.1 民事法律基本制度 ·············· 2
  - 1.1.1 民法概述 ·············· 2
  - 1.1.2 民事主体 ·············· 5
  - 1.1.3 民事法律行为与代理 ····· 10
  - 1.1.4 民事诉讼时效制度 ······· 17
- 1.2 合同法律基本制度 ·············· 18
  - 1.2.1 合同概述 ·············· 18
  - 1.2.2 合同的订立 ············ 19
  - 1.2.3 合同的效力 ············ 23
  - 1.2.4 合同的履行 ············ 27
  - 1.2.5 合同的变更、转让和终止 ··· 29
  - 1.2.6 违约责任 ·············· 35
- 1.3 物权法律基本制度 ·············· 37
  - 1.3.1 物权概述 ·············· 37
  - 1.3.2 物权的变动规则 ········· 39
  - 1.3.3 物权的善意取得制度 ····· 42
- 1.4 担保法律基本制度 ·············· 43
  - 1.4.1 担保法概述 ············ 43
  - 1.4.2 保证 ·················· 45
  - 1.4.3 抵押 ·················· 51
  - 1.4.4 质押 ·················· 55
  - 1.4.5 留置 ·················· 59
  - 1.4.6 定金 ·················· 62
- 1.5 婚姻法律与继承法律基本制度 ····· 63
  - 1.5.1 婚姻法基本制度 ········· 63
  - 1.5.2 继承法基本制度 ········· 66
- 【课后思考题】 ······················ 72

第2章 商事法律制度

- 2.1 公司法律基本制度 ·············· 76
  - 2.1.1 公司法概述 ············ 76
  - 2.1.2 有限责任公司 ·········· 80
  - 2.1.3 股份有限公司 ·········· 87

2.1.4 公司的董事、监事和高级管理
　　　　 人员 …………………………… 94
　　2.1.5 公司债券和公司财务会计制度 …… 97
　　2.1.6 公司合并、分立、解散和清算 …… 99
2.2 票据法律基本制度 ………………… 106
　　2.2.1 票据法概述 ………………… 106
　　2.2.2 票据的一般规定 …………… 109
　　2.2.3 汇票、本票和支票 ………… 115
2.3 信托法律基本制度 ………………… 120
　　2.3.1 信托概述 …………………… 120
　　2.3.2 信托法概述 ………………… 122
　　2.3.3 信托法律关系的构成要素 … 122
　　2.3.4 信托的运作 ………………… 126
【课后思考题】 ……………………………… 131

第3章 银行业监督管理法律制度

3.1 中国人民银行法律制度 …………… 134
　　3.1.1 中国人民银行法概述 ……… 134
　　3.1.2 中国人民银行的业务 ……… 139
　　3.1.3 货币政策 …………………… 143
　　3.1.4 人民币 ……………………… 146
　　3.1.5 征信制度 …………………… 149
3.2 银行业监督管理法律制度 ………… 151
　　3.2.1 银行业监督管理法概述 …… 151
　　3.2.2 银行业监督管理机构的职责 … 153
　　3.2.3 银行业监督管理机构的监督管理
　　　　 措施 …………………………… 155
3.3 违反银行业监管的法律责任 ……… 159
　　3.3.1 违反《中国人民银行法》的法律
　　　　 责任 …………………………… 159
　　3.3.2 违反《银行业监督管理法》的法律
　　　　 责任 …………………………… 160
【课后思考题】 ……………………………… 163

第4章 反洗钱法律制度

4.1 反洗钱法律制度概述 ……………… 166
　　4.1.1 反洗钱法概述 ……………… 166
　　4.1.2 反洗钱的监督管理机构及其职责 … 168
　　4.1.3 金融机构的反洗钱职责 …… 169
4.2 金融机构客户身份识别、客户
　　 身份资料及交易记录保存制度 …… 171
　　4.2.1 金融机构客户身份识别制度 … 171
　　4.2.2 金融机构客户身份资料及交易记录
　　　　 保存制度 ……………………… 175
　　4.2.3 违反《金融机构客户身份识别和
　　　　 客户身份资料及交易记录保存管理
　　　　 办法》法律责任的承担 ………… 176
4.3 金融机构大额交易和可疑交易
　　 报告制度 …………………………… 176
　　4.3.1 人民币大额交易管理制度 … 176
　　4.3.2 人民币可疑交易管理制度 … 178
　　4.3.3 人民币大额交易和可疑交易程序的
　　　　 具体法律规则 ………………… 179
【课后思考题】 ……………………………… 181

第5章 商业银行法律制度

5.1 商业银行法 · 184
5.1.1 商业银行法概述 · 184
5.1.2 商业银行的设立、变更 · 186
5.1.3 商业银行的接管、解散、破产、终止 · 188

5.2 商业银行的业务 · 190
5.2.1 商业银行的经营规则 · 190
5.2.2 商业银行经营业务 · 191
5.2.3 商业银行不得从事的业务 · 194

5.3 商业银行存款的法律制度 · 196
5.3.1 存款 · 196
5.3.2 商业银行的存款业务规则 · 197
5.3.3 取款业务的法律规则 · 204

5.4 商业银行的贷款法律制度 · 205
5.4.1 贷款 · 205
5.4.2 商业银行的贷款业务法律规则 · 208

【课后思考题】 · 213

第6章 金融犯罪法律制度

6.1 刑法的基本原理 · 216
6.1.1 刑法的含义及刑法的基本原则 · 216
6.1.2 犯罪构成要件 · 218
6.1.3 犯罪的预备、未遂和中止 · 223
6.1.4 共同犯罪 · 224
6.1.5 刑罚 · 227
6.1.6 追诉时效 · 237

6.2 破坏金融管理秩序的常见犯罪 · 237
6.2.1 伪造货币罪 · 237
6.2.2 出售、购买、运输假币罪 · 240
6.2.3 持有、使用假币罪 · 241
6.2.4 变造货币罪 · 242
6.2.5 金融工作人员购买假币、以假币换取货币罪 · 243
6.2.6 高利转贷罪 · 244
6.2.7 非法吸收公众存款罪 · 245
6.2.8 违法发放贷款罪 · 251
6.2.9 吸收客户资金不入账罪 · 251
6.2.10 伪造、变造金融票证罪 · 252
6.2.11 违规出具金融票证罪 · 253
6.2.12 对违法票据承兑、付款、保证罪 · 254
6.2.13 骗取贷款、票据承兑、金融票证罪 · 255
6.2.14 背信运用受托财产罪 · 256

6.3 金融诈骗的常见犯罪 · 257
6.3.1 集资诈骗罪 · 257
6.3.2 贷款诈骗罪 · 258
6.3.3 信用证诈骗罪 · 259
6.3.4 信用卡诈骗罪 · 260
6.3.5 票据诈骗罪、金融凭证诈骗罪 · 261

6.4 银行业相关的职务犯罪 · 263
6.4.1 职务侵占罪 · 263
6.4.2 非国家工作人员受贿罪 · 264
6.4.3 挪用资金罪 · 266
6.4.4 签订、履行合同失职被骗罪 · 267
6.4.5 贪污罪 · 268

【课后思考题】 · 271

参考文献 · 272

第1章　民事法律制度

▶【学习目标】

本章分为5节：民事法律基本制度、合同法律基本制度、物权法律基本制度、担保法律基本制度、婚姻法律与继承法律基本制度。

1. 了解民法的基本原则、诉讼时效的概念；掌握民事主体、民事法律行为和代理行为的基本法律规则；理解诉讼时效的中止和中断。

2. 了解合同的概念、合同订立的基本程序；掌握合同的效力、合同的变更、合同的转让和终止的基本法律制度。

3. 了解物权的概念；理解物权与债权的区别；掌握物权善意取得制度，学会运用该制度解决担保业务中的实际问题。

4. 了解担保的种类；掌握抵押、质押、保证担保的相关法律制度，能够运用理论知识解决银行业务中的实际问题。

5. 掌握婚姻法、继承法中与银行业务相关的法律制度。

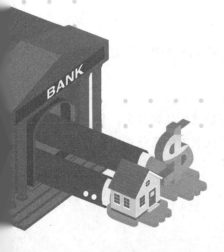

1.1 民事法律基本制度

1.1.1 民法概述

1. 法的概念和特征

法是由国家制定或认可的，反映统治阶级的意志和利益，并由国家强制力保证实施的行为规范的总和。法是统治阶级国家意志的体现，这是法的本质。法具有如下几个特征。

(1) 法是经过国家制定或认可才得以形成的规范，具有国家意志性。
(2) 法凭借国家强制力的保证而获得普遍遵行的效力，具有强制性。
(3) 法是确定人们在社会关系中的权利和义务的行为规范，具有利导性。
(4) 法是明确而普遍适用的规范，具有规范性。

经典例题

【例1-1】下列哪些说法是正确的？（　　）
A. 法是由国家强制力保证实施的
B. 法以外的其他社会规范不具有强制性
C. 法的实施的全过程需要国家强制力的介入
D. 法是最具有外在强制性的社会规范

【答案】AD

【解析】法以外的其他社会规范也具有强制性，例如，道德也具有强制性。法的实施依赖国家强制力保障实施，但并不是法的实施的全过程都需要国家强制力的介入，例如法律的遵守，是行为人的自主行为，不需要国家运用强制力。

2. 法律渊源

法律渊源是指法律的存在或者表现形式，具体而言，我国的法律渊源主要有如下几个。

1) 宪法

由全国人民代表大会制定的宪法是国家的根本大法，具有最高的法律效力，是一切法律立法的基础。全国人民代表大会有权修改宪法，全国人民代表大会常务委员会有权解释宪法，全国人民代表大会及其常务委员会保障宪法的实施。

2) 法律

法律是指由全国人民代表大会及其常务委员会颁布的规范性法律文件，其地位和效力仅次于宪法。法律分为基本法律和一般法律两类。

基本法律是由全国人民代表大会制定的，以调整国家和社会生活中带有普遍性的社会关系的规范性法律文件的统称，如《中华人民共和国刑法》《中华人民共和国民法总则》以及有关国家机构的组织法等法律。

一般法律是由全国人民代表大会常务委员会制定的，以调整国家和社会生活中某种具体社会关系或其中某一方面内容的规范性文件的统称，其调整范围比基本法律调整的范围小，但内容较具体，如《中华人民共和国公司法》《中华人民共和国商标法》《中华人民共和国证券法》《中华人民共和国土地管理法》等。一般法律由全国人民代表大会常务委员会制定、修改和解释。

全国人民代表大会和全国人民代表大会常务委员会都有权对自己制定的法律进行补充、修改。全国人民代表大会常务委员会在全国人民代表大会闭幕期间有权对全国人民代表大会制定的法律进行部分补充和修改，但不得同该法律的基本原则相抵触，不得修改特别行政区法，其做出的解释与法律具有同等效力。法律有下列情况之一，由全国人民代表大会常务委员会解释：一是法律的规定需要进一步明确具体含义；二是法律制定后出现新的情况，需要明确适用法律依据的。

3) 行政法规

行政法规是由国务院制定的，有关国家行政管理方面的规范性文件。行政法规的地位和效力低于宪法和法律。根据《中华人民共和国立法法》第六十五条，行政法规可以就下列事项做出规定：①为执行法律的规定需要制定行政法规的事项；②宪法第八十九条规定的国务院行政管理职权的事项。《中华人民共和国公司登记管理条例》《中华人民共和国证券公司监督管理条例》等均属于行政法规。

4) 地方性法规

地方性法规是指省、自治区、直辖市以及省、自治区人民政府所在地的市和经国务院批准的较大的市的人民代表大会及其常委会在不与宪法、法律、行政法规相抵触的前提下制定的规范性文件。地方性法规具有地方性，只在本辖区内有效。地方性法规的地位和效力低于宪法、法律和行政法规。《中华人民共和国立法法》第七十二条规定，省、自治区、直辖市的人民代表大会及其常务委员会，有权制定地方性法规；设区的市的人民代表大会及其常委会有权对"城乡建设与管理、环境保护、历史文化保护等方面的事项"制定地方性法规。

5) 自治条例和单行条例

自治条例和单行条例是民族自治地方的人民代表大会依照法定的自治权，在其职权范围内制定的、带有民族区域自治特点的规范性法律文件。

6) 规章

规章是法律、行政法规的补充，包括国务院部门规章和地方政府规章。

(1) 国务院部门规章。部门规章是指国务院各部、委员会、中国人民银行、审计署和具有行政管理职能的直属机构，根据法律和国务院的行政法规、决定、命令，在本部门的职权范围内制定的规章。如财政部颁布的《会计从业资格管理办法》、中国人民银行颁布的《贷款通则》、证监会颁布的《证券公司管理办法》等。没有法律或国务院的行政法规、决定、命令的依据，部门规章不得设定减损公民、法人和其他组织权利或增加其义务的规范，不得增加本部门的权力或减少本部门的法定职责。

(2) 地方政府规章。地方政府规章是指省、自治区、直辖市和较大的市的人民政府根据法律、行政法规和本省、自治区、直辖市的地方性法规制定的规章。地方政府规章种类繁多。没有法律、行政法规、地方性法规的依据，地方政府规章不得设定减损公民、法人和其他组织权利或者增加其义务的规范，不得增加部门的权力或减少本部门的法定职责。

7) 司法解释

司法解释是最高人民法院、最高人民检察院在总结司法审批经验的基础上发布的指导性文件和法律解释的总称。《全国人民代表大会常务委员会关于加强法律解释工作的决议》第二条规定："凡属于法院审判工作中具体应用法律、法令的问题，由最高人民法院进行解释。凡属于检察院检察工作中具体应用法律、法令的问题，由最高人民检察院进行解释。最高人民法院和最高人民检察院的解释如果有原则性的分歧，报请全国人民代表大会常务委员会解释或决定。"

8) 国际条约

国际条约是两个或者两个以上国家之间规定相互间权利和义务的各种协定，对所有国家机关、社会组织和公民都具有法律效力。

经典例题

【例1-2】下列关于各种法律渊源效力层级由高到低的排序中，正确的是( )。
A. 宪法、行政法规、部门规章、法律　　B. 宪法、法律、部门规章、行政法规
C. 宪法、行政法规、法律、部门规章　　D. 宪法、法律、行政法规、部门规章
【答案】D

3. 民法的概念及其基本原则

民法是调整平等的民事主体之间人身关系和财产关系法律规范的总称。

民法的基本原则是指民事立法以及民事主体进行民事活动的基本准则。民法的基本原则包括以下几项。

1) 平等原则

平等原则是指民事主体在法律地位上一律平等，也称法律地位平等原则。《中华人民共和国民法总则》(以下简称《民法总则》)第四条规定："民事主体在民事活动中的

法律地位一律平等。"

2) 自愿原则

自愿原则是指民事主体在参与民事活动时，有充分表达自己真实意志的自由，可以根据自己的意愿设立、变更和终止某种民事法律关系，也称为意思自治原则。《民法总则》第五条规定："民事主体从事民事活动，应当遵循自愿原则，按照自己的意思设立、变更、终止民事法律关系。"

3) 公平原则

公平原则是指民事主体应依据社会公认的公平观念从事民事活动，以维持当事人之间的利益均衡。《民法总则》第六条规定："民事主体从事民事活动，应当遵循公平原则，合理确定各方的权利和义务。"

4) 诚实信用原则

诚实信用原则是指民事主体进行民事活动必须诚实、善意，行使权利不侵害他人与社会的利益，履行义务信守承诺和法律规定，使所有获取民事利益的活动中不仅当事人之间的利益得到平衡，当事人与社会之间的利益也得到平衡的基本原则。《民法总则》第七条规定："民事主体从事民事活动，应当遵循诚信原则，秉持诚实，恪守承诺。"

5) 守法原则

守法原则是指民事主体在进行民事活动时必须遵守法律。在法律没有规定时，民事活动应当遵守国家政策。《民法总则》第八条规定："民事主体从事民事活动，不得违反法律，不得违背公序良俗。"

6) 公序良俗原则

公序良俗原则是指一切民事活动应当遵守公共秩序及善良风俗。《民法总则》第八条规定："民事主体从事民事活动，不得违反法律，不得违背公序良俗。"

7) 禁止权利滥用原则

禁止权利滥用原则是指民事主体在进行民事活动时必须正确行使民事权利，在行使民事权利时不得损害他人利益和社会公共利益。《中华人民共和国宪法》第五十一条规定："中华人民共和国公民在行使自由和权利的时候，不得损害国家的、社会的、集体的利益和其他公民的合法的自由和权利。"

1.1.2 民事主体

民事主体是指依照民事法律规范具有参与民事法律关系的资格，并以自己的名义享有民事权利和承担义务的人或组织。《民法总则》规定，我国的民事主体包括自然人、法人和其他组织，在特殊情况下，国家也可以成为民事主体。

1. 自然人

自然人是民法上的概念，公民是从国籍的角度来讲，所以自然人并不一定是公民，自然人中还包括在本国的外国人和无国籍人。

1) 自然人的民事权利能力

自然人从出生时起到死亡时止,都具有民事权利能力,依法享有民事权利,承担民事义务。自然人的民事权利能力一律平等。

2) 自然人的民事行为能力

《民法总则》规定,自然人分为完全民事行为能力人、限制民事行为能力人、无民事行为能力人。

(1) 完全民事行为能力人,包括①年满18周岁且精神正常的自然人;②年满16周岁不满18周岁、以自己的劳动收入为主要生活来源的,且精神正常的自然人。完全民事行为能力人可以独立实施民事活动。

(2) 限制民事行为能力人,包括①年满8周岁的未成年人;②不能完全辨认自己行为的精神病人。限制民事行为能力人可以进行与其年龄、智力、精神健康状况相适应的民事活动,其他民事活动由其法定代理人代理或者需征得其法定代理人的同意。

(3) 无民事行为能力人,包括①不满8周岁的未成年人;②不能辨认自己行为的精神病人。无民事行为能力人由其法定代理人代理实施民事活动。

经典例题

【例1-3】(　　)是无民事行为能力人。

A. 年满18周岁且精神正常的自然人

B. 不满8周岁的未成年人

C. 不能完全辨认自己行为的成年精神病人

D. 年满16周岁不满18周岁、以自己的劳动收入为主要生活来源的,且精神正常的自然人

【答案】B

【例1-4】根据年龄和智力状况的不同,可将自然人的民事行为能力分为(　　)。

A. 完全民事行为能力　　　　B. 丧失民事行为能力

C. 限制民事行为能力　　　　D. 部分限制民事行为能力

E. 无民事行为能力

【答案】ACE

【解析】根据行为人的年龄、智力与精神状况,《民法总则》将自然人分为完全民事行为能力人、限制民事行为能力人、无民事行为能力人。

2. 法人

法人是指具有民事权利能力和民事行为能力,依法独立享有民事权利和承担民事义务的组织。法人的本质是国家对一定的社会组织赋予法律上的人格,即人格化的法律组织。

法人的能力包括法人的民事权利能力和民事行为能力。法人的民事权利能力是法律赋予法人参加民事法律关系，取得民事权利和承担民事义务的资格。法人的民事行为能力是法人以自己的行为取得民事权利和承担民事义务的能力。法人机关是法人内部结构的一个重要组成部分，法人机关的行为本身就是法人的行为。

1) 法人的分类

根据《中华人民共和国民法总则》将法人分为营利法人、非营利法人和特别法人三类。

(1) 营利法人。以取得利润并分配给股东等出资人为目的成立的法人，称为营利法人。营利法人包括有限责任公司、股份有限公司和其他企业法人等。

(2) 非营利法人。为公益目的或者其他非营利目的成立，不向出资人、设立人或者会员分配所取得利润的法人，称为非营利法人。非营利法人包括事业单位、社会团体、捐助法人(基金会、社会服务机构、宗教场所等)。事业单位法人是以公益为目的，由国家机关举办或者其他组织利用国有资产举办的，依法取得法人资格的，从事科学、教育、文化、卫生、体育等活动的法人。事业单位法人虽然有时能够取得一定收益，但该收益只能用于目的事业，属于辅助性质。社会团体法人是指由成员自愿组成的，为实现共同意愿，按照章程开展活动的非营利性社会组织。而捐助法人是指为实现公益目的，以捐助财产设立的基金会、社会服务机构等，或依法设立的宗教服务机构。

(3) 特别法人。机关法人、农村集体经济组织法人、城镇农村的合作经济组织法人、基层群众性自治组织法人，称为特别法人。

2) 法人成立的条件

法人是社会组织，但并不是所有的社会组织都是法人。社会组织要取得法人资格必须具备以下几个法定条件。

(1) 依法成立。法人应当依照法律规定的条件和程序设立。依法成立的社会组织，应在管理机关核准的业务范围内从事活动，若在业务范围之外进行活动，则不受法律保护。

(2) 有必要的财产或经费。由于法人是自主经营、独立核算的组织，它必须具有可供独立支配的财产作为物质基础，以便开展业务活动，并为清偿债务提供可靠保证。要取得法人资格，其"必要的财产或经费"应与组织的性质、经营的规模、业务活动的内容相适应。"必要的财产或经费"是指以国家预算拨款作为经济来源的国家机关、事业单位所支配的费用。若没有这些必要的财产或经费，这些组织就不能以法人身份参与民事活动。

(3) 有自己的名称、组织机构和场所。法人的名称即法人的字号或商号，且经登记注册的名称享有专用权。法人的组织机构也称法人机关，它既可由自然人一人担任，例如法人代表，也可由自然人集体组成，例如董事会；场所是法人的所在空间位置，包括法人办事机构的所在地和法人活动场所所在地。由于法人的活动设施属于财产的范围，故这里的场所专指法人的住所。

(4) 能够独立承担民事责任。法人是独立的民事主体，独立享有民事权利和承担民事义务，也应负有独立的民事责任，可以独立地起诉或应诉。

3) 法人的设立、变更和终止

(1) 法人的设立。法人的设立一般有两种方式：①通过国家机关核准登记设立，企业自领取营业执照之日起取得法人资格；②根据法律或行政命令设立，这种方式适用于事业单位、团体法人。

法人可以设立分支机构。法人分支机构是以法人财产设立的相对独立活动的法人组成部分。法人的分支机构可以在法人授权范围内，以自己的名义从事民事活动。法人分支机构属于法人的组成部分，其进行民事活动所产生的法律后果由法人承担，法人分支机构不能够独立承担民事责任。法律、行政法规规定分支机构应当登记的，依照其规定施行。

(2) 法人的变更。法人的变更是指法人在其存续期间和活动过程中因各种原因而发生的组织变更以及活动宗旨和业务范围的变化。

组织变更是指法人的合并和分立，例如一个公司分成两个公司，或由两个公司合并成一个公司；活动宗旨和业务范围的变化是指法人的名称和住所发生变更。这些变更有的影响法人的民事权利能力和民事行为能力；有的涉及法人的财产关系的性质，如所有制关系的变化；有的导致原法人的消灭或新法人的产生。

法人变更涉及分立与合并以及法人其他事项的重大变更。法人分立、合并或其他主要事项变更应当向原登记机关办理变更登记并公告，否则，法人擅自变更有关事项，不产生效力，且须对由此给利害关系人造成的损害承担民事责任。法人发生了分立、合并，原法人的权利、义务由变更后的法人享有和承担。

(3) 法人的终止。法人的终止是指在法律上终止法人的资格。有下列原因之一并依法完成清算、注销登记的，法人终止：①法人解散；②法人被宣告破产；③法律规定的其他原因。法人终止时，组织应当依法进行清算，并停止清算范围外的活动；应当向登记机关办理注销登记并公告。

经典例题

【例1-5】在我国，(　　)是最重要的企业法人形式。
A. 单一企业　　　B. 联营企业　　　C. 公司　　　D. 外资企业
【答案】C

【例1-6】法人机关通常分为(　　)。
A. 意思机关　　　B. 执行机关　　　C. 代表机关
D. 监督机关　　　E. 监察机关
【答案】ABCE
【解析】法人机关通常可以分为四类：意思机关(也叫作权利机关)、执行机关、代表机关、监察机关。

【例1-7】 乙公司是甲公司的子公司，乙公司无力偿还对外负债500余万元，而该债务是在甲公司决策、指示下以乙公司的名义进行贸易造成的。对此债务的责任，下列说法正确的是( )。

A. 乙公司应当承担责任　　　　　B. 甲公司应当承担全部责任
C. 甲公司应承担主要责任　　　　D. 甲公司应承担次要责任

【答案】A

【解析】子公司具有法人资格，依法独立承担民事责任。乙公司作为甲公司的子公司，是独立的法人，独立承担民事责任。

3. 其他组织

除了自然人和法人之外，《民法总则》规定，个体工商户、农村承包经营户、个人合伙、联营企业、国家在某种特定情形下也是民事主体。

经典例题

【例1-8】 在我国，民事法律关系的主体包括( )。

A. 公民　　　B. 自然人　　　C. 法人
D. 国家　　　E. 外国人

【答案】BCD

【解析】《民法总则》规定，我国民事主体包括自然人、法人和其他组织。在特殊情况下，国家也可以成为民事主体。

案例分析1-1

白某威在2007年2月，签订合同及公证书以其名下的土地使用权为其父白某满借款设定抵押担保。公正文书上有白某威、白某满、李某敏(白某威之母)的签字。白某威在2013年被法院宣告为限制民事行为能力人。白某满、李某敏认为白某威属于限制民事行为能力人，于是将白某威的土地使用权为自己借款设定抵押担保。法院认为白某满、李某敏违反《民法通则》关于监护人"除为被监护人的利益外，不得处理被监护人的财产"的强制性规定，主张抵押担保应为无效。一、二审判决抵押担保合同有效，白某满、李某敏不服，提请再审。

【问题】结合民法的相关法律制度分析此案例。

【解析】根据《民法总则》第二十二条"不能完全辨认自己行为的成年人为限制民事行为能力人，实施民事法律行为由其法定代理人或者经其法定代理人同意、追认，但是可以独立实施纯获利益的民事法律行为或者与其智力、精神健康状况相适应的民事法律行为"的规定，因此，白某威在被人民法院宣告为限制民事行为能力人后，其独立实施的与其智力、精神健康状况不相适应的民事法律行为，应当无效。未经法院依法宣告

> 为限制民事行为能力人独立实施的与其智力、精神状况不相适应的民事法律行为并不当然无效,而是应由其利害关系人主张该法律行为无效,并且应当就行为人的智力、精神状况而导致不能完全辨认自己行为的性质承担举证责任。本案中,白某威签订抵押担保合同时,并未被宣告为限制民事行为能力人,而白某满、李某敏也并未提供证据证明白某威当时的精神状态不能完全辨认自己行为的性质,因此白某满、李某敏应当承担败诉的法律后果。
>
> 资料来源:最高人民法院〔2013〕民申字第344号民事判决书.

1.1.3　民事法律行为与代理

1. 民事法律行为

1) 民事法律行为的概念与特征

民事法律行为是民事主体通过意思表示设立、变更或者终止民事法律关系的行为。民事法律行为具有以下几点特征。

(1) 以意思表示为要素。意思表示是指行为人将意欲达到某种预期法律后果的内在意思表现于外部的行为。意思表示是民事法律行为的核心,也是民事法律行为与非表意行为相区别的重要标志。

(2) 以设立、变更或终止权利义务为目的。民事法律行为是有目的的行为,是当事人欲达到一定法律效果的行为。

(3) 民事法律行为的形式。民事法律行为可以采用书面形式、口头形式或者其他形式;法律、行政法规规定或者当事人约定采用特定形式的,应当采用特定形式。

书面形式是指用书面文字进行的意思表示,数据电文也属于书面形式。口头形式是指用谈话方式进行的意思表示,如电话交谈、当面交谈等。其他形式主要包括推定形式和沉默形式。推定形式是指当事人通过实施某种积极的行为,使得他人可以推定其意思表示的形式,如在超市购物,向售货员交付货币行为可推定为购买物品的意思表示。沉默形式是指行为人以消极的不作为代替意思表示的形式。《民法总则》第一百四十条第二款规定:"沉默只有在有法律规定、当事人约定或者符合当事人之间的交易习惯时,才可以视为意思表示。"

2) 民事法律行为的效力

民事法律行为有效的实质要件包括以下三点:①行为人具有相应的民事行为能力;②行为人的意思表示真实;③不违反法律、行政法规的强制性规定,不违反公序良俗。

民事法律行为符合以上的成立条件,且符合生效条件的,成立即生效;民事法律行为符合成立条件,当事人约定附条件或者附期限的,待条件成就或者期限到来时生效;民事法律行为符合成立条件,但是不符合生效条件的,根据情况按无效民事法律行为、可撤销民事法律行为或者效力待定民事法律行为处理。

(1) 无效民事法律行为。无效民事法律行为是指因欠缺民事法律行为的有效条件，不发生当事人预期法律后果的民事法律行为。无效民事法律行为自始无效，从行为开始时起就没有法律约束力；绝对无效，绝对不发生法律效力，不能通过当事人的行为进行补正；当然无效，无论当事人是否主张，是否知道，也不论是否经过人民法院或者仲裁机构确认，该民事法律行为当然无效。

根据《民法总则》规定，无效民事法律行为包括以下几种。

① 无民事行为能力人独立实施的民事行为。

② 行为人与相对人以虚假的意思表示实施的民事法律行为。以虚假的意思表示隐藏的民事法律行为的效力，依照有关法律规定处理。

③ 行为人与相对人恶意串通，损害他人合法权益的民事法律行为。

④ 违背公序良俗的民事法律行为。

⑤ 违反法律、行政法规的强制性规定的民事行为，但是该强制性规定不导致该民事法律行为无效的除外。

(2) 可撤销民事法律行为。可撤销民事法律行为，是指依照法律规定，由于行为人的意思与表示不一致导致非真实的意思表示，由当事人请求人民法院或仲裁机构予以撤销的民事法律行为。

根据《民法总则》规定，可撤销民事法律行为包括以下几种。

① 因重大误解而发生的民事法律行为。重大误解是指行为人对行为的性质、对当事人、标的物的品种、质量、规格和数量等的错误认识，使得行为后果与自己的意思相悖造成较大损失的意思表示。基于重大误解实施的民事法律行为，行为人有权请求人民法院或者仲裁机构予以撤销。基于重大误解而实施行为的当事人，对于因撤销民事法律行为而导致的相对人的损失，应当承担民事赔偿责任。

② 受欺诈而发生的民事法律行为。一方以欺诈手段，使对方在违背真实意思的情况下实施的民事法律行为，受欺诈方有权请求人民法院或者仲裁机构予以撤销。对于第三人实施欺诈，使一方在违背真实意思的情况下实施的民事法律行为，若对方知道或者应当知道该欺诈行为的，受欺诈方有权请求人民法院或者仲裁机构予以撤销。

③ 受胁迫而发生的民事法律行为。一方或者第三人以胁迫手段，使对方在违背真实意思的情况下实施的民事法律行为，受胁迫方有权请求人民法院或者仲裁机构予以撤销。

④ 显失公平的民事法律行为。一方利用对方处于危困状态、缺乏判断能力等情形，致使民事法律行为成立时显失公平的，受损害方有权请求人民法院或者仲裁机构予以撤销。

撤销的意思表示应由撤销权人向人民法院或者仲裁机构做出，由人民法院或者仲裁机构确认其撤销权是否成立。撤销权在性质上属于形成权，依撤销权人单方的意思表示即可产生相应的法律效力，无须相对人同意。

有下列情形之一的，撤销权可消灭。

① 当事人自知道或者应当知道撤销事由之日起一年内、重大误解的当事人自知道或者应当知道撤销事由之日起三个月内没有行使撤销权。

② 当事人受胁迫，自胁迫行为终止之日起一年内没有行使撤销权。

③ 当事人知道撤销事由后明确表示或者以自己的行为表明放弃撤销权。当事人自民事法律行为发生之日起五年内没有行使撤销权的，撤销权消灭。

民事法律行为被确认为无效或者被撤销的法律后果有以下几种。

① 民事法律行为部分无效，不影响其他部分效力的，其他部分仍然有效。

② 民事法律行为无效、被撤销或者确定不发生效力后，行为人因该行为取得的财产，应当予以返还；不能返还或者没有必要返还的，应当折价补偿。有过错的一方应当赔偿对方由此所受到的损失；各方都有过错的，应当各自承担相应的责任。法律另有规定的，依照其规定。

经典例题

【例1-9】民事法律行为被确认为无效后，所产生法律效果有(　　)。

A. 返还财产　　　　　　　　B. 赔偿损失

C. 收归国有　　　　　　　　D. 追缴财产

【答案】ABD

【解析】《民法总则》第一百五十七条规定："民事法律行为无效、被撤销或者确定不发生效力后，行为人因该行为取得的财产，应当予以返还；不能返还或者没有必要返还的，应当折价补偿。有过错的一方应当赔偿对方由此所受到的损失；各方都有过错的，应当各自承担相应的责任。法律另有规定的，依照其规定。"

(3) 效力待定的民事法律行为。效力待定的民事法律行为是指民事法律行为成立时尚未生效须经权利人追认才能生效的民事法律行为。效力待定的民事法律行为的主要类型包括以下几类。

① 限制民事行为能力人实施的民事法律行为。根据《民法总则》第一百四十五条规定："限制民事行为能力人实施的纯获利益的民事法律行为或者与其年龄、智力、精神健康状况相适应的民事法律行为有效；实施的其他民事法律行为经法定代理人同意或者追认后有效。相对人可以催告法定代理人自收到通知之日起一个月内予以追认。法定代理人未作表示的，视为拒绝追认。民事法律行为被追认前，善意相对人有撤销的权利。撤销应当以通知的方式作出。"追认的意思表示到达相对人时生效。一旦追认，则民事法律行为自成立时起生效；如果拒绝追认，则民事法律行为自成立时起无效。

② 无权代理人实施的民事法律行为。根据《民法总则》第一百七十一条规定："行为人没有代理权、超越代理权或者代理权终止后，仍然实施代理行为，未经被代理人追认的，对被代理人不发生效力。相对人可以催告被代理人自收到通知之日起一个月内予以追认。被代理人未作表示的，视为拒绝追认。行为人实施的行为被追认前，善意相对人有撤销的权利。撤销应当以通知的方式作出。行为人实施的行为未被追认的，善意相

对人有权请求行为人履行债务或者就其受到的损害请求行为人赔偿，但是赔偿的范围不得超过被代理人追认时相对人所能获得的利益。相对人知道或者应当知道行为人无权代理的，相对人和行为人按照各自的过错承担责任。"

经典例题

【例1-10】限制民事行为能力人只能实施与其(　　　)。
A. 年龄相适应的民事活动
B. 智力发育程度相适应的民事活动
C. 精神健康状况相适应的民事活动
D. 年龄、智力发育程度、精神状况相适应的民事活动

【答案】D

【解析】根据《民法总则》第一百四十五条规定："限制民事行为能力人实施的纯获利益的民事法律行为或者与其年龄、智力、精神健康状况相适应的民事法律行为有效；实施的其他民事法律行为经法定代理人同意或者追认后有效。"

3) 民事法律行为的附条件和附期限

(1) 民事法律行为附条件。民事法律行为可以附条件，所附的条件可以是自然现象、事件、人的行为，但是按照其性质不得附条件的除外。所附的条件具备如下几个特征：①必须是将来发生的事实；②必须是将来不确定的事实；③条件应当是双方当事人约定的；④条件必须合法。

附条件的民事法律行为分为附延缓条件的民事法律行为和附解除条件的民事法律行为。附延缓条件的民事法律行为也称为附"生效条件""停止条件"的民事法律行为，是指在延缓条件成就之前，民事法律行为已经成立，但效力处于一种停止状态，条件成就之后，民事法律行为发生法律效力。附解除条件的民事法律行为又称为附"解除条件"的民事法律行为，是指民事法律行为中所确定的权利和义务在所附条件成就时失去法律效力。

对于附条件的民事法律行为，当事人为自己的利益不正当地阻止条件成就的，视为条件已成就；不正当地促成条件成就的，视为条件不成就。

(2) 民事法律行为附期限。民事法律行为可以附期限，但是按照其性质不得附期限的除外。附生效期限的民事法律行为，自期限届至时生效。附终止期限的民事法律行为，自期限届满时失效。

案例分析1-2

2013年8月21日，昆明安钡佳房地产开发有限责任公司(以下简称"安钡佳公司")与洪某凤签订两份《商品房购销合同》，约定由洪某凤购买安钡佳公司开发的百富琪商

业广场一、二层商铺。同日，购销合同进行了备案，洪某凤按照安钡佳公司出具的付款委托书载明的收款账户，通过银行转账方式向安钡佳公司出具的付款委托书载明的收款账户，汇款56 574 360元和22 825 640元，同时还向安钡佳公司法定代表人张某霞汇款1900万元，共计汇款9840万元，安钡佳公司向洪某凤出具了收据。2013年8月26日、9月18日，张某霞向洪某凤各汇款368万元。另查明，2011年10月28日，百富琪商业广场竣工验收。2013年6月2日，安钡佳公司与昆明力邦房屋拆迁有限公司(以下简称"力邦公司")签订《商铺租赁合同》，将百富琪商业广场一、二层商铺出租给力邦公司，租期自2013年6月1日起至2033年5月31日止。洪某凤起诉请求：判令安钡佳公司交付昆明百富琪商业广场A栋一层和二层整层商铺。

【问题】结合民法的相关法律规定分析此案例。

【解析】本案主要的争议焦点在房屋买卖合同是否是双方当事人真实的意思表示，即是否存在虚伪行为及隐藏行为。洪某凤与安钡佳公司签订了房屋买卖合同且已经备案，属于直接证据、原始证据；但没有任何直接证据证明洪某凤与安钡佳公司之间存在民间借贷法律关系，且安钡佳公司对其所主张民间借贷法律关系诸多核心要素的陈述并不一致的情况下，认定双方当事人之间存在民间借贷法律关系缺乏充分的事实证据。故安钡佳公司对其房屋买卖合同并非真实意思表示，其间隐藏的民间借贷方为双方真实合意的主张，因举证不足而不能成立。

资料来源：《最高人民法院公报》2016年第1期.

2. 代理

1) 代理的概念

代理，就是代理人在代理权限内，以被代理人的名义与第三人进行法律行为，其产生的法律后果由被代理人享有和承担的活动。代理具有以下几个特征：①代理人在代理权限内实施民事法律行为。②代理人以被代理人的名义实施民事法律行为。③代理行为所产生的法律后果直接由被代理人承担。

2) 代理权的类型

根据《民法总则》规定，代理分为委托代理和法定代理。

(1) 委托代理。委托代理是指代理人根据被代理人的授权委托而进行的代理。被代理人把委托的意思表示，用法定形式将代理权授予代理人的行为称为授权行为。被代理人授权，代理人接受授权，代理人即取得了代理权。这种代理关系，通常采用订立委托合同的形式来明确双方的权利和义务。授予代理权行为是以发生代理权为目的的单方民事法律行为。

(2) 法定代理。法定代理是指根据法律的直接规定而产生的代理。这是为无民事行为能力人和限制民事行为能力人所设定的一项制度。法律根据代理人与被代理人之间的血缘关系、婚姻关系或组织关系直接确定代理人。根据《民法总则》规定，无民事行为能力人和限制民事行为能力人的监护人是其法定代理人。

3) 代理权的终止

代理关系依据一定的法律事实而发生，同时也依据一定的法律事实而终止。终止代理权的法律事实有以下几种。

(1) 代理期限届满或者代理事务已经完成。

(2) 被代理人取消委托或代理人辞去委托。

(3) 代理人或被代理人死亡。被代理人死亡后，代理权即随之消灭，但有下列情况之一的，委托代理人实施的代理行为有效：①代理人不知道并且不应当知道被代理人死亡的；②被代理人的继承人均予承认的；③授权中明确代理权在代理事务完成时终止的；④在被代理人死亡前已经实施、为了被代理人的继承人的利益继续代理的。

(4) 代理人丧失民事行为能力。

(5) 作为代理人或被代理人的法人、非法人组织终止。

4) 代理权的滥用、无权代理和表见代理

(1) 代理权的滥用。代理权的滥用是指代理人利用享有代理的方便条件去损害被代理人的利益。滥用代理权的行为主要有以下三种：①利用被代理人的名义与代理人进行法律行为，损害被代理人的利益。②代理人同时代理当事人双方进行同一项法律行为。③代理人和第三人恶意串通损害被代理人利益而进行法律行为。

(2) 无权代理。无权代理是指行为人既没有代理权，也没有令第三人相信其有代理权的事实或者理由，而以本人的名义所进行的代理。行为人没有代理权、超越代理权或者代理权终止后，仍然实施代理行为，未经被代理人追认的，对被代理人不发生效力。相对人可以催告被代理人自收到通知之日起一个月内予以追认。被代理人未作表示的，视为拒绝追认。行为人实施的行为被追认前，善意相对人有撤销的权利。撤销应当以通知的方式做出。

(3) 表见代理。所谓表见代理是指代理人虽不具有代理权，但具有代理关系的某些表面要件，这些表面要件足以使无过错的第三人相信其具有代理权，从而使该行为发生与有权代理相同的法律后果。

> **经典例题**

【例1-11】某甲接受某乙的委托，经过某丙介绍，与某银行签订了一份贷款协议，在(　　)间形成代理关系。

A. 某甲与某乙　　B. 某乙与某丙　　C. 某甲与某丙　　D. 某乙与某银行

【答案】A

【解析】委托代理是指代理人根据被代理人的授权委托而进行的代理。被代理人把委托的意思表示，用法定形式将代理权授予代理人的行为称为授权行为。被代理人授权，代理人接受授权，代理人即取得了代理权。

【例1-12】行为人没有代理权但以被代理人名义订立合同，相对人有理由相信行为人有代理权的，其法定后果由(　　)承担。

A. 代理人
B. 被代理人
C. 第三人
D. 代理人与被代理人共同

【答案】B

【解析】《中华人民共和国合同法》第四十九条规定："行为人没有代理权、超越代理权或者代理权终止后以被代理人名义订立合同，相对人有理由相信行为人有代理权的，该代理行为有效。"

案例分析1-3

大源采矿厂是个人独资企业，2001年4月13日设立登记并取得营业执照，投资人陈某平，出资额为50万元。2003年8月2日，王某刚以鑫昇公司名义，袁某乐(陈某平的丈夫)以大源采矿厂名义，共同签订了《采矿厂转让协议》，约定将大源采矿厂的露天采矿厂、四个采矿洞和磁选厂转让给王某刚，转让费2700万元，袁某乐、王某刚在该协议上签字。《采矿厂转让协议》签订后，王某刚由于资金不足，引进了王某安、郭某加入。2003年8月，王某刚、王某安与郭某三人在《采矿厂转让协议》基础上共同签订了《合伙协议》。后王某刚与王某安发生纠纷，王某刚以王某安严重侵犯其作为出资人依法享有的经营管理权、按份财产权、利润分配权等合法权利为由，向山西省高级人民法院提起诉讼主张相关权益。

王某安针对王某刚的诉讼请求提出的其中一项答辩理由：袁某乐并非大源采矿厂的出资人，无权将大源采矿厂转让他人，其行为属于无权处分行为，且事后未得到大源采矿厂出资人陈某平的追认，故2003年8月2日袁某乐与王某刚签订的《采矿厂转让协议》属于无效协议，不能成为王某刚主张出资人权益的依据。

【问题】试用《民法总则》的相关原理分析此案例。

【解析】该案件的焦点是表见代理是否成立的认定。大源采矿厂是个人独资企业，投资人是陈某平，袁某乐与王某刚签订《采矿厂转让协议》将该矿转让，形式上符合无权代理的构成要件。但袁某乐的代理行为外观上存在使王某刚相信袁某乐具有代理权的理由，具体表现以下几点：①大源采矿厂一直由袁某乐实际控制和经营管理；②大源采矿场一直由袁某乐实际控制和经营管理的状态，能使当地的一般民众产生只知道袁某乐，而不知道陈某平的认知。③袁某乐与陈某平为夫妻关系。这些理由形成了袁某乐具有代理权的外观，使王某刚对袁某乐有代理权形成了合理信赖，且王某刚对此善意且无过失，故应认定袁某乐的行为构成表见代理，代理行为有效。

资料来源：最高人民法院〔2012〕民一终字第65号。

1.1.4 民事诉讼时效制度

1. 诉讼时效的概述

1) 诉讼时效的概念

诉讼时效是权利人在法定期间内不行使权利而失去国家强制力保护的制度。诉讼时效具有以下几点特征。

(1) 债权人不行使权利事实存在且持续一段时间。

(2) 诉讼时效届满不消灭债权人实体权利，债权人不丧失胜诉权。

(3) 诉讼时效具有强制性。当事人预先放弃诉讼时效无效；当事人约定诉讼时效期间、计算方法、中止、中断的事由等均无效。

(4) 人民法院不得主动使用诉讼时效的规定。

2) 诉讼时效的适用对象

根据《民法总则》第一百九十六条，下列情况不适用诉讼时效的请求权：①请求停止侵害、排除妨碍、消除危险；②不动产物权和登记的动产物权的权利人请求返还财产；③请求支付抚养费、赡养费或者扶养费；④依法不适用诉讼时效的其他请求权。

根据《最高人民法院关于审理民事案件适用诉讼时效制度若干问题的规定》第一条，下列不适用诉讼时效的债权请求权：①支付存款本金及利息请求权；②兑付国债、金融债券以及向不特定对象发行的企业债券本息请求权；③基于投资关系产生的缴付出资请求权；④其他依法不适用诉讼时效规定的债权请求权。

3) 诉讼时效的种类与起算

向人民法院请求保护民事权利的诉讼时效期间为3年；法律另有规定的，依照其规定。诉讼时效期间自权利人知道或者应当知道权利受到损害以及义务人之日起计算；法律另有规定的，依照其规定。但是自权利受到损害之日起超过20年的，人民法院不予保护；有特殊情况的，人民法院可以根据权利人的申请决定延长。

2. 诉讼时效的中止

诉讼时效的中止是指在诉讼时效进行中，因为一定的法定事由的发生使得权利人无法行使请求权，暂时停止计算诉讼时效期间。根据《民法总则》第一百九十四条规定，在诉讼时效期间的最后6个月内，因下列障碍不能行使请求权的，诉讼时效中止：①不可抗力；②无民事行为能力人或者限制民事行为能力人没有法定代理人，或者法定代理人死亡、丧失民事行为能力、丧失代理权；③继承开始后未确定继承人或者遗产管理人；④权利人被义务人或者其他人控制；⑤其他导致权利人不能行使请求权的障碍。自中止时效的原因消除之日起满6个月，诉讼时效期间届满。

3. 诉讼时效的中断

诉讼时效中断是指在诉讼时效进行中，因法定事由的发生致使已经进行的诉讼时效全部归于无效，诉讼时效期间重新计算。根据《民法总则》第一百九十五条的规定：

有下列情形之一的，诉讼时效中断，从中断、有关程序终结时起，诉讼时效期间重新计算：①权利人向义务人提出履行请求；②义务人同意履行义务；③权利人提起诉讼或者申请仲裁；④与提起诉讼或者申请仲裁具有同等效力的其他情形。

1.2 合同法律基本制度

1.2.1 合同概述

1. 合同的概念和特征

合同是指平等主体的自然人、法人、其他组织之间设立、变更、终止民事权利义务关系的协议。合同具有以下几点特征。

(1) 合同一般是双方行为。合同是两个或两个以上民事主体的意思表示一致的产物。

(2) 合同是民事法律行为。合同是民事主体设立、变更、终止民事权利和义务关系的民事法律行为。

(3) 合同当事人具有平等的法律地位。合同是当事人之间意思表示一致的法律行为，它要求当事人的法律地位平等，当事人之间不存在强制、从属等关系。

2. 合同的分类

依据不同的划分标准，我们将合同分为有名合同和无名合同、诺成合同和实践合同、要式合同和不要式合同、双务合同和单务合同、有偿合同和无偿合同等。

1) 有名合同和无名合同

依法律对合同名称是否做出明确规定为标准，我们将合同分为有名合同与无名合同。由法律做出规定并赋予特定名称的合同，是有名合同。反之，法律未做规定的合同，是无名合同。《中华人民共和国合同法》(以下简称《合同法》)规定了买卖合同等15种有名合同。除法律明文规定的合同种类以外的其他合同，属于无名合同。有名合同与无名合同的主要区别是法律的适用性不同。前者有专门的法律规定，可直接适用；而后者没有专门的规定，可参照适用。

2) 诺成合同和实践合同

除双方意思表示一致外，依是否需交付标的物才能成立为标准，我们将合同分为诺成合同与实践合同。诺成合同是指合同当事人意思表示一致时合同即告成立。实践合同是指合同当事人达成合意之外，还需交付标的物或完成其他给付才能成立的合同。合同大多是诺成合同，只有少数是实践合同。诺成合同与实践合同的区别主要是合同成立的条件和时间不同。

3) 要式合同和不要式合同

依法律、法规是否要求必须具备特定形式为标准，我们将合同分为要式合同和不要式合同。法律要求具备一定的形式才成立的合同，称为要式合同。反之，法律不要求必须具备一定的形式就成立的合同，称为不要式合同。我国法律规定，要式合同包括法律要求采用书面形式的合同，以及要求鉴证或公证的合同，另有少数合同，法律要求必须经过国家有关机关审批或者登记。要式合同和不要式合同的区别主要是合同成立的要件不同。

4) 双务合同和单务合同

依双方是否互负义务，我们将合同分为双务合同和单务合同。双务合同是当事人双方相互享有权利、负有义务的合同。单务合同是一方只负有义务而不享有权利，另一方只享有权利而不负有义务的合同。双务合同和单务合同的区别主要是确定履行义务的顺序不同。

5) 有偿合同和无偿合同

依当事人权利的获得是否支付代价为标准，将合同分为有偿合同和无偿合同。双方当事人取得权利互为对价给付的为有偿合同。反之，双方当事人取得权利不以给付对价的为无偿合同。

1.2.2 合同的订立

合同的订立是指合同当事人之间就合同的主要条款经过协商达成一致的过程。合同的订立程序包括要约和承诺。

1. 要约

1) 要约与要约邀请

要约是希望和他人订立合同的意思表示。发出要约的当事人称为要约人，接受要约的当事人称为受要约人。要约应具备以下几个条件：①要约必须是特定人以订立合同为目的的意思表示；②该意思表示的内容应具体确定；③该意思表示应表明经受要约人承诺，要约人即受该意思表示约束。

要约邀请是希望他人向自己发出要约的意思表示。寄送的价目表、拍卖公告、招标公告、招股说明书、商业广告等为要约邀请。商业广告的内容符合要约规定的，视为要约。

2) 要约生效的时间

要约生效的时间是指要约从何时开始发生法律效力。《合同法》采用"到达主义"，即要约到达受要约人时生效。采用数据电文形式订立的合同，收件人指定系统接收数据电文的，该数据电文进入该特定系统的时间，视为到达时间；未指定特定系统的，该数据电文进入收件人的任何系统的首次时间，视为到达时间。

3) 要约的撤回与撤销

要约的撤回是指要约在发生法律效力之前，要约人对要约取消的意思表示。

要约的撤销是指要约在发生法律效力之后，受要约人承诺之前，要约人对要约取消的意思表示。

根据《合同法》的规定，要约可以撤回，但撤回要约的通知应当在要约到达受要约人之前或者与要约同时到达受要约人。要约可以撤销，但撤销要约的通知应当在受要约人发出承诺通知之前到达要约人。

有下列情形之一的，要约不得撤销：要约人确定了承诺期限或者以其他形式明示要约不可撤销；受要约人有理由认为要约是不可撤销的，并已经为履行合同做了准备工作。

要约的撤回与要约的撤销的主要区别：要约的撤回是针对没有生效的要约来讲的，而要约的撤销是针对已经生效的要约来讲的。

4) 要约的失效

要约的失效是指要约依法丧失法律效力。《合同法》规定要约失效的情形有以下几种：拒绝要约的通知到达要约人；要约人依法撤销要约；承诺期限届满，受要约人未做出承诺；受要约人对要约内容做出实质性变更。

2. 承诺

承诺是受要约人同意要约的意思表示。

1) 承诺的有效要件

(1) 承诺应以明示的方式做出。《合同法》第二十二条规定，承诺应当以通知的方式做出，但根据交易习惯或者要约表明可以通过行为做出承诺的除外。

(2) 承诺的内容应当与要约的内容一致。受要约人对要约的内容做出实质性变更的，为新要约。有关合同标的、数量、质量、价格或者报酬、履行期限、履行地点和方式、违约责任和解决争议方法等内容的变更，是对要约内容的实质性变更。

(3) 承诺必须由受要约人向要约人发出。

(4) 承诺必须在要约有效期内到达要约人。

2) 承诺的生效

承诺通知到达要约人时生效。承诺生效不需要通知，根据交易习惯或者要约的要求做出承诺的行为时即为生效。对于受要约人采用数据电文形式的承诺，应以该数据电文进入要约人系统的时间为承诺到达时间，具体是：收件人指定特定系统接收数据电文的，该数据电文进入该特定系统的时间，视为到达时间；未指定特定系统的，该数据进入收件人的任何系统的首次时间，视为到达时间。

3) 承诺的撤回

承诺可以撤回。撤回承诺的通知应当在承诺到达要约人之前或者与承诺通知同时到达要约人时。承诺的撤回，是对没有生效的承诺予以取消。

承诺与要约的区别：要约可以撤回，也可以撤销，但承诺只能撤回，不能撤销。因为承诺生效时，合同即告成立。

经典例题

【例1-13】根据《中华人民共和国合同法》,存款人与存款机构订立存款合同,应当采取的方式是( )。

A. 公正
B. 平等
C. 要约、承诺
D. 诚实信用

【答案】 C

【解析】 合同订立的过程包括两个阶段,即要约和承诺。

【例1-14】下列关于要约撤销的说法中,正确的是( )。

A. 撤回要约的通知应当在要约同时到达受要约人之后
B. 要约人确定了承诺期限的,该要约不得撤销
C. 受要约人有理由认为要约是不可撤销的,该要约即不得撤销
D. 要约人明示要约不可撤销,但受要约人尚未开始为履行合同做准备的,该要约可以撤销

【答案】 B

【解析】 A选项,撤回要约的通知应当在要约到达受要约人之前或者与要约同时到达受要约人。C、D选项,有下列情形之一的,要约不得撤销:要约人确定了承诺期限或者以其他形式明示要约不可撤销;受要约人有理由认为要约是不可撤销的,并已经为履行合同做了准备工作。

3. 合同成立的要件、时间和地点

1) 合同成立的要件

依法成立的合同应具备以下几个要件:(1) 有订立合同的当事人;(2) 对合同的主要内容达成合意;(3) 经过要约和承诺的订立阶段。

2) 合同成立的时间

由于要约、承诺是合同成立的两个阶段,因此从一般意义上讲,承诺生效的时间就是合同成立的时间。但对于合同成立的时间,《合同法》又做出了如下几点具体规定:(1) 承诺通知到达要约人时合同成立;(2) 采用合同书形式订立合同的,自双方当事人签字或盖章时合同成立;(3) 当事人采用信件、数据电文等形式订立合同的,可以在合同成立之前要求签订确认书。签订确认书时合同成立;(4) 法律、行政法规规定采用书面形式或当事人约定采用书面形式订立合同,当事人未采用书面形式但一方已经履行主要义务,且对方接受的,该合同成立。对方接受履行时合同成立;(5) 采用合同书形式订立合同的,在签字或者盖章之前,当事人已经履行主要义务,对方接受的,该合同成立。

3) 合同成立的地点

承诺生效的地点为合同成立的地点。采用数据电文的形式订立合同的,收件人的主

要营业地为合同成立的地点;没有主要营业地的,其经常居住地为合同成立的地点;当事人另有约定的,按其约定;当事人采用合同书形式订立合同的,双方当事人签字或者盖章的地点为合同成立的地点。

4) 实际履行与合同成立的关系

一般来讲,合同成立了才有合同的实际履行,但在《合同法》中规定了两种特殊的成立情况,一是法律、行政法规规定或者当事人约定采用书面形式订立合同,当事人未采用书面形式但一方已经履行主要义务、对方接受的,该合同成立;第二种情况,采用合同书形式订立合同,在签字或者盖章之前,当事人一方已经履行主要义务、对方接受的,该合同成立。这也就是说,通过实际履行也可以使合同成立,但必须符合法律的规定。

4. 缔约过失责任

缔约过失责任是指当事人在订立合同过程中,一方当事人因违背诚实信用原则所应负有的义务,而给对方造成损失时,依法应承担的损害赔偿责任。

《合同法》第四十二条规定:"当事人在订立合同过程中有下列情形之一,给对方造成损失的,应当承担损害赔偿责任:①假借订立合同,恶意进行磋商;②故意隐瞒与订立合同有关的重要事实或者提供虚假情况;③有其他违背诚实信用原则的行为。"

经典例题

【例1-15】下列关于合同成立的地点的说法中,正确的有( )。

A. 承诺生效的地点为合同成立的地点

B. 要约生效的地点为合同成立的地点

C. 当事人约定了合同成立的地点的,约定的地点为合同成立的地点

D. 当事人采用合同书形式订立合同的,双方当事人签字或盖章的地点为合同成立的地点

E. 采用数据电文形式订立合同的,收件人的主营业地点为合同成立的地点

【答案】ACDE

【解析】承诺生效的地点为合同成立的地点,而不是要约生效的地点为合同成立的地点。

案例分析1-4

甲鞋店于1月6日向乙鞋厂发函要求购买1000双男、女式时装鞋,式样及质量要求与乙鞋厂1周前送去的样品一样。单价为男鞋120元,女鞋110元,货款在货到后15天内一次性付清,并请对方在1月底前答复。

乙鞋厂于1月8日收到甲鞋店的购买信息,因厂长外出参加展销会不在厂里,厂推

销员李某根据自己的工作职责,在调查了解了市场价格后,于1月27日以邮寄平信的方式向甲鞋店提出:"该类时装鞋无论男、女款,出厂价均为120元,而且必须购买2000双时,才能以此价成交。"

1月28日,乙鞋厂厂长从展销会回来,说展销会上这种时装鞋供不应求,价格还在不断上涨,以每双120元的价格卖出太亏了。于是当天通过传真的方式,以展销会定货量已满为由,告知甲鞋店不再供货。

甲鞋店在收到样品时已决定购货,并且以为一定可以成交,已做出广告,故要求乙鞋厂赔偿经济损失。推销员李某于1月27日寄出的平信,到达乙鞋店所在地的时间为1月30日9时。

【问题】

(1) 甲鞋店向乙鞋厂发函属于要约还是要约邀请?乙鞋厂推销员李某于1月27日向甲鞋店寄出的平信属于要约、要约邀请还是承诺?为什么?

(2) 双方的买卖合同是否已经成立?为什么?

(3) 甲鞋店做广告等造成的经济损失,可否要求乙鞋厂赔偿?

【解析】

(1) 甲鞋店向乙鞋厂发函属于要约。乙鞋厂推销员李某于1月27日向甲鞋店寄出的平信也属于要约。根据《合同法》规定,承诺的内容应当与要约的内容一致;受要约人对要约的内容做出实质性变更的,为新要约;有关合同标的、数量、质量、价款或者报酬、履行期限、履行地点和方式、违约责任和解决争议方法等内容的变更,是对要约内容的实质性变更。本案中,乙鞋厂推销员发出的平信明确将甲鞋店函中的1000双改为2000双,且价格也有所变更,即新要约。

(2) 未成立。甲鞋店所发函没有得到乙鞋厂的承诺,乙鞋厂发出了新的要约,此新要约的到达时间为1月30日,但是在要约生效以前,乙鞋厂已经于1月28日传真撤回了此新要约,故要约没有生效。

(3) 乙鞋厂向甲鞋店寄送样品的行为本身不构成要约,只能是要约邀请,此时合同根本未成立,甲鞋店自行做广告造成损失,乙鞋厂不应承担责任;此外,乙鞋厂已经及时向对方通知了不欲订立合同的意思表示,对方在合同缔结之前自作主张打出广告,经济损失应由甲鞋店自己承担。

资料来源:http://www.jingpinwenku.com/view/a4080c9086c54a34.html。

1.2.3 合同的效力

合同效力是指合同依法成立之后,对当事人具有的法律约束力。合同作为一种民事法律行为,在其成立之后,其效力通常有生效、无效、可撤销或可变更、效力待定这4种情况。

1. 合同生效

合同生效是指已经成立的合同在当事人之间产生法律约束力。根据《合同法》和《民法总则》的规定，合同的一般生效要件包括以下4个方面：合同当事人在订立合同时有相应的订立合同的权利能力和行为能力；合同当事人的意思表示真实；合同不违反法律或者社会公共利益；合同标的须确定和可能。

合同成立是合同生效的前提。合同成立是事实问题，合同生效是法律问题。合同生效的情况有以下几种。

(1) 成立生效。依法成立的合同，自成立时生效。

(2) 经批准、登记后生效。如中外合资经营企业合同。

(3) 附条件生效。当事人对合同的效力可以约定附条件。附生效条件的合同，自条件成就时生效。附解除条件的合同，自条件成就时失效。当事人为自己的利益不正当地阻止条件成就的，视为条件已成就；不正当地促成条件成就的，视为条件不成就。

(4) 附期限生效。当事人对合同的效力可以约定附期限。附生效期限的合同，自期限届至时生效。附终止期限的合同，自期限届满时失效。

附期限生效与附条件生效的区别：附期限生效是将来一定能发生的事实；附条件生效是将来不一定能发生的事实。

2. 合同无效

无效合同是指虽然成立但违反法律强制性规定而自始不发生法律效力的合同。无效合同具有违法性，是不被法律保护的。

1) 无效合同的情形

(1) 一方以欺诈、胁迫的手段订立合同，损害国家利益。根据《合同法》规定，一方以欺诈、胁迫的手段所订立的合同，只有在损害国家利益的情况下才是无效的，否则不视为无效合同，而视为可撤销或可变更的合同。

(2) 恶意串通，损害他人利益。恶意串通是指合同当事人或代理人在签订合同过程中，通过恶意串通给国家、集体或第三人的利益造成损害的违法行为。恶意串通行为中行为人的意思表示是真实的，但这种意思表示明显具有非法性，因此这种合同是无效的。

(3) 以合法形式掩盖非法目的。以合法形式掩盖非法目的是指合同当事人通过实施合法的行为来掩盖其非法的目的。在这种合同中，当事人行为表现出来的形式是合法的，但不是其要达到的真实目的，因此这种合同是无效的。

(4) 损害社会公共利益。这是《合同法》维护社会公共利益原则的体现。公共利益是指关系到全社会的利益。损害社会公共利益订立的合同不仅是违法的，还是违反《合同法》基本原则的，因此是无效合同。

(5) 违反法律、行政法规的强制性规定。违反法律、行政法规的强制性规定的合同无效，是指合同当事人订立的合同在违反了法律、行政法规的强制性规定时无效；而合同当事人订立的合同违反法律、行政法规的任意性规定，不能确定合同是无效的。强制性规定包括义务性规定和禁止性规定。

2) 免责条款无效

《合同法》除了规定上述合同无效的法定事由以外，同时还对合同中的免责条款无效做了规定，即《合同法》第五十三条："合同中的下列免责条款无效：造成对方人身伤害的；因故意或者重大过失造成对方财产损失的。"合同当事人在合同中可以约定免责条款，但不得违反上述规定。此规定表明，在合同中当事人可以约定免责条款，而且遵循免责条款以有效为原则、以无效为例外的规定。

案例分析1-5

某镇工商管理所要另建办公楼，因此出售一栋面积为1000平方米的办公楼，估价在20万元左右，但没有经过评估。该行为也没有经过国有资产管理部门的批准。该所长刘某擅自主张，以8万元的价格将该办公楼卖给自己的表弟谢某。

【问题】该买卖合同的效力如何？为什么？

【解析】该买卖合同无效。某镇工商管理所出售的办公楼属于国有资产。处分该国有资产，需要经过国有资产管理部门的批准，同时还必须经过评估。但其法定代表人刘某并没有这样做，因此该买卖合同无效。同时，该买卖合同违反法律的强制性规定，造成国有资产流失，因此该合同无效。

资料来源：杨立新.民法案例教程[M].4版.北京：中国人民大学出版社，2018.

3. 可撤销或可变更合同

可撤销或可变更的合同，是指合同已经成立，但合同当事人的意思表示不真实，可以通过权利人请求，人民法院或者仲裁机构确定后予以变更或者撤销的合同。《合同法》规定，可撤销或可变更合同有以下两种类型。

(1) 因重大误解订立的合同。重大误解是指合同当事人一方因自己的过错而对合同的重要内容发生误解。误解既可以是单方面的误解，也可以是双方的误解，其结果是会直接影响当事人所应享有的权利和承担的义务。根据最高人民法院发布的《关于贯彻执行〈中华人民共和国民法通则〉若干问题的意见》的有关规定，行为人因对行为的性质、对方当事人、标的物的品种、质量、规格和数量等的错误认识，使行为的后果与自己的意思相悖，并造成较大损失的，可以认定为重大误解。

(2) 在订立合同时显失公平的合同。显失公平的合同是指合同当事人一方利用优势或利用对方缺乏经验而订立的、合同当事人之间权利义务明显不平等的合同。《合同法》规定，显失公平的合同应予以撤销，这是公平原则的具体体现。根据《最高人民法院关于贯彻执行〈中华人民共和国民法通则〉若干问题的意见》的有关规定，一方当事人利用优势或对方没有经验，致使双方的权利和义务明显违反等价有偿原则的，可以认定为显失公平。

结合无效合同的规定，一方以欺诈、胁迫的手段或乘人之危订立的合同只要没有损害国家利益的，均应按可撤销或可变更合同处理。受害方有选择合同效力的权利，他既可以直接请求人民法院或仲裁机构撤销合同，也可以继续让合同保持有效。

4. 效力待定合同

效力待定合同是指虽已成立但欠缺生效要件而使效力处于不确定状态的合同。一般须经权利人追认合同才能生效。《合同法》将效力待定合同规定为以下三类。

(1) 限制民事行为能力人订立的合同。合同作为一种民事法律行为，要求合同当事人必须具有相应的民事行为能力。由于限制民事行为能力人只能独立进行与其年龄、智力、精神状况相应的民事活动，所以其独立签订的合同在主体资格上不符合法律规定，要想使限制民事行为能力人签订的合同具有法律效力，必须经过其法定代理人的追认。但并非所有限制民事行为能力人签订的合同都必须经过法定代理人的追认才具有法律效力。限制民事行为能力人签订的纯获利益的合同或者与其年龄、智力、精神健康状况相适应而订立的合同，不必经法定代理人追认即具有法律效力，例如限制民事行为能力人接受赠与、物质奖励等。

(2) 无权代理人订立的合同。无权代理人订立的合同是指不具有代理权的行为人以被代理人的名义与合同相对人订立的合同。无权代理包括行为人没有代理权的代理、超越代理权的代理或者代理权终止后以被代理人名义实施的代理三种情形。上述三种情形订立的合同是一种效力不确定的合同，而不是绝对无效的合同。虽然行为人的代理权存在瑕疵，但这种瑕疵是可以补正的，可因被代理人的追认而使无权代理行为有效。未经被代理人追认的，对被代理人不发生效力，由行为人承担责任。

(3) 无处分权人订立的合同。无处分权人订立的合同就是无处分权人处分他人财产而与合同相对人订立的合同。无处分权的人处分他人财产，经权利人追认或者无处分权的人订立合同后取得处分权的，该合同有效。

经典例题

【例1-16】 关于合同生效要件的说法中，不正确的是（　　）。
A. 至少有一方当事人具有相应的民事行为能力
B. 当事人意思表示真实
C. 合同标的合法，即当事人签订的合同不违反法律和社会公共利益
D. 合同标的须确定和可能

【答案】A

【解析】合同生效的要件包括以下4点：合同当事人在订立合同时有相应的订立合同的权利能力和行为能力；合同当事人的意思表示真实；合同不违反法律或者社会公共利益；合同标的须确定和可能。

【例1-17】 以下属于无效合同的有（　　）。
A. 一方以欺诈、胁迫的手段订立合同，损害国家利益

B. 以合法形式掩盖非法目的

C. 因重大误解而订立的

D. 在订立合同时显失公平的

E. 损害社会公共利益

【答案】ABE

【解析】无效合同的情形包括以下几种。①一方以欺诈、胁迫的手段订立合同，损害国家利益；②恶意串通，损害国家、集体或者第三人利益；③以合法形式掩盖非法目的；④损害社会公共利益；⑤违反法律、行政法规的强制性规定。

1.2.4 合同的履行

合同履行是指当事人应当按照约定全面履行自己的合同义务。合同的履行应遵循诚实守信原则，按照合同全面履行约定的义务。

1. 合同履行的规则

1) 约定不明时合同内容的确定规则

合同生效后，当事人对合同内容的质量、价款、报酬、履行地点等内容没有约定或约定不明确的，可以协议补充；不能达成补充协议的，按照合同有关条款或者交易习惯确定。依照上述规则不能确定的，按照下列几项规则确定。

(1) 质量要求不明确的，按照国家标准、行业标准履行；没有国家标准、行业标准的，按照通常标准或者符合合同目的的特定标准履行。

(2) 价款或者报酬不明确的，按照订立合同时履行地的市场价格履行；依法应当执行政府定价或者政府指导价的，按照规定履行。

(3) 履行地点不明确，给付货币的，在接受货币一方所在地履行；交付不动产的，在不动产所在地履行；其他标的在履行义务一方所在地履行。

(4) 履行期限不明确的，债务人可以随时履行，债权人也可以随时要求履行，但应当给对方必要的准备时间。

(5) 履行方式不明确的，按照有利于实现合同目的的方式履行。

(6) 履行费用负担不明确的，由履行义务一方负担。

2) 执行政府定价或政府指导价的合同的履行规则

政府定价或政府指导价调整时的履行规则有以下几点：执行政府定价或政府指导价的，在合同约定的交付时间内政府价格调整时，按照交付时的价格计价。逾期交付标的物的，价格上涨时，按照原价格执行；价格下降时，按照新价格执行。逾期提取标的物或者逾期付款的，价格上涨时，按照新价格执行；价格下降时，按照原价格执行。

3) 涉及第三人的合同履行

当事人约定由债务人向第三人履行债务的，债务人未向第三人履行债务或者履行债

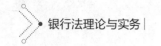

务不符合约定，应当向债权人承担违约责任。

当事人约定由第三人向债权人履行债务的，第三人不履行债务或者履行债务不符合约定，债务人应当向债权人承担违约责任。

2. 合同履行中的抗辩权

1) 同时履行抗辩权

同时履行抗辩权是指没有先后履行顺序的双务合同的当事人，一方在他方履行前有权拒绝其履行要求的权利。

同时履行抗辩权的行使必须符合下列几个条件：①合同是同一双务合同，当事人双方因同一双务合同互负债务；②当事人没有约定合同履行的先后顺序；③双方债务已届清偿期；④一方当事人有证据证明应同时履行义务的对方当事人未履行或者未适当履行合同；⑤对方的对待给付是可能履行的。

同时履行抗辩权只是暂时阻止对方当事人请求权的行使，并非具有永久性的抗辩权。当对方当事人履行了合同义务，同时履行抗辩权就消灭，主张抗辩权的当事人就应当履行自己的义务。

2) 先履行抗辩权

先履行抗辩权是指合同的当事人互负债务，有先后履行顺序，先履行一方未履行，后履行一方有权拒绝其履行要求；或者先履行的一方履行债务不符合合同的约定，后履行一方也有权拒绝其相应的履行要求。

先履行抗辩权的行使必须符合下列几个条件：①合同是同一双务合同产生互负债务；②明确约定履行先后顺序；③先履行方未履行债务或者履行债务不符合约定。

3) 不安抗辩权

不安抗辩权是指双务合同中依据合同规定须先履行的一方当事人，在后履行方难以做出对待履行以前可以拒绝履行的权利。

不安抗辩权的行使应具备以下几个条件：①双方当事人因同一双务合同而互负债务；②明确约定履行先后顺序；③后履行义务的当事人履行能力明显下降，丧失或可能丧失履行债务的能力；④后履行义务的当事人未提供适当担保。

《合同法》对不安抗辩权的行使做出了严格的限制，《合同法》第六十八条规定，应当先履行债务的当事人，有证据证明对方有下列情形之一的，可以中止履行：①经营状况严重恶化；②转移财产、抽逃资金，以逃避债务；③丧失商业信誉；④有丧失或者可能丧失履行债务能力的其他情形。

应当先履行义务的当事人只有在有确切证据证明对方丧失或可能丧失履约能力时，才能中止履行合同；没有确切证据而中止履行的，应当承担违约责任。在诉讼或仲裁中，主张不安抗辩权一方应负举证责任。

当事人行使不安抗辩权依法中止合同履行的，应当及时通知对方。对方提供适当担保时，应当恢复履行。中止履行后，对方在合理期限内未恢复履行能力，也未提供适当担保，中止履行的一方可以解除合同。

3. 合同履行中的保全

合同保全是指法律为防止因债务人的财产不当减少而给债权人带来的损害，允许债权人对债务人或第三人的行为行使撤销权或代位权，以保护其债权。合同保全是保护债权人利益的重要制度。合同保全的基本方式有两种，即债权人的代位权和撤销权。

1) 代位权

债权人的代位权是指当债务人怠于行使其对第三人享有的到期债权而损害了债权人的债权时，债权人为保全自己的债权，可以向人民法院请求以自己的名义代位行使债务人的权利。

债权人行使代位权应具备以下几个条件：①债权人对债务人的债权合法且已到期；②债务人对第三人享有到期债权；③债务人怠于行使其到期债权，对债权人造成损害；④债务人的债权不是专属于债务人自身的债权。

2) 撤销权

债权人的撤销权是指当债务人放弃其对第三人的到期债权、无偿转让财产或者以明显不合理低价转让财产的行为而损害债权人的债权时，债权人可以依法请求人民法院撤销债务人该行为的权利。

债权人行使撤销权应具备以下几个条件：①债务人实施了一定的处分财产的行为。此处分包括放弃到期债权、无偿转让财产、以明显不合理低价转让财产；②债务人处分财产的行为已发生法律效力；③债务人处分财产的行为已经对债权人的债权造成损害。

合同保全的两种方式——代位权和撤销权的行使必须由享有代位权和撤销权的债权人以自己的名义，向人民法院提起诉讼方能行使。行使的范围都以债权人的债权为限，行使的必要费用均由债务人负担。《合同法》规定，撤销权自债权人知道或者应当知道撤销事由之日起1年内行使。自债务人的行为发生之日起5年内没有行使撤销权的，该撤销权消灭。

1.2.5 合同的变更、转让和终止

1. 合同变更

合同变更包括合同内容和合同主体的变化。前者是指不改变合同主体，而仅改变合同的内容；后者指的是在合同内容不变的情况下，债权或债务由第三人承受。债权人变更的，称为债权转让或债权转移；债务人变更的，称为债务转移。合同主体的变更实际是合同的转让。《合同法》所称的变更仅指合同内容的变更。

合同变更是合同部分权利义务的变化，未变更的部分继续有效。如果没有特别的约定，变更只向将来发生效力，未变更的部分保持效力。标的是合同法律关系的客体，如果标的发生变化，等于成立了新的法律关系，也就是说成立了新的合同。

2. 合同转让

合同转让是指合同当事人一方依法将其合同的权利和义务全部或部分转让给第三

人。按照其转让的权利义务的不同，合同转让可分为合同权利转让(债权转让)、合同义务转让(债务转让)和合同权利义务一并转让(债权债务概括转让)三种形态。

1) 合同权利转让

合同权利转让又称债权转让，是指债权人将合同权利全部或部分地转让给第三人的行为。

(1) 合同权利转让的限制性规定。债权人可以将合同的权利全部或者部分转让给第三人，根据《合同法》第七十九条的规定，有下列情形之一的合同的权利不得转让：①根据合同性质不得转让的；②按照当事人约定不得转让的；③依照法律规定不得转让的。

(2) 合同权利转让人的通知义务。我国《合同法》采取了通知主义，即债权人转让权利的，应当通知债务人；未经通知，该转让对债务人不发生效力。债权人转让其债权，无须取得债务人的同意，但应当履行通知义务，且债权人转让权利的通知一经送达债务人，则不得撤销，除非经受让人同意。

(3) 债务人接到债权转让通知后，债务人对让与人的抗辩可以向受让人主张；债务人对让与人享有到期债权的，并且债务人的债权先于转让的债权到期或同时到期的，债务人可以向受让人主张抵销。

2) 合同义务转让

合同义务转让又称债务转移，是指债务人将合同的义务全部或者部分转移给第三人。《合同法》第八十四条规定，债务转移应当经债权人同意，即债务人与第三人之间达成转移债务的协议，一经债权人同意，即发生法律效力。

在债权人做出同意表示后，债务转移将发生如下效力：①债务人转移义务的，新债务人将全部或部分地取代原债务人的地位而成为合同当事人；②债务人转移义务的，新债务人可以主张原债务人对债权人的抗辩；③债务人转移义务的，新债务人应当承担与主债务有关的从债务，但该从债务专属于原债务人自身的除外。

3) 合同权利义务一并转让

合同权利义务一并转让又称债权债务概括转让，是指合同当事人一方将其合同中的债权债务一并转移给第三人。债权债务概括转让可基于当事人之间的合同发生，称之为合同继受；也可基于法律的规定而发生，此种情形最典型的表现是法人或者其他组织的合并、分立所引起的债权债务转让。合同一方当事人在与第三人就债权债务转让达成一致后，应征得合同对方当事人的同意。如果未经同意，合同继受不发生效力。这是因为在合同继受情形下，所转让的内容中除了债权还有债务，而债务转移必须取得合同另一方当事人的同意。

对于法人或其他组织合并或分立后债权债务关系的处理，《合同法》规定，当事人订立合同后合并的，由合并后的法人或其他组织行使合同权利，履行合同义务。当事人订立合同后分立的，除债权人和债务人另有约定外，由分立的法人或者其他组织对合同的权利和义务享有连带债权，承担连带债务。

经典例题

【例1-18】 债务人接到债权人转让通知后,债务人对让与人的抗辩(　　)向受让人主张。

A. 可以
B. 不可以
C. 经受让人同意的可以
D. 债务人明确转让的可以

【答案】 A

【解析】 债务人接到债权人转让通知后,债务人对让与人的抗辩可以向受让人主张,如提出债权无效、诉讼时效已过等事由抗辩。

3. 合同终止

合同终止即合同权利义务的终止,是指依法生效的合同,因具备法定情形和当事人约定的情形,合同债权、债务归于消灭,债权人不再享有合同权利,债务人也不必再履行合同义务,合同当事人双方终止合同关系,合同的效力随之消灭。

根据《合同法》规定,有下列情形之一的,合同权利义务终止。

1) 债务已经按照约定履行

债务已经按照约定履行是指债务人按照约定的标的、数量、质量、价款或报酬、履行期限、履行地点和方式全面履行。

2) 合同解除

合同解除是指合同有效成立后,在没有履行或没有完全履行之前,当事人通过双方协议或单方行使解除权的方式,使合同的权利义务终止的行为。《合同法》将合同解除分为约定解除和法定解除两种。

(1) 约定解除。当事人约定解除合同分为两种情况:①协议解除,是指合同生效后,未履行或未完全履行之前,当事人以解除合同为目的,经协商一致,订立一个解除原来合同的协议,使合同效力消灭的行为。②约定解除,是指当事人在合同中约定,合同履行过程中出现某种情况,当事人一方或双方有解除合同的权利。解除合同的条件成就时,解除权人可以解除合同。解除合同的条件成就后,只有解除权人行使了解除权,合同才能解除;否则,合同仍然有效。

(2) 法定解除。法定解除是指在合同成立以后,没有履行或没有完全履行以前,符合法定的解除条件,通过行使法定解除权而使合同权利义务终止的行为。

《合同法》第九十四条规定,有下列情形之一的,当事人可以解除合同:①因不可抗力致使不能实现合同目的;②在履行期限届满之前,当事人一方明确表示或者以自己的行为表明不履行主要债务;③当事人一方迟延履行主要债务,经催告后在合理期限内仍未履行;④当事人一方迟延履行债务或者有其他违约行为致使不能实现合同目的;⑤法律规定的其他情形。

3) 债务相互抵销

债务相互抵销是指合同当事人互负债务时，各以其债权充抵债务，而使其债务与对方的债务在对等额内相互消灭。抵销分为法定抵销和协议抵销。法定抵销是当事人互负到期债务，该债务的标的物种类、品质相同的，任何一方可以将自己的债务与对方的债务抵销，但依照法律规定或者按照合同性质不得抵销的除外。在法定抵销的情况下，当事人主张抵销的，应当通知对方。通知自到达对方时，抵销生效。抵销不得附条件或附期限。协议抵销是当事人互负到期债务，该债务的标的物种类、品质不相同的，经双方协商一致，可以抵销。

4) 债务人依法将标的物提存

提存是指债务已到履行期限，由于债权人的原因，债务人无法向债权人交付标的物而将该标的物交给提存机关保存，从而消灭债务、终止合同的行为。

提存的目的是保护债务人的利益，因此要对债务人提存权利的行使加以限制。有下列情形难以履行债务的，债务人可以将标的物提存：①债权人无正当理由拒绝受领；②债权人下落不明；③债权人死亡未确定继承人或者丧失民事行为能力未确定监护人；④法律规定的其他情形。

5) 债权人依法免除债务

免除是指债权人放弃债权，以解除债务人的债务，导致合同的权利义务部分或者全部终止的行为。债务免除属单方法律行为，只需债权人有意思表示即可成立，无须征得对方的同意。

6) 混同

混同，即债权债务同归一人。当债权债务同归于一人时，合同的履行就失去了实际意义，合同的权利义务终止，但涉及第三人利益的除外。

7) 法律规定或当事人约定终止的其他情形

有法律规定或当事人约定终止的其他情形，合同权利义务终止。

合同权利义务的终止，不影响结算和清理条款的效力。结算和清理条款是指当事人在合同中约定的关于经济往来或财务的结算以及合同终止后处理遗留财产问题的条款。应当说，结算和清理条款是为合同终止而事先约定的，具有相对独立的效力，不以合同的终止而失去效力。

经典例题

【例1-19】难以履行债务的，债务人可以将标的物提存的情形不包括(　　)。
A. 债权人无正当理由拒绝受领　　B. 债权人下落不明
C. 债权人死亡未确定继承人　　D. 债权人丧失民事行为能力已确定监护人
【答案】D
【解析】有下列情形难以履行债务的，债务人可以将标的物提存：①债权人无正当理由拒绝受领；②债权人下落不明；③债权人死亡未确定继承人或者丧失民事行为能力未确定监护人；④法律规定的其他情形。

案例分析1-6

东方化工有限责任公司(以下简称"东方公司")为A市的一家经营化工产品的企业。该公司股东张某欲将所持的5%股权转让给李某。2016年6月20日，张某与李某签订《股权转让资金分期付款协议》。双方约定：股权合计1000万元，分四期付清，每期支付250万元；此协议经双方签字生效，永不反悔。李某依约如期支付第一期股权转让款250万元，随后经东方公司到工商部门进行变更登记，张某所持有的5%股权变更至李某名下。

2016年10月3日，因李某逾期未支付第二期股权转让款，张某旋即以李某根本违约为由向其送达了《解除协议通知书》。次日，李某支付了第二期转让款，并按照合同约定履行了后续两期转让款的支付义务。张某以已经解除合同为由将四笔转让款全数退还给李某。

2017年3月1日，东方公司与安达股份有限公司(以下简称"安达公司")签订《技术委托开发合同》，以改进东方公司现存的三座中型燃煤锅炉的脱硫技术。安达公司组建了技术团队，购置相关设备与材料，进驻东方公司开展锅炉脱硫改造的工作。2017年4月10日，A市政府根据省政府《关于进一步加强污染物减排工作的意见》的要求，做出拆除A市所有中小型燃煤锅炉的行政决定。该技术委托开发合同的履行出现了障碍。

2017年6月1日，东方公司因订单量大幅增加，需扩大生产规模，与嘉美建筑有限公司(以下简称"嘉美公司")签订了《建设工程合同》。约定在2017年9月1日前建成厂房两间；厂房交付后10日内东方公司支付嘉美公司工程款200万元；嘉美公司每延迟交付1日，支付违约金2000元。

2017年7月4日，东方公司发现正在修建的厂房墙体不直，存在安全隐患，后经调查发现嘉美公司所派的建筑工人并不具有相关资质。东方公司遂与嘉美公司商议：拆除已建成部分，并由嘉美公司重新选派合格的工人继续该建设工程。嘉美公司表示接受，并提出工期需要延长一个月，东方公司同意。嘉美公司于2017年10月1日交付两间厂房。经验收合格后，东方公司支付了194万元工程款，并向嘉美公司说明所扣除的6万元为迟延交付的违约金。

钟某为东方公司的自然人股东，在公司设立时以货币出资200万元，持股比例为2.5%，其担任东方公司的管理人员，后于2016年底离职，到其他公司工作。2017年11月3日，东方公司(公司成立于2014年5月，注册资本为人民币8000万元)为扩大经营规模、提高公司的资信程度，召开全体股东会就公司增资扩股相关事宜进行表决，股东会上全体股东同意将公司注册资本从8000万元增至1亿元，持有80%表决权的股东同时通过了东方公司的增资方案，方案第三条规定"不在公司工作的股东，不能参与本次增资扩股"。

【问题】

(1) 张某是否有权解除合同？为什么？

(2) 李某应当如何维护其合同权利？

(3) 安达公司是否有权解除合同？为什么？

(4) 安达公司是否有权向东方公司请求补偿？是否有权要求其承担违约损害赔偿责任？为什么？

(5) 东方公司扣除违约金的行为是否合法？为什么？

(6) 东方公司是否可以向嘉美公司请求赔偿？为什么？

【解析】

(1) 张某无权解除合同。合同的解除必须具备一定的条件，合同的解除方法除了约定解除外，还有法定解除。法定解除是由法律明确规定，即只有在法定的或约定的解除条件成就时，才可以解除合同。案例中双方在合同中约定"此协议经双方签字生效，永不反悔"，李某依约定履行支付转让款，而非直接解除合同，故张某不享有法定和约定的解除权。

(2) 李某应当在3个月内向人民法院请求确认张某解除合同的效力。李某有权向人民法院提出异议。由于双方未约定异议期间，李某应当自解除合同通知到达之日起3个月内请求人民法院确认张某解除合同的效力。

(3) 安达公司有权解除合同。情势变更原则所涉及的解除权是法定解除权。本案例中A市政府政策的调整导致合同的继续履行失去意义，双方订立合同的目的不能实现。因此，安达公司可以依据情势变更原则行使法定解除权，请求解除双方的合同关系。

(4) 安达公司可向东方公司请求补偿，但不能要求东方公司承担违约责任。情势变更的制度目的是消除情势变更对当事人造成的不公平后果，不可归咎于任何一方，因而受到损害的一方并不能主张损害赔偿等违约法律效果。安达公司在合同成立并生效后，组建团队，购置设备与材料所产生的费用，应由东方公司予以补偿。

(5) 东方公司扣除违约金的行为不合法。《合同法》第七十七、七十八条规定，双方当事人协商一致，且变更的内容明确时，可以变更合同。本案中，双方当事人对于工期延长一个月均表示同意，构成了对原合同的变更。嘉美公司在10月1日交付厂房，按期履行了变更后的合同所规定的义务，不存在延期交付的行为，因此，东方公司不应扣除违约金。

(6) 东方公司可以向嘉美公司请求赔偿。虽然东方公司对合同进行了协议变更，但合同的变更不影响当事人要求赔偿损失的权利。嘉美公司在前期的施工中存在过错，导致厂房存在安全隐患而被拆除，因此给东方公司造成一定的损失，对该部分损失，东方公司有权要求嘉美公司予以赔偿，该赔偿不因合同的变更而被免除。

资料来源：国家统一法律职业资格考试案例分析指导用书编辑委员会.国家统一法律职业资格考试：案例分析指导用书[M].北京：法律出版社，2019.

1.2.6 违约责任

违约责任是指合同当事人不履行合同义务或者履行合同义务不符合约定所应承担的民事责任。

1. 承担违约责任的形式

1) 继续履行

继续履行是指一方在不履行合同义务时，另一方有权要求法院强制违约方按合同规定的标的履行义务，而不得以支付违约金和赔偿损失的办法代替履行。

强制继续履行作为违约补救办法，具有其他补救方法不可替代的作用，但这种补救办法也是受限制的。《合同法》第一百一十条规定："当事人一方不履行非金钱债务或者履行非金钱债务不符合约定的，对方可以要求履行，但有下列情形之一的除外：①法律上或者事实上不能履行；②债务的标的不适于强制履行或者履行费用过高；③债权人在合理期限内未要求履行。"

2) 补救措施

根据《合同法》规定，质量不符合约定的，应当按照当事人的约定承担违约责任。对违约责任没有约定或者约定不明确的，当事人可以协议补充或者按照合同有关条款或者交易习惯确定；仍不能确定的，受损害方根据标的的性质以及损失的大小，可以合理选择要求对方承担修理、更换、重作、退货、减少价款或者报酬等违约责任。

3) 赔偿损失

赔偿损失是指违约方因不履行合同义务或者履行合同义务不符合约定而给对方造成损失，依法或根据合同规定所应承担的损害赔偿责任。它是违约责任中最常见的责任形式。损害赔偿的范围包括直接损失和间接损失。

损害赔偿额不得超过违反合同一方订立合同时预见到或者应当预见到的因违反合同可能造成的损失，也就是说应当赔偿的损失是订立合同时合理预见的损失。

4) 支付违约金

违约金是指由当事人通过协商预先确定的，在违约后生效的独立于履行行为以外的给付，是合同中最常见的一种责任形式。《合同法》对违约金做了以下几方面的规定。

(1) 约定违约金。《合同法》规定，当事人可以约定一方违约时应当根据违约情况向对方支付一定数额的违约金。

(2) 对违约金的调控。违约金既具有补偿性，也具有惩罚性。约定的违约金低于造成的损失的，当事人可以请求人民法院或仲裁机构予以增加；而当约定的违约金过分高于造成的损失时，当事人才可以请求人民法院或仲裁机构予以适当减少。迟延履行约定违约金的，违约方支付违约金后，还应当履行债务。

5) 给付或双倍返还定金

当事人依照《中华人民共和国担保法》(以下简称《担保法》)的规定，约定由一方向对方给付定金作为债权的担保的，当事人履行债务后，定金应当抵作价款或者收回。给付定金的一方不履行约定的债务的，无权要求返还定金，收受定金的一方不履行约定的债务的，应当双倍返还定金。

当事人既约定违约金又约定定金的，一方违约时对方可以选择适用违约金条款或定金条款，但两者不能并用。

经典例题

【例1-20】《合同法》规定，当事人一方不履行非金钱债务或者履行非金钱债务不符合约定的，对方可以要求履行，除外的情形有(　　)。

A. 法律上或者事实上不能履行的
B. 债务标的物不适于强制履行或者履行费用过高的
C. 债务标的物不能履行的或者履行费用过少的
D. 债权人在期限外未能履行的
E. 债权人在合理期限内未能要求履行的

【答案】ABE

【解析】《合同法》第一百一十条规定："当事人一方不履行非金钱债务或者履行非金钱债务不符合约定的，对方可以要求履行，但有下列情形之一的除外：①法律上或者事实上不能履行；②债务的标的不适于强制履行或者履行费用过高；③债权人在合理期限内未要求履行。"

2. 违约责任的免除

1) 违约责任免除的法定事由

根据《合同法》规定，因不可抗力不能履行合同的，根据不可抗力的影响，部分或者全部免除责任，但法律另有规定的除外。当事人迟延履行后发生不可抗力的，不能免除责任。当事人可以在合同中约定不可抗力的范围。当事人一方因发生不可抗力不能履行合同的，应当及时通知对方，以减轻可能给对方造成的损失，并且应当在合理期限内提供有关机构出具的证明。不可抗力是指不能预见、不能避免并不能克服的客观情况。

2) 免责条款

免责条款是指合同双方当事人在合同中约定，当出现一定的事由或条件时，可免除违约方的违约责任。

3) 法律的特别规定

在法律有特别规定的情况下，可以免除当事人的违约责任。如《合同法》规定，承运人对运输过程中货物的毁损、灭失承担损害赔偿责任，但承运人证明货物的毁损、灭失是因不可抗力、货物本身的自然性质或者合理损耗以及托运人、收货人的过错造成的，不承担损害赔偿责任。

经典例题

【例1-21】 不可抗力是指( )。

A. 不能预见、不能避免并不能克服的客观情况

B. 可以预见,但不能克服的客观情况

C. 不能避免并不能克服的客观情况

D. 不能预见并不能避免的客观情况

【答案】A

【解析】不可抗力是指不能预见、不能避免并不能克服的客观情况。

案例分析1-7

南通市王先生先后于2012年7月15日和8月12日分别向某地板销售门市部购买120平方米、18.27平方米的水曲柳实木地板,花费8711元。2013年4月装修竣工不久后,王先生发现地板上有虫蛀痕迹,同时发现有飞虫在室内飞舞。王先生向地板销售商申请赔偿,销售商说其产品经过高温高压消毒,不会出现这种情况,拒绝赔付,于是引起纠纷。经过鉴定,王先生家中的飞虫的确来自水曲柳地板。南通市崇川区法院查明该地板无厂家名称、生产日期、检验合格证明,为不合格产品。

【问题】本案销售商是否承担违约责任?

【解析】制造商和销售商出售"三无产品"是违约行为,是买卖合同的债务人履行债务的不诚实行为。该违约行为发生在合同履行过程中,因此,债务人应承担合同责任,既不是预期违约,也不是合同无效,而是实际违约责任。

资料来源:杨立新.民法案例教程[M].4版.北京:中国人民大学出版社,2018.

1.3 物权法律基本制度

1.3.1 物权概述

根据《中华人民共和国物权法》(以下简称《物权法》)规定,这里所称的物权,是指权利人依法对特定的物享有直接支配和排他的权利,包括所有权、用益物权和担保物权。

1. 物权的特征

1) 物权具有直接支配性

所谓物权的直接支配性,是指物权人直接对物实施取得利益的各种行为,并且这种

对物的支配是以物权人自己的意思为之，无须他人的意思或行为的介入就可实现。这与债权不同，债权属于请求权，债权的实现必须借助义务人的行为，才能实现债权人的利益。

2) 物权具有绝对性

物权的绝对性也称之为物权的对世性，是指非经物权人同意，在其对物的支配领域内，任何人不得侵入或者干涉，否则构成违约。因此，在物权法律关系中，物权的义务主体是不特定的一切人。这与债权不同，债权的义务主体是特定的，债权人只能向特定的债务人主张权利，故债权被称为相对权或对人权。

3) 物权具有排他性

物权的排他性，是指在同一标的物上，不能存在两个以上性质不相容的物权，即使有些物权可以并存，但是其效力有强弱之分。物权的排他性也是物权的直接支配性和绝对性的必然反映。这与债权不同，债权可并存且平等，不具有排他性。

4) 物权具有法定性

物权的法定性，是指物权的种类和内容只能按照法律规定，当事人不能自由创设，这也是由物权的绝对性所决定的。这与债权不同，债权不具有法定性，债权具有任意性，只要债权种类和内容的设立不违反法律和社会公共利益的范围即可。

5) 物权具有公示性

物权的公示性，是指物权的产生、变更和消灭，必须通过一定的方式让物权人之外的人察知。这也是由物权的绝对性、排他性决定的。如果物权无公示，物权就不能对抗第三人的干涉和侵害，也无以排他；如果物权无公示，物权变动的时间不确定，也无以确定同一物上并存数个物权谁先谁后。这与债权不同，债权是发生在特定主体之间的，第三人无须知晓，所以债权不具有公示性。

2. 物权法的基本原则

1) 物权法定原则

物权法定原则是物权法的基本原则。《物权法》第五条规定："物权的种类和内容，由法律规定。"所谓物权法定原则，是指物权的种类、效力、变动要件、保护方法等都只能由法律来规定，不允许当事人自由创设物权种类和超越法定范围行使物权。

2) 一物一权原则

一物一权原则是指在一个标的物上只能存在一个所有权，不允许有互不相容的两个以上物权同时存在于同一标的物上。

3) 公示原则

《物权法》第六条规定："不动产物权的设立、变更、转让和消灭，应当依照法律规定登记。动产物权的设立和转让，应当依照法律规定交付。"所谓物权公示原则，是指物权的享有与变动必须以外部察知的法定方式表现出来的原则。如果未能以法定公示方式进行，则无从发生物权变动的法律效果。

4) 公信原则

公信原则是指物权的存在既然以登记或者占有为其表征，则信赖该表征而有所作为者，即使其表征与实质的权利不符，对于信赖该表征的人也不发生任何影响。按照这个原则，公示方法所表现的物权即便不存在或内容有异，但对于信赖该公示方法所表示的物权而与之为交易的人，法律仍承认其具有和真实物权相同的法律效果。

> **案例分析1-8**
>
> 甲家的一只母羊领着三只小羊跑进乙家地里。乙以甲的羊损坏了自己的庄稼为由，将该母羊牵回自己家中。发生争执后，经邻居调解，乙愿意将该羊送回，但主张甲先赔偿其损失。甲向法院起诉，请求乙返还财产。
>
> 【问题】
> (1) 物权法的调整对象是什么？甲与乙之间关于庄稼和羊的争议是物权法的调整对象吗？
> (2) 甲对于羊、乙对于庄稼，是人对物的何种支配关系？
> (3) 该纠纷应如何处理？
>
> 【解析】
> (1)《物权法》第二条规定，物权法律关系调整的是物的归属和利用而产生的民事关系，那么，本案关于羊和庄稼的问题是属于物权法律关系中调整物的归属问题，属于所有权，是物权法的调整对象。
> (2) 甲的羊吃了乙的庄稼，是侵害了乙的所有权。对于一个侵害所有权的行为应当依法解决，对此，《物权法》第三十二条有明确规定。但乙却以强行扣押所有的羊来解决，这显然是违法行为，侵害了甲的所有权。甲的羊吃了乙的庄稼，是甲的疏忽行为，是他违反了对他人的所有权不得侵害的义务，有过失；而乙的行为却属于恶意，是故意违反对他人的所有权不得侵害的义务。尽管两者都是违反法定义务的行为，但性质有所不同。
> (3) 该纠纷应当按照《物权法》第三十四条和第三十七条规定来处理，乙应当返还原物、赔偿损失，而甲也应当对于乙的损失予以赔偿。
>
> 资料来源：杨立新.民法案例教程[M].4版.北京：中国人民大学出版社，2018.

1.3.2 物权的变动规则

1. 不动产物权的变动

《物权法》第十五条规定："当事人之间订立有关设立、变更、转让和消灭不动产物权的合同，自合同成立时生效；办理物权登记的，不影响合同效力。"

1) 不动产物权变动的情形

(1) 登记生效。动产物权的设立、变更、转让和消灭，经依法登记，发生效力；未经登记，不发生效力，但法律另有规定的除外。

(2) 依法属于国家所有的自然资源，所有权可以不登记。

(3) 物权变动不以登记为生效要件，而是以登记为对抗要件。

① 土地承包经营权自土地承包经营权合同生效时设立；未经登记，不得对抗善意第三人。

② 地役权自地役权合同生效时设立。未经登记，不得对抗善意第三人。

③ 已经登记的宅基地使用权转让或者消灭的，应当及时办理变更登记或者注销登记，宅基地使用权不以登记为生效要件。

(4) 物权变动不以登记为生效要件，但事后处分时仍要登记。

2) 不动产登记制度

(1) 不动产登记，由不动产所在地的登记机构办理。不动产登记簿是物权归属和内容的根据，不动产登记簿由登记机构管理。不动产权属证书是权利人享有该不动产物权的证明。不动产权属证书记载的事项，应当与不动产登记簿一致；记载不一致的，除有证据证明不动产登记簿确有错误外，以不动产登记簿为准。

(2) 更正登记。权利人、利害关系人认为不动产登记簿记载的事项错误的，可以申请更正登记。不动产登记簿记载的权利人书面同意更正或者有证据证明登记确有错误的，登记机构应当予以更正。

(3) 异议登记。不动产登记簿记载的权利人不同意更正的，利害关系人可以申请异议登记。登记机构予以异议登记的，申请人在异议登记之日起十五日内不起诉，异议登记失效。异议登记不当，造成权利人损害的，权利人可以向申请人请求损害赔偿。

(4) 预告登记。当事人签订买卖房屋或者其他不动产物权的协议，为保障将来实现物权，按照约定可以向登记机构申请预告登记。预告登记后，未经预告登记的权利人同意，处分该不动产的，不发生物权效力。

申请预告登记的情形有以下几种：①预购商品房；②以预购商品房设定抵押；③房屋所有权转让、抵押；④法律、法规规定的其他情形。预告登记后，债权消灭或者自能够进行不动产登记之日起三个月内未申请登记的，预告登记失效。

当事人提供虚假材料申请登记，给他人造成损害的，应当承担赔偿责任。因登记错误，给他人造成损害的，登记机构应当承担赔偿责任。登记机构赔偿后，可以向造成登记错误的人追偿。

2. 动产物权的变动

1) 动产物权的交付方式

动产物权的交付方式包括现实交付、简易交付、指示交付和占有改定。

(1) 现实交付，是指双方在约定的地点，基于合意移转直接占有，使受让人取得直接占有，让与人放弃全部占有地位。直接占有是否终局性移转，须依一般社会观念(交易观念)定之。

(2) 简易交付，是指动产物权设立和转让前，权利人已经依法占有该动产，标的物的交付是于法律行为生效的交付方式。《物权法》第二十五条规定:"动产物权设立和转让前,权利人已经依法占有该动产的,物权自法律行为生效时发生效力。"

(3) 指示交付,是指让与物返还请求权以代替现实交付。《物权法》第二十六条规定:"动产物权设立和转让前,第三人依法占有该动产的,负有交付义务的人可以通过转让请求第三人返还原物的权利代替交付。"

(4) 占有改定,是指由双方当事人签订协议,使得受让人取得标的物的间接占有,以代替标的物直接占有的交付方式。《物权法》第二十七条规定:"动产物权转让时,双方又约定由出让人继续占有该动产的,物权自该约定生效时发生效力。"

2) 动产物权变动的情形

《物权法》第二十三条规定:"动产物权的设立和转让,自交付时发生效力,但法律另有规定的除外。"例如,船舶、航空器、机动车等物权的设立、变更、转让和消灭,未经登记,不得对抗善意第三人;转让人转移船舶、航空器和机动车等所有权,受让人已经支付对价并取得占有,虽未登记,但转让人的债权人主张"善意第三人"的,除法律另有规定外,人民法院不予支持。

3. 其他变动方式

(1) 基于事实行为。因合法建造、拆除房屋等事实行为设立或者消灭物权的,自事实行为成就时发生效力。

(2) 基于法律规定。因继承或者受遗赠取得物权的,自继承或者受遗赠开始时发生效力。

(3) 基于公法行为。因人民法院、仲裁委员会的法律文书或者人民政府的征收决定,导致物权设立、变更、转让或者消灭的,自法律文书或者人民政府的征收决定生效时发生效力。

案例分析1-9

李某将自己所有的一套房屋卖给张某,房价为30万元,约定交易费用和办理物权登记手续由买方承担。李某收到房款后,将房子和房证一起交给张某,张某搬进居住,但一直未办理物权变更登记手续。

【问题】

(1) 房屋买卖合同是否有效?为什么?

(2) 现房屋的所有权人是谁?为什么?

【解析】

(1) 房屋买卖合同有效。在李某和张某交易行为中,房屋买卖合同是债权行为,双方主体符合法律规定,意思表示真实,不违反法律法规的强制性规定,房屋买卖合同有效。

(2) 现房屋所有权人是李某。《物权法》第九条规定:"不动产物权的设立、变更、转让和消灭,经依法登记,发生效力;未经登记,不发生效力,但法律另有规定的除外。"李某和张某一直没有办理房屋产权变更，因此，从物权角度，所有权不发生变动，房屋为李某所有。

资料来源：杨立新.民法案例教程[M].4版.北京：中国人民大学出版社，2018.

1.3.3 物权的善意取得制度

善意取得是指无处分权人将不动产或者动产转让给受让人的，所有权人有权追回；法律另有规定的除外。

1. 善意取得的构成要件

1) 受让人受让不动产或者动产时为善意

受让人是否为善意判断时间点是以"受让时"为准。受让人事后得知转让人无处分权，不影响受让人善意取得。受让人受让不动产或者动产时，不知道转让人无处分权，且无重大过失的，应当推定受让人为善意。真实权利人主张受让人不构成善意的，应当承担举证证明责任。受让人受让动产时，交易的对象场所或者时机等不符合交易习惯的，应当认定受让人具有重大过失。真实权利人有证据证明不动产受让人应当知道转让人无处分权的，应当认定受让人具有重大过失。

具备下列情形之一的，就可以认定不动产受让人知道转让人无处分权从而不构成善意：①登记簿上存在有效的异议登记；②预告登记有效期内，未经预告登记的权利人同意；③登记簿上已经记载司法机关或者行政机关依法裁定、决定查封或者以其他形式限制不动产权利的有关事项；④受让人知道登记簿上记载的权利主体错误；⑤受让人知道他人已经依法享有不动产物权。

2) 以合理的价格转让

"合理的价格"，应当根据转让标的物的性质、数量以及付款方式等具体情况，参考转让时交易地市场价格以及交易习惯等因素综合认定。受让人无偿或者以明显不合理的价格取得财产时，不适用善意取得制度。

3) 物权变动公示手续已经完成

动产的善意取得以交付为要件，不动产的善意取得以登记为要件。如果当事人之间仅仅签订了买卖合同，但动产尚未交付或者不动产尚未办理产权转移登记，则受让人不能善意取得标的物的所有权。转让人将《物权法》第二十四条规定的船舶、航空器和机动车等特殊动产"交付"给受让人的(无论是否登记)，应当认定符合善意取得条件。"占有改定"不能满足善意取得制度上的"交付"要求。

4) 转让人合法占有标的物

转让人基于真权利人的意思合法占有标的物(委托物)；遗失物、盗窃物(脱手物)原则上不适用善意取得制度，同时转让人为无权处分人。

5) 物权变动是基于法律行为而完成

无处分权人将动产或者不动产转让给受让人时,是依有效的法律行为转让物权。基于事实行为、公法行为和直接基于法律规定(非因法律行为)而发生的物权变动,均不存在善意取得的问题。

6) 转让合同原则为有效合同

符合下列情形之一,受让人主张善意取得所有权的,不予支持:①转让合同被认定无效;②转让合同因受让人存在欺诈、胁迫或者乘人之危等法定事由被撤销。

2. 善意取得制度的适用范围

动产、不动产均适用善意取得制度;与此同时,所有权、建设用地使用权、抵押权、质权、留置权适用善意取得制度;赃物、遗失物不适用善意取得制度。

3. 善意取得制度的法律效力

受让人取得不动产或者动产的所有权的,原所有权人有权向无处分权人请求赔偿损失。

1.4 担保法律基本制度

1.4.1 担保法概述

1. 担保的概念和特征

担保是指依照法律规定,或由当事人双方经过协商一致而约定的,为保障合同债权实现而采取的法律措施。根据《中华人民共和国物权法》(以下简称《物权法》)和《中华人民共和国担保法》(以下简称《担保法》)的规定,债权人在借贷、买卖、货物运输、加工承揽等民事活动中,为保障实现其债权,需要担保的,可以依法设立担保。

担保是一种事前措施,能增强当事人履行合同的责任心。担保具有预防性、附属性和保障性。

2. 担保的方式

根据《物权法》和《担保法》的规定,合同担保的方式主要包括保证、抵押、质押、留置和定金。

3. 担保合同的无效情形

合同的担保应当以书面形式设定,既可以是双方当事人在主合同之外专门订立的担保合同,也可以是双方当事人在主合同中约定的担保条款,这两种担保设定形式具有同等法律效力。担保合同是主合同的从合同,主合同无效,担保合同也自然无效。担保合同另有约定的,按照约定。

根据有关法律的规定，下列几种情况担保合同无效。

(1) 国家机关和以公益为目的的事业单位、社会团体违反法律规定提供担保的，担保合同无效。

(2) 董事、经理以公司资产为本公司的股东或者其他个人债务提供担保的，担保合同无效。

(3) 以法律、法规禁止流通的财产或者不可转让的财产设定担保的，担保合同无效。

(4) 有下列情形之一的，对外担保合同无效：①未经国家有关主管部门批准或者登记对外担保的；②未经国家有关主管部门批准或者登记，为境外机构向境内债权人提供担保的；③为外商投资企业注册资本、外商投资企业中的外方投资部分的对外债务提供担保的；④无权经营外汇担保业务的金融机构、无外汇收入的非金融性质的企业法人提供外汇担保的；⑤主合同变更或者债权人将对外担保合同项下的权利转让，未经担保人同意和国家有关主管部门批准的，担保人不再承担担保责任；但法律、法规另有规定的除外。

(5) 上市公司对外担保必须经董事会或股东大会审议，否则担保合同无效。

4. 担保合同无效的法律责任

根据《担保法》《最高人民法院关于适用〈中华人民共和国担保法〉若干问题的解释》等法律法规规定，担保合同无效的法律责任包括以下几种情况。

(1) 主合同有效但担保合同被确认无效的，债务人、债权人、担保人有过错的，应根据其过错各自承担相应的民事责任。

(2) 主合同有效而担保合同无效，债权人无过错的，担保人与债务人对主合同债权人的经济损失，承担连带赔偿责任；债权人、担保人有过错的，担保人承担民事责任的部分，不应超过债务人不能清偿部分的二分之一。

(3) 主合同无效而导致担保合同无效，担保人无过错的，担保人不承担民事责任；担保人有过错的，担保人承担民事责任的部分，不应超过债务人不能清偿部分的三分之一。

(4) 担保人因无效担保合同向债权人承担赔偿责任后，可以向债务人追偿，或者在承担赔偿责任的范围内，要求有过错的反担保人承担赔偿责任。担保人可以根据承担赔偿责任的事实对债务人或者反担保人另行提起诉讼。

(5) 主合同解除后，担保人对债务人应当承担的民事责任仍应承担担保责任，担保合同另有约定的除外。

(6) 法人或者其他组织的法定代表人、负责人超越权限订立的担保合同，除相对人知道或者应当知道其超越权限的以外，该代表行为有效。

经典例题

【例1-22】主债权债务合同无效，担保合同(　　)，但法律另有规定的除外。
A. 仍然有效　　　B. 无效　　　C. 在担保期间内有效　　　D. 效力待定

【答案】B

【解析】担保合同是主债权债务合同的从合同。主合同无效，担保合同无效，但法律另有规定的除外。

1.4.2 保证

保证是指第三人为债务人的债务履行做担保，由保证人和债权人约定，当债务人不履行债务时，保证人按照约定履行债务或者承担责任的行为。与其他担保方式相比，保证属于人的担保，保证人以自身的信誉和不特定的财产为债务人的债务履行做担保。

1. 保证人

1) 保证人资格

根据《担保法》的规定，具有代为清偿债务能力的法人、其他组织或者公民，可以做保证人。

2) 保证人禁止性规定

国家机关、学校、幼儿园、医院等以公益为目的的事业单位、社会团体、企业法人的分支机构和职能部门，不得作为保证人。但是，在经国务院批准为使用外国政府或者国际经济组织贷款进行转贷的情况下，国家机关可以作为保证人；企业法人的分支机构有法人书面授权的，可以在授权范围内提供保证。村民委员会不属于上述禁止范围，依法可以作为保证人。

经典例题

【例1-23】《担保法》对保证人的主体资格规定正确的是(　　)。

A. 国家机关不得作为保证人，但经过批准的除外

B. 学校、医院等公益性的事业单位不得作为保证人

C. 从事经营性活动的事业单位不可以做担保人

D. 企业法人的分支机构未经法人书面授权不得提供保证

E. 企业法人的职能部门提供的保证无效

【答案】ABDE

【解析】国家机关、学校、幼儿园、医院等以公益为目的的事业单位、社会团体、企业法人的分支机构和职能部门，不得作为保证人；但是从事经营活动的事业单位可以作为保证人。

2. 保证合同和保证方式

1) 保证合同

保证合同是债权人与保证人签订的、确定双方权利和义务的书面协议。

《担保法》规定，保证合同应以书面形式订立，应包括以下几项内容：①被保证的主债权种类、数额；②债务人履行债务的期限；③保证的方式；④保证担保的范围；⑤保证的期间；⑥双方认为需要约定的其他事项。

保证合同不完全具备上述规定内容的，可以补正。

2) 保证方式

保证有一般保证和连带责任保证两种方式。

(1) 一般保证。当事人在保证合同中约定，在债务人不能履行债务时，由保证人承担保证责任的，称为一般保证。

一般保证的保证人在主合同纠纷未经审判或者仲裁，并就债务人财产依法强制执行仍不能履行债务前，对债权人可以拒绝承担保证责任。

有下列情形之一的，保证人不得行使上述权利：①债务人住所变更，致使债权人要求其履行债务发生重大困难的，如债务人下落不明、移居境外，且无财产可供执行；②人民法院受理债务人破产案件，中止执行程序的；③保证人以书面形式放弃规定的权利的。

(2) 连带责任保证。当事人在保证合同中约定保证人与债务人对债务承担连带责任的，称为连带责任保证。连带责任保证的债务人在主合同规定的债务履行期届满没有履行债务的，债权人可以要求债务人履行债务，也可以要求保证人在其保证范围内承担保证责任。

当事人对保证方式没有约定或者约定不明确的，按照连带责任保证承担保证责任。一般保证和连带责任保证的保证人享有债务人的抗辩权。债务人放弃对债务的抗辩权的，保证人仍有权抗辩。

3. 保证责任

保证责任是指当债务人在债务履行期限届满不履行债务时，保证人依合同约定或者法律规定所承担的代为履行或代为赔偿损失的义务。

1) 保证担保的范围

保证人在约定的保证担保范围内承担保证责任。《担保法》规定，保证担保的范围包括主债权及利息、违约金、损害赔偿金和实现债权的费用。保证合同另有约定的，按照约定。

当事人对保证担保的范围没有约定或者约定不明确的，保证人应当对全部债务承担责任。保证人与债权人可以就单个主合同分别订立保证合同，也可以协议在最高债权额限度内就一定期间连续发生的借款合同或者某项商品交易合同订立一个保证合同。

2) 保证责任的情形

(1) 共同担保的保证责任。同一债权既有保证又有物的担保的，属于共同担保。根据《物权法》的规定，被担保的债权既有物的担保又有人的担保的，债务人不履行到期债务或者发生当事人约定的实现担保物权的情形时，债权人应当按照约定实现债权；没有约定或者约定不明确，债务人自己提供物的担保的，债权人应当先就该物的担保实现债权；第三人提供物的担保的，债权人可以就物的担保实现债权，也可以要求保证人承担保证责任。提供担保的第三人承担担保责任后，有权向债务人追偿。

债权人放弃物的担保的，保证人在债权人放弃权利的范围内免除保证责任。

按份共同保证的保证人按照保证合同约定的保证份额承担保证责任后，在其履行保证责任的范围内对债务人行使追偿权。

(2) 连带共同保证的保证责任。两个以上保证人对同一债务同时或者分别提供保证时，各保证人与债权人没有约定保证份额的，应当认定为连带共同保证。

需要注意的是，连带共同保证的债务人在主合同规定的债务履行期届满没有履行债务的，债权人可以要求债务人履行债务，也可以要求任何一个保证人承担全部保证责任；连带共同保证的保证人以其相互之间约定各自承担的份额对抗债权人的，人民法院不予支持；连带共同保证的保证人承担保证责任后，向债务人不能追偿的部分，由各连带保证人按其内部约定的比例分担。没有约定的，平均分担。

4. 保证期间

保证期间是指当事人约定或者法律规定的保证人承担保证责任的时间期限。

保证人与债权人约定保证期间的，按照约定执行。保证人与债权人未约定保证期间的，保证期间为主债务履行期届满之日起六个月。保证合同约定的保证期间早于或者等于主债务履行期限的，视为没有约定，保证期间为主债务履行期届满之日起六个月。

1) 保证期间合同变更、转让的保证责任

(1) 在保证期间，债权人依法将主债权转让给第三人的，保证债权同时转让，保证人在原保证担保的范围内对受让人承担保证责任。但是，保证人与债权人事先约定仅对特定的债权人承担保证责任或者禁止债权转让的，保证人不再承担保证责任。债权人许可债务人转让部分债务未经保证人书面同意的，保证人对未经其同意转让部分的债务，不再承担保证责任。但是，保证人仍应当对未转让部分的债务承担保证责任。

(2) 债权人与债务人对主合同数量、价款、币种、利率等内容做出变动，未经保证人同意的，如果减轻了债务人的债务，保证人仍应当对变更后的合同承担保证责任；如果加重债务人的债务的，保证人对加重的部分不承担保证责任。债权人与债务人对主合同履行期限做出变动，未经保证人书面同意的，保证期间应当为原合同约定的或者法律规定的期间。

债权人与债务人协议变动主合同内容，但并未实际履行的，保证人仍应当承担保证责任。

一般保证的保证人在主债权履行期间届满后，向债权人提供了债务人可供执行财产的真实情况的，债权人放弃或者怠于行使权利致使该财产不能被执行时，保证人可以请求人民法院在其提供可供执行财产的实际价值范围内免除保证责任。

保证合同中约定保证人代为履行非金钱债务的，如果保证人不能实际代为履行，对债权人因此造成的损失，保证人应当承担赔偿责任。不具有完全代偿能力的法人、其他组织或者自然人，以保证人身份订立保证合同后，又以自己没有代偿能力要求免除保证责任的，人民法院不予支持。

2) 以欺诈、胁迫等方式获取保证的保证责任

(1) 由于主合同当事人双方串通，骗取保证人提供保证的，或者主合同债务人采取欺诈、胁迫等手段，使保证人在违背真实意思的情况下提供保证的，债权人知道或者应当知道欺诈、胁迫事实的，保证人不承担民事责任。

(2) 债务人与保证人共同欺骗债权人，订立主合同和保证合同的，债权人可以请求人民法院予以撤销。因此给债权人造成损失的，由保证人与债务人承担连带赔偿责任。

(3) 保证合同涉及约定保证人承担保证责任直至主债务本息还清时为止等类似内容的，视为约定不明，该类合同的保证期间为主债务履行期届满之日起二年。

(4) 主合同对主债务履行期限没有约定或者约定不明的，保证期间自债权人要求债务人履行义务的宽限期届满之日起计算。

(5) 保证人就连续发生的债权作保证，未约定保证期间的，保证人可以随时书面通知债权人终止保证合同，但保证人对于通知到达债权人前所发生的债权，承担保证责任。

(6) 最高额保证合同对保证期间没有约定或者约定不明的，如最高额保证合同约定有保证人清偿债务期限的，保证期间为清偿期限届满之日起六个月。没有约定债务清偿期限的，保证期间自最高额保证终止之日或自债权人收到保证人终止保证合同的书面通知到达之日起六个月。

保证人在与债权人约定的保证期间或者法律规定的保证期间内承担保证责任。

经典例题

【例1-24】 一般保证与连带责任保证的保证人与债权人未约定保证期间的，保证期间为主债务履行期限届满之日起(   )。

A. 三个月　　　　　　　　B. 六个月
C. 九个月　　　　　　　　D. 随时

【答案】B

【解析】保证人与债权人未约定保证期间的，保证期间为主债务履行期届满之日起六个月。

5. 保证合同的诉讼时效

诉讼时效是指当事人向人民法院提出保护民事权利请求的法定期限。

一般保证的债权人在保证期间届满前对债务人提起诉讼或者申请仲裁的，从判决或者仲裁裁决生效之日起，开始计算保证合同的诉讼时效。连带责任保证的债权人在保证期间届满前要求保证人承担保证责任的，从债权人要求保证人承担保证责任之日起，开始计算保证合同的诉讼时效。

一般保证中，主债务诉讼时效中断，保证债务诉讼时效也中断；连带责任保证中，主债务诉讼时效中断，保证债务诉讼时效不中断。

一般保证和连带责任保证中，主债务诉讼时效中止的，保证债务的诉讼时效同时中止。

保证人承担保证责任后，有权向债务人追偿。保证人对债务人行使追偿权的诉讼时效，自保证人向债权人承担责任之日起开始计算。

案例分析1-10

2016年7月18日，王某与周某签订《抵押借款协议》一份：王某急需现金，向周某借款500万元，月利息3%，月服务费3%，时间为2016年7月18日到2017年7月17日；王某若到期不能全额归还本金及利息、服务费，借款人王某所有的价值150万元的A栋抵押房产直接归周某所有，王某必须无条件地配合周某将该抵押物过户；若无法办理过户手续，则周某有权将房屋拍卖或变卖。

随后，王某和周某共同办理了A栋房屋抵押登记手续。

同日，柏某在《抵押借款协议》中特别承诺：借款人王某因资金周转困难向周某借款，我自愿为借款人王某借款做担保人，自愿承担担保责任，保证期间为借款之日起至借款人还清贷款本息之日止。借款人若到期不能还清贷款本息，由我归还全部借款和本息，也可以处置本人家庭财产用于还借款，因此造成的一切损失和费用支出，均由我承担。

同日，《抵押借款协议》中约定，吴某自愿将其所有的价值200万元的B栋房产抵押给周某，并办理了抵押登记手续。

王某、周某、甲市第一公办幼儿园均在该《抵押借款协议》签字或盖章。

2016年7月25日，甲市第一公办幼儿园出具《担保人担保承诺书》一份，声明：如王某不能按时间给周某还款及支付利息，该幼儿园愿意双倍偿还周某本金、利息及违约金。

2017年7月17日，借款期间届满后，王某未归还借款本息。在协商过程中，王某同意按照约定和服务费结算借款本金及全部费用，而周某同意不再向王某主张A栋房产的抵押权，直接要求吴某承担抵押担保责任，要求柏某和甲市第一公办幼儿园承担保证责任。

吴某回函：周某与王某约定的利息和服务费过高，周某应当找王某承担抵押担保责任。

柏某回函：周某应当首先找王某承担责任，王某无力承担自己才承担。

甲市第一公办幼儿园称：自己没有偿还能力，不能作为保证人，不应当承担保证责任。

2017年7月25日，周某向自己户籍所在地的周家庄人民法院起诉柏某要求其承担保证责任。

【问题】

(1) 王某与周某《抵押借款协议》中约定"王某到期不能全额归还本金及利息、服务费,借款人王某所有的价值150万元的A栋抵押房产直接归周某所有"是否有效?为什么?

(2) 甲市第一公办幼儿园向周某出具《担保人担保承诺书》的行为是否成立保证法律关系?为什么?

(3) 吴某回函:周某与王某约定的利息和服务费过高,是否成立?为什么?

(4) 吴某回函:周某应当找王某承担抵押担保责任是否成立?为什么?

(5) 柏某回函理由是否成立?为什么?

(6) 甲市第一公办幼儿园回函理由是否成立?为什么?

【解析】

(1) 该约定无效。流质条款(即绝押条款)无效。订立抵押合同时,抵押权人和抵押人在合同中不得约定在债务履行期届满抵押权人未受清偿时,抵押物的所有权转移为债权人所有。

(2) 成立保证法律关系。甲市第一公办幼儿园向周某出具的《担保人担保承诺书》行为属于第三人单方以书面形式向债权人出具担保书的单方法律行为,债权人未提出异议的情况下,保证合同成立。

(3) 理由成立。自然人之间的借款合同对支付利息没有约定或者约定不明确的,视为不支付利息。自然人之间的借款合同约定支付利息的,借款的利率不得违反国家有关限制借款利率的规定。借贷双方约定的利率未超过年利率24%,出借人请求借款人按照约定的利率支付利息的,人民法院应予以支持。借贷双方约定的利率超过年利率36%,超过部分的利息约定无效。借款人请求出借人返还已支付的超过年利率36%部分的利息的,人民法院应予以支持。

(4) 吴某的回函理由成立。被担保的债权既有物的担保又有人的担保的,债务人不履行到期债务或者发生当事人约定的实现担保物权的情形,债权人应当按照约定实现债权;没有约定或者约定不明确,债务人自己提供物的担保的,债权人应当先就该物的担保实现债权;第三人提供物的担保的,债权人可以就物的担保实现债权,也可以要求保证人承担保证责任。提供担保的第三人承担担保责任后,有权向债务人追偿。

(5) 理由成立。当事人在保证合同中约定,债务人不能履行债务时,由保证人承担保证责任的,为一般保证。一般保证的保证人在主合同纠纷未经审判或者仲裁,并就债务人财产依法强制执行仍不能履行债务前,对债权人可以拒绝承担保证责任。柏某为一般保证人,享有先诉抗辩权。

(6) 甲市第一公办幼儿园回函理由不能成立。学校、幼儿园、医院等以公益为目的的事业单位、社会团体不得作为保证人。主合同有效而担保合同无效,债权人无过错的,担保人与债务人对主合同债权人的经济损失,承担连带赔偿责任;债权人、担保人有过错的，担保人承担民事责任的部分，不应超过债务人不能清偿部分的二分之一。本案中债权人周某对于担保合同的无效并无过错。所以，在主合同有效而担保合同无效，债权人无过错的情形下，甲市第一公办幼儿园与债务人承担连带责任。债权人放弃债务人自己所提供的A栋房产的150万元的担保债权，所以幼儿园承担350万元的担保责任。

国家统一法律职业资格考试案例分析指导用书编辑委员会. 国家统一法律职业资格考试：案例分析指导用书[M]. 北京：法律出版社，2019.

1.4.3 抵押

抵押是指债务人或者第三人不转移财产的占有，将该财产作为债权的担保，债务人不履行到期债务或者发生当事人约定的实现抵押权的情形时，债权人有权就该财产折价或者拍卖、变卖的价款优先受偿。债务人或者第三人为抵押人，债权人为抵押权人，提供担保的财产为抵押财产。

1. 抵押财产

抵押人只能以法律规定可以抵押的财产提供担保；法律规定不可以抵押的财产，抵押人不得用于提供担保。

1) 可以抵押的财产

根据《物权法》和《担保法》规定，债务人或者第三人有权将下列财产进行抵押：①建筑物和其他土地附着物；②建设用地使用权；③以招标、拍卖、公开协商等方式取得的荒地等土地承包经营权；④生产设备、原材料、半成品、产品；⑤正在建造的建筑物、船舶、航空器；⑥交通运输工具；⑦法律、行政法规未禁止抵押的其他财产。抵押人可以将上述所列财产一并抵押。

经当事人书面协议，企业、个体工商户、农业生产经营者可以将现有的以及将有的生产设备、原材料、半成品、产品抵押，债务人不履行到期债务或者发生当事人约定的实现抵押权的情形，债权人有权就实现抵押权时的动产优先受偿。

以建筑物抵押的，该建筑物占用范围内的建设用地使用权一并抵押；以建设用地使用权抵押的，该土地上的建筑物一并抵押。抵押人未依照上述规定一并抵押的，未抵押的财产视为一并抵押。

乡镇、村企业的建设用地使用权不得单独抵押；以乡镇、村企业的厂房等建筑物抵押的，其占用范围内的建设用地使用权一并抵押。

2) 不得抵押的财产

根据《物权法》和《担保法》规定，下列财产不得抵押：①土地所有权；②耕地、宅基地、自留地、自留山等集体所有的土地使用权，但法律规定可以抵押的除外；③学校、幼儿园、医院等以公益为目的的事业单位、社会团体的教育设施、医疗卫生设施和其他社会公益设施；④所有权、使用权不明或者有争议的财产；⑤依法被查封、扣押、监管的财产；⑥法律、行政法规规定不得抵押的其他财产。

2. 抵押合同

设立抵押权，当事人应当采取书面形式订立抵押合同。根据《物权法》和《担保法》的规定，抵押合同一般包括下列条款：①被担保债权的种类和数额；②债务人履行债务的期限；③抵押财产的名称、数量、质量、状况、所在地、所有权归属或者使用权归属；④担保的范围；⑤当事人认为需要约定的其他事项。抵押合同不完全具备以上规定内容的，可以补正。

抵押权人在债务履行期届满前，不得与抵押人约定债务人不履行到期债务时抵押财产归债权人所有。

3. 抵押物登记

办理抵押物登记的部门如下所述：①以无地上定着物的土地使用权抵押的，登记部门为核发土地使用权证书的土地管理部门；②以城市房地产或者乡(镇)、村企业的厂房等建筑物抵押的，登记部门为县级以上地方人民政府规定的部门；③以林木抵押的，登记部门为县级以上林木主管部门；④以航空器、船舶、车辆抵押的，登记部门为运输工具的登记部门；⑤以企业的设备和其他动产抵押的，登记部门为财产所在地的工商行政管理部门。

以其他财产抵押的，可以自愿办理抵押物登记，抵押合同自签订之日起生效。当事人未办理抵押物登记的，不得对抗第三人。当事人办理抵押物登记的，登记部门为抵押人所在地的公证部门。

抵押物登记记载的内容与抵押合同约定的内容不一致的，以登记记载的内容为准。

以建筑物和其他土地附着物、建设用地使用权以及以招标、拍卖、公开协商等方式取得的荒地等土地承包经营权，或者以正在建造的建筑物抵押的，应当办理抵押登记。抵押权自登记时设立。

以生产设备、原材料、半成品、产品、交通运输工具或者以正在建造的船舶、航空器抵押的，抵押权自抵押合同生效时设立；未经登记，不得对抗善意第三人。

企业、个体工商户、农业生产经营者以生产设备、原材料、半成品、产品等动产抵押的，应当向抵押人住所地的工商行政管理部门办理登记。抵押权自抵押合同生效时设立；未经登记，不得对抗善意第三人。

4. 抵押的效力

抵押担保的范围包括主债权及利息、违约金、损害赔偿金和实现抵押权的费用。抵押合同另有约定的，按照约定执行。

订立抵押合同前抵押财产已出租的，原租赁关系不受该抵押权的影响；抵押权设立后抵押财产出租的，该租赁关系不得对抗已登记的抵押权。

抵押期间，抵押人未经抵押权人同意，不得转让抵押财产，但受让人代为清偿债务消灭抵押权的除外。抵押期间，抵押人经抵押权人同意转让抵押财产的，应当将转让所得的价款向抵押权人提前清偿债务或者提存。转让的价款超过债权数额的部分归抵押人所有，不足部分由债务人清偿。

抵押人的行为足以使抵押财产价值减少的，抵押权人有权要求抵押人停止其行为。抵押财产价值减少的，抵押权人有权要求恢复抵押财产的价值，或者提供与减少的价值相应的担保。抵押人不恢复抵押财产的价值也不提供担保的，抵押权人有权要求债务人提前清偿债务。

抵押权人与抵押人可以协议变更抵押权顺位以及被担保的债权数额等内容，但抵押权的变更，未经其他抵押权人书面同意，不得对其他抵押权人产生不利影响。债务人以自己的财产设定抵押，抵押权人放弃该抵押权、抵押权顺位或者变更抵押权的，其他担保人在抵押权人丧失优先受偿权益的范围内免除担保责任，但其他担保人承诺仍然提供担保的除外。

5. 抵押权的实现

1) 抵押权实现的方式

债务人不履行到期债务或者发生当事人约定的实现抵押权的情形，抵押权人可以与抵押人协议就该抵押财产折价或者拍卖、变卖的价款优先受偿。协议损害其他债权人利益的，其他债权人可以在知道或者应当知道撤销事由之日起一年内请求人民法院撤销该协议。

抵押权人与抵押人未就抵押权实现方式达成协议的，抵押权人可以请求人民法院拍卖、变卖抵押财产。抵押财产折价或者变卖的，应当参照市场价格。抵押财产折价或者拍卖、变卖后，其价款超过债权数额的部分归抵押人所有，不足部分由债务人清偿。

2) 抵押权实现的顺序

同一财产向两个以上债权人抵押的，拍卖、变卖抵押财产所得的价款依照下列规定清偿：①抵押权已登记的，按照登记的先后顺序清偿，若顺序相同，按照债权比例清偿；②抵押权已登记的先于未登记的受偿；③抵押权未登记的，按照债权比例清偿。

抵押权因抵押物灭失而消失。因灭失所得的赔偿金，应当作为抵押财产。

3) 抵押权、质权、留置权竞合时的实现顺序

同一财产法定登记的抵押权与质权并存时，抵押权人优先于质权人受偿；同一财产法定登记的抵押权与留置权并存时，留置权人优先于抵押权人受偿。在抵押物灭失、毁损或者被征用的情况下，抵押权人可以就该抵押物的保险金、赔偿金或者补偿金优先受偿，如果抵押权所担保的债权未届清偿期的，抵押权人可以请求人民法院对保险金、赔偿金或补偿金等采取保全措施。

为债务人抵押担保的第三人，在抵押权人实现抵押权后，有权向债务人追偿。

6. 最高额抵押

最高额抵押，是指抵押人与抵押权人协议，在最高债权额限度内，以抵押物对一定期间内连续发生的债权做担保。为了担保债务的履行，债务人或者第三人对一定期间内将要连续发生的债权提供担保财产的，债务人不履行到期债务或者发生当事人约定的实现抵押权的情形，抵押权人有权在最高债权额限度内就该担保财产优先受偿。

最高额抵押权设立前已经存在的债权,经当事人同意,可以转入最高额抵押担保的债权范围。

最高额抵押担保的债权确定前,部分债权转让的,最高额抵押权不得转让,但当事人另有约定的除外。

最高额抵押担保的债权确定前,抵押权人与抵押人可以通过协议变更债权确定的期间、债权范围以及最高债权额,但变更的内容不得对其他抵押权人产生不利影响。

抵押权人实现最高额抵押权时,实际发生的债权余额高于最高限额的,以最高限额为限,超过部分不具有优先受偿的效力;实际发生的债权余额低于最高限额的,以实际发生的债权余额为限对抵押物优先受偿。

当事人对最高额抵押合同的最高限额、最高额抵押期间进行变更,以其变更对抗顺序在后的抵押权人的情形,人民法院不予支持。

经典例题

【例1-25】下列关于抵押的说法中,正确的是( )。

A.抵押的设定仅限于债务人自己的财产,第三人的财产不得设定抵押

B.作为抵押物的财产既可以是动产,也可以是不动产

C.荒地等土地承包经营权不得抵押

D.被抵押的财产可以不转移占有,也可以转移占有

【答案】B

【解析】A项中,抵押权的设定不限于债务人的财产;C项中,荒地等土地承包经营权可以作为抵押物;D项中,以抵押方式设定的担保方式的突出特点在于不转移财产的占有。

【例1-26】同一财产向两个以上债权人设定抵押时,下列说法不正确的是( )。

A.若抵押权已经登记的,按照抵押物登记的先后顺序清偿;顺序相同的,按照债权比例清偿

B.抵押物已登记的优先于未登记的受偿

C.抵押物都未登记的,按照债权比例清偿

D.抵押物都未登记的,按照抵押合同生效时间的先后顺序清偿

【答案】D

【解析】同一财产向两个以上债权人抵押的,拍卖、变卖抵押财产所得的价款依照下列规定清偿:①抵押权已登记的,按照登记的先后顺序清偿,若顺序相同,按照债权比例清偿;②抵押权已登记的先于未登记的受偿;③抵押权未登记的,按照债权比例清偿。

案例分析1-11

2017年3月1日，甲公司与乙银行书面约定：甲公司向乙银行借款，以在建写字楼做抵押，抵押担保的债权为2017年3月1日至12月31日签订的所有借款合同项下的借款本息之和，但担保债权总额不超过1亿元。签约后双方办理抵押登记。

2017年4月1日，甲公司法定代表人汪某以甲公司名义与乙银行签订2000万元借款合同。10月1日甲公司股东会决定：汪某代表公司所签借款合同，单笔限额为3000万元。12月31日汪某以甲公司名义与乙银行签订4000万元借款合同。乙银行对甲公司股东会决议并不知情。

上述借款均在2018年12月1日到期，本息共计6500万元。同日，乙银行将上述债权转让给丙公司，并书面通知甲公司。

【问题】

(1) 乙银行享有何种特殊抵押权？
(2) 汪某以甲公司名义与乙银行签订的借款合同是否有效？
(3) 丙公司对在建写字楼是否享有抵押权？
(4) 本案中的抵押权在什么期间行使才能得到人民法院保护？

【解析】

(1) 乙银行享有最高额抵押权。最高额抵押，是指抵押人与抵押权人协议，在最高债权额限度内，以抵押物对一定期间内连续发生的债权做担保。

(2) 有效。代表法人从事民事活动的负责人，称为法人的法定代表人。法定代表人以法人名义从事的民事活动，其法律后果由法人承受。法人章程或者法人权力机构对法定代表人代表权的限制，不得对抗善意相对人。汪某为甲公司法定代表人，其以法人名义签订的借款合同有效，甲公司股东会决议对汪某代表权的限制，不具有对抗善意第三人(乙银行)的效力。

(3) 享有。乙银行享有的最高额抵押权所担保的债权已经确定；乙银行将债权转让给丙公司的行为有效；主债权转让的，担保该债权的抵押权一并转让，丙公司受让乙银行债权，乙银行对在建写字楼的抵押权也一并转让给丙公司。

(4) 在其担保的债权诉讼期间内行使，即2018年12月2日到2021年12月1日。抵押权与其担保的债权同时存在，债权消灭的，抵押权也消灭。本案中，主债权的诉讼时效期间为3年，2018年12月2日开始，最长不超过20年。

资料来源：2019年全国硕士研究生考试法律硕士专业学位联考：专业基础课真题.

1.4.4 质押

1. 质押概述

质押是指债务人或者第三人将其动产或权利移交债权人占有，作为债权的担保，在债务人不履行债务时,债权人有权依照法律规定,将该动产或权利折价或拍卖、变卖所得的价款优先受偿的行为。

在质押关系中,用作担保并转移、占有的动产,称为质物;提供质物的债务人或者第三人,称为出质人;债权人占有债务人或第三人提供的质物,并就其动产或权利折价或拍卖、变卖所得的价款优先受偿的权利,称为质权;对质物享有质权的债权人,称为质权人。

质押包括动产质押和权利质押两种。

质押与抵押的区别有如下几点:①质物主要是动产和权利;抵押物则主要是不动产。②质权的设定必须转移质物的占有,并以占有为公示方式;抵押权的设定则不转移抵押物的占有,且以登记为公示方式。③同一质物上只能设立一个质押权;而同一抵押物上可以设立数个抵押权,且存在受偿的先后顺序问题。

2. 动产质押

动产质押,是指债务人或者第三人将其动产移交债权人占有,将该动产作为债权的担保。债务人不履行债务时,债权人有权依法将该动产折价或者拍卖、变卖的价款优先受偿。其中债务人或者第三人为出质人,债权人为质权人,交付的动产为质押财产。

1) 质押合同

根据《担保法》的规定,出质人和质权人设立动产质权关系应当以书面形式订立质押合同,并转移质物的占有权。质押合同自质物移交质权人占有时生效。

质押合同应当包括以下几项内容:①被担保的主债权的种类、数额;②债务人履行债务的期限;③质物的名称、数量、质量、状况;④质押担保的范围;⑤质物移交的时间;⑥当事人认为需要约定的其他事项。

质押合同不完全具备前款规定内容的,可以补正。

2) 动产质押的效力

质押担保的一般范围包括主债权及利息、违约金、损害赔偿金、质物保管费用和实现质权的费用。与抵押担保的债权范围相比,质押担保增加了质物的保管费用,这是由质押转移质物占有的特性决定的。

动产质权的效力不仅及于质物的本身,还及于质物的从物、孳息、代位物和添附物等。动产质权的效力虽然及于质物的从物,但是从物未随同质物移交质权人占有的,质权的效力不及于从物。质权人有权收取质物所生的孳息。质押合同另有约定的,按照约定。依此规定,除质押合同另有约定外,质权的效力及于质物的孳息。这里的"孳息"既包括天然孳息,也包括法定孳息。质物因灭失等原因,出质人受有质物的代位物时,质权的效力及于代位物。质物因附合、混合、加工而发生添附的,若质物所有人取得添附物所有权时,则质权效力及于添附物。

3) 质权人对质物的责任

(1) 质权人在质权存续期间,未经出质人同意,擅自使用、处分质押财产,给出质人造成损害的,应当承担赔偿责任。

(2) 质权人负有妥善保管质押财产的义务。

(3) 因不能归责于质权人的事由可能使质押财产毁损或者价值明显减少，足以危害质权人权利的，质权人有权要求出质人提供相应的担保；出质人不提供的，质权人可以拍卖、变卖质押财产，并与出质人通过协议将拍卖、变卖所得的价款提前清偿债务或者提存。

(4) 质权人在质权存续期间，未经出质人同意转质，造成质押财产毁损、灭失的，应当向出质人承担赔偿责任。

(5) 质权人可以放弃质权。债务人以自己的财产出质，质权人放弃该质权的，其他担保人在质权人丧失优先受偿权益的范围内免除担保责任，但其他担保人承诺仍然提供担保的除外。

4) 动产质权的实现

动产质权的实现是指质权人于其债权清偿期届满而未受清偿时，处分质物，以质物变价并优先受偿的行为。

《担保法》第七十一条规定："债务履行期届满质权人未受清偿的，可以与出质人协议以质物折价，也可以依法拍卖、变卖质物。"这里规定了三种质权的实现方式，即质物折价、拍卖质物、变卖质物。

质押财产折价或者拍卖、变卖后，其价款超过债权数额的部分归出质人所有，不足部分由债务人清偿。质押财产折价或者变卖的，应当参照市场价格。

经典例题

【例1-27】 债务人以自己的财产出质，质权人放弃该质权的情况下，下列说法正确的是(   )。

A. 其他担保人在质权人丧失优先受偿权益的范围内免除担保责任，但其他担保人承诺仍然提供担保的除外

B. 其他担保人不再提供担保

C. 若该质权的变更损害了其他债权人的权益，其他债权人可在知道或应当知道变更事由之日起的三个月内起诉

D. 质权人可以要求其他抵押人继续承担担保责任

【答案】A

【解析】债务人以自己的财产出质，质权人放弃该质权的，其他担保人在质权人丧失优先受偿权益的范围内免除担保责任，但其他担保人承诺仍然提供担保的除外。

3. 权利质押

权利质押是以出质人提供的财产权利为标的设定的质押。权利质押中质权人对出质人提供的财产权利所享有的担保权，称为权利质权。在债务人不履行债务时，质权人有权对质押的财产权利进行变价而优先受偿。

1) 权利质押的法定范围

根据《物权法》和《担保法》规定，债务人或者第三人有权出质下列权利：①汇票、支票、本票；②债券、存款单；③仓单、提单；④可以转让的基金份额、股权；⑤可以转让的注册商标专用权、专利权、著作权等知识产权中的财产权；⑥应收账款；⑦法律、行政法规规定可以出质的其他财产权利。

2) 不同种类权利出质的法律规定

(1) 以汇票、支票、本票、债券、存款单、仓单、提单出质的，当事人应当订立书面合同。质权自权利凭证交付质权人时设立；没有权利凭证的，质权自有关部门办理出质登记时设立。汇票、支票、本票、债券、存款单、仓单、提单的兑现日期或者提货日期先于主债权到期的，质权人可以兑现或者提货，并与出质人协议将兑现的价款或者提取的货物提前清偿债务或者提存。

(2) 以基金份额、股权出质的，当事人应当订立书面合同。以基金份额、证券登记结算机构登记的股权出质的，质权自证券登记结算机构办理出质登记时设立；以其他股权出质的，质权自工商行政管理部门办理出质登记时设立。基金份额、股权出质后，不得转让，但经出质人与质权人协商同意的除外。出质人转让基金份额、股权所得的价款，应当向质权人提前清偿债务或者提存。

(3) 以注册商标专用权、专利权、著作权等知识产权中的财产权出质的，当事人应当订立书面合同。质权自有关主管部门办理出质登记时设立。知识产权中的财产权出质后，出质人不得转让或者许可他人使用，但经出质人与质权人协商同意的除外。出质人转让或者许可他人使用出质的知识产权中的财产权所得的价款，应当向质权人提前清偿债务或者提存。

(4) 以应收账款出质的，当事人应当订立书面合同。质权自信贷征信机构办理出质登记时设立。应收账款出质后，不得转让，但经出质人与质权人协商同意的除外。出质人转让应收账款所得的价款，应当向质权人提前清偿债务或者提存。

经典例题

【例1-28】根据《担保法》规定，可以质押的权利包括( )。

A. 汇票、本票、支票　　　　　　　B. 存款单、仓单、提单

C. 土地所有权　　　　　　　　　　D. 依法可以转让的股份、股票

E. 应收账款

【答案】ABDE

【解析】债务人或者第三人有权出质下列权利：①汇票、支票、本票；②债券、存款单；③仓单、提单；④可以转让的基金份额、股权；⑤可以转让的注册商标专用权、专利权、著作权等知识产权中的财产权；⑥应收账款；⑦法律、行政法规规定可以出质的其他财产权利。

1.4.5 留置

留置是指债权人按照合同的约定占有债务人的动产,债务人不按照合同约定的期限履行债务的,债权人有权依照法律留置该财产,以该财产折价或者拍卖、变卖的价款优先受偿的行为。在留置关系中,享有留置权的债权人,称为留置权人,留置权人留置的财产,称为留置物。债权人依法留置因履行合同而占有的债务人的财产,并以处分该财产的价款优先受偿的权利,称为留置权。

1. 留置权的适用范围

《担保法》规定,因保管合同、运输合同、承揽合同以及法律规定可以留置的其他合同发生的债权,债务人不履行债务的,债权人有留置权。

《合同法》第四百二十二条规定:"行纪人完成或者部分完成委托事务的,委托人应当向其支付相应的报酬。委托人逾期不支付报酬的,行纪人对委托物享有留置权,但当事人另有约定的除外。"依此规定,行纪合同的债权人也可以享有留置权。法律规定或者当事人约定不得留置的动产,不得留置。

留置权属于担保物权,具有物权乃至担保物权的共同属性,也具有以下几点显著特征:①成立的法定性;②占有的事先性;③留置物与债权的关联性。

2. 留置权的效力

1) 留置担保的范围

依据《担保法》的规定,留置担保的范围包括主债权及利息、违约金、损害赔偿金、留置物保管费用和实现留置权的费用。留置权所涉及的标的物的范围,包括主物、从物、孳息以及留置物的代位物。

2) 留置权对留置权人的效力

留置权对留置权人的效力,表现为留置权人的权利和义务,是留置权的主要效力。留置权人的权利主要有以下几项:①留置物的占有权。②留置物孳息的收取权。留置权人有权收取留置财产的孳息,一般说来,留置权人收取的孳息应先充抵收取费用,次充抵利息,最后充抵原债权。③对留置物必要的使用权。④必要费用之返还请求权。⑤就留置物变价优先受偿权。

3) 留置权对留置物所有人的效力

留置权对留置物所有人的效力包括两方面:一是留置物所有人不丧失对留置物的所有权,但在行使所有权时,不得排斥留置权;二是留置权存续期间,留置物所有人的权利行使受到限制,他不仅不能对留置物进行占有、使用、收取收益,也不能抵押、质押和出租留置物。

3. 留置权的实现

留置权人与债务人应当约定留置财产后的债务履行期间;没有约定或者约定不明确的,留置权人应当给债务人两个月以上履行债务的期间,但鲜活易腐等不易保管的动产除外。

债务人逾期未履行的，留置权人可以与债务人协议以留置财产折价，也可以就拍卖、变卖留置财产所得的价款优先受偿。留置财产折价或者变卖的，应当参照市场价格。

债务人可以请求留置权人在债务履行期届满后行使留置权；留置权人不行使的，债务人可以请求人民法院拍卖、变卖留置财产。留置财产折价或者拍卖、变卖后，其价款超过债权数额的部分归债务人所有，不足部分由债务人清偿。

留置权人在债权未受全部清偿前，留置物为不可分物的，留置权人可以就留置物的全部行使留置权。留置的财产为可分物的，留置物的价值应当相当于债务的金额。

同一动产上已设立抵押权或者质权，该动产又被留置的，留置权人优先受偿。

留置权人对留置财产丧失占有或者留置权人接受债务人另行提供担保的，留置权消灭。

案例分析1-12

甲是养鱼专业户，因改建鱼塘和引进良种急需资金。

2016年10月21日，甲与乙签订书面借款合同，合同约定：甲向乙借款50万元，年利息10万元，借款期限为1年。10月23日，乙通过银行转账方式向甲支付50万元；10月24日，该笔50万元到达甲的账户。

在订立借款合同的同时，甲以自己一套价值20万元的A音响设备和价值30万元的C家用轿车设立抵押，甲与乙订立抵押合同，但未办理抵押登记。

2016年11月10日，甲又向丙借款10万元，又以A音响设备质押，甲与丙双方订立质押合同，并将A音响设备交付丙占有。

2016年12月10日，甲将C家用轿车卖给了陈某，双方签署了买卖合同并办理车辆过户手续，但双方约定由甲借用该轿车，7日后甲再将C家用轿车交付给陈某。

2016年12月16日，甲向丁借款15万元，并以C家用轿车设定质押，将C家用轿车交付给丁，丁将15万元支付给甲，并对陈某与甲之间的家用轿车买卖事宜毫不知情。

甲获得上述借款后，改造了鱼塘，且与某县良种站签订了良种鱼引进合同。合同约定甲以销售鱼的款项优先偿还该县良种站的贷款。之后，该县良种站将良种鱼交给甲，要求甲支付运费，甲拒绝。

2017年2月10日，因所在水域发生洪水，甲的鱼塘被冲垮，因甲反应及时，部分鱼得以捕捞并出卖获得价款10万元。随后，甲不能及时偿还借款和支付货款而与该县良种站发生纠纷。

该县良种站诉至法院后，法院查证上述事实后又查明：丁在占有C家用轿车期间，因自身原因使轿车受损，并将轿车送到戊的修理厂修理。丁拖欠戊1万元修理费未支付，轿车被戊扣下，但因丁急用车，戊又将扣下的车返还丁。

丙在占有A音响设备期间，不慎将该音响设备损坏，送己修理。丙不想交付修理费

3万元，但愿意向己提供价值3.5万元的机动车作为担保，换回A音响设备，但被己以其不需要机动车为由拒绝。

【问题】

(1) 甲与乙之间的借款合同何时生效？为什么？

(2) 陈某是否已经取得C家用轿车的所有权？为什么？

(3) 丁的质权是否设立？为什么？

(4) 戊的留置权是否仍存在？为什么？

(5) 己是否有权拒绝丙换回A音响设备的请求？为什么？

(6) 某县良种站能否依据良种鱼引进合同，请求以甲销售鱼的10万元款项优先偿还该县良种站的贷款？

(7) 乙、丙、己三人对甲的音响设备的担保物权是否均成立？现乙对该音响设备要求行使抵押权，丙要求行使质权，己要求行使留置权，应由谁优先行使其权利？谁第二顺位行使其权利？为什么？

【解析】

(1) 甲与乙之间的借款合同于2016年10月24日生效。《合同法》第二百一十条规定，自然人之间的借款合同，自贷款人提供借款时生效。甲、乙之间的借款合同于50万元资金到达甲的账户时间为2016年10月24日，合同生效。

(2) 陈某未取得C家用轿车的所有权。动产物权的变动以交付为标准，交付包括现实交付和观念交付，本题甲与陈某约定由甲借用该轿车，构成占有改定，动产已经交付。

(3) 丁的质权设立。甲丁之间具备设立质权的合意并且交付质物时丁为善意，不要求"以合理价格转让"，因此，根据质押权善意取得制度规定，丁的质押权设立。

(4) 戊自愿丧失占有，其留置权消灭。留置权人对留置财产丧失占有或者留置权人接受债务人另行提供担保的，留置权消灭。

(5) 己有权拒绝丙换回A音响设备的请求。留置权的消灭以留置权人接受债务人另行提供担保为条件，是否接受由留置权人自行决定。

(6) 否。优先受偿权，指权利人取得就其债权先于债务人的其他债权人之债权受偿的权利。因此，优先受偿权的相关利益方是债务人的各个债权人。根据合同相对性，债务人与单个债权人之间达成的优先清偿约定并不对其他债权人发生效力，所以良种站不能就10万元优先受偿。

(7) 均成立。乙设立抵押权的原因：以动产设立抵押的，抵押权自抵押合同生效时设立；未经登记，不得对抗善意第三人。

丙设立质押权的原因：设立质权，当事人应当采取书面形式订立质权合同。质权自出质人交付质押财产时设立。

己成立留置权的原因：债务人不履行到期债务，债权人可以留置已经合法占有的债务人的动产，并有权就该动产优先受偿。上述规定的债权人为留置权人，占有的动产为留置财产。

已优先行使留置权,丙为第二顺位。这是因为同一动产上已设立抵押权或者质权,该动产又被留置的,留置权人优先受偿。

资料来源:国家统一法律职业资格考试案例分析指导用书编辑委员会.国家统一法律职业资格考试:案例分析指导用书[M].北京:法律出版社,2019.

1.4.6 定金

定金是由合同一方当事人预先向对方当事人交付一定数额的货币,以保障合同履行的担保方式。定金交付后即转移所有权。

1. 定金合同

设立定金应当签订定金合同。定金合同是当事人为担保债务的履行而约定定金的协议。定金合同应采用书面形式,既可以单独订立合同,也可以在主合同中约定定金条款。

定金合同一般应包括以下几项内容:①定金的交付期限。当事人可以约定定金的交付期限,但须在主合同履行之前交付。②定金的数额。定金的数额由当事人约定,但不得超过主合同标的的20%。否则,超过部分无效。③明确约定适用定金罚则,以区别于预付款。定金合同从实际交付定金之日起生效。

经典例题

【例1-29】定金数额由当事人约定,但不得超过主合同标的额的( )。
A. 20%　　　　B. 15%　　　　C. 30%　　　　D. 50%
【答案】A

2. 定金的效力

当事人约定以交付定金作为订立主合同担保的,给付定金的一方拒绝订立主合同的,无权要求返还定金;收受定金的一方拒绝订立主合同的,应当双倍返还定金。当事人约定以交付定金作为主合同成立或者生效要件的,给付定金的一方未支付定金,但主合同已经履行或者已经履行主要部分的,不影响主合同的成立或者生效。实际交付的定金数额多于或者少于约定数额,视为变更定金合同;收受定金一方提出异议并拒绝接受定金的,定金合同不生效。

定金交付后,交付定金的一方可以按照合同的约定以丧失定金为代价而解除主合同,收受定金的一方可以以双倍返还定金为代价而解除主合同。

因不可抗力、意外事件致使主合同不能履行的,不适用定金罚则。因合同关系以外第三人的过错,致使主合同不能履行的,适用定金罚则。受定金处罚的一方当事人,可以依法向第三人追偿。

1.5 婚姻法律与继承法律基本制度

1.5.1 婚姻法基本制度

婚姻法是规定婚姻家庭关系的发生、终止,以及婚姻家庭主体之间权利义务的法律规范的总称,婚姻法是一部实体法。1980年9月10日,第五届全国人民代表大会第三次会议通过新的《中华人民共和国婚姻法》(以下简称《婚姻法》),自1981年1月1日起施行。2001年4月28日第九届全国人民代表大会常务委员会第二十一次会议修正。2001年、2003年、2011年最高人民法院分别发布了《关于适用〈中华人民共和国婚姻法〉若干问题的解释》。

1. 基本原则

1) 婚姻自由原则

婚姻自由原则是指男女双方依照法律规定,自主自愿地决定自己的婚姻问题,不受任何人的强迫或者非法干涉。婚姻自由意味着当事人可以选择结婚,可以选择不结婚,也可以选择离婚。因此,禁止包办婚姻、禁止买卖婚姻、禁止干涉婚姻自由。《婚姻法》第三十条规定:"子女应当尊重父母的婚姻权利,不得干涉父母再婚以及婚后的生活。子女对父母的赡养义务,不因父母的婚姻关系变化而终止。"

2) 一夫一妻原则

一夫一妻原则是指在婚姻关系中只能由一男一女组成,任何公民都不能同时有两个或者更多的配偶。未婚男女不得同时和两个或两个以上的人结婚;有配偶者在配偶死亡或离婚前,不得再行结婚;任何公开或隐蔽的一夫多妻或一妻多夫都是违法的。因此,禁止重婚,禁止有配偶者与他人同居。

3) 男女平等原则

男女平等原则是指男女两性在政治的、经济的、文化的、社会的和家庭的生活等各方面,都处于平等的地位,不因性别而异;男女两性平等地享有权利,平等地承担义务,禁止一切性别歧视。因此,夫妻、父母子女、祖孙、兄弟姐妹关系中,不同性别的主体权利和义务完全平等;婚姻、家庭和亲属关系方面一切的法律事项,均按照男女平等的原则处理;实现男女平等的侧重点在于尊重女性,保证女性在家庭生活中的合法权利。

4) 保护妇女、儿童和老年人合法权益原则

《婚姻法》在确立男女平等原则的基础上,考虑到社会、自然等因素,特别规定保护妇女儿童和老年人合法权益的要求。

(1)《婚姻法》保护妇女合法权益的具体措施包括以下几方面内容:①女方在怀孕期间、分娩后一年内或中止妊娠后六个月内,男方不得提出离婚。②离婚时,夫妻的共

同财产由双方协议处理；协议不成时，由人民法院根据财产的具体情况，照顾子女和女方权益的原则判决。③离婚时，如果一方生活困难，另一方应从其住房等个人财产中给予适当帮助。

(2)《婚姻法》保护儿童合法权益的具体措施包括以下几方面内容：①父母对未成年或不能独立生活的子女有抚养教育的义务。②父母有保护和教育未成年子女的权利和义务。③非婚生子女享有与婚生子女同等的权利。④禁止溺婴、弃婴和其他残害婴儿的行为。⑤子女有继承父母遗产的权利。⑥父母对子女的义务不因父母离婚而消除。

(3)《婚姻法》保护老年人合法权益的具体措施包括以下几方面内容：①子女对父母有赡养扶助的义务。②禁止虐待和遗弃老年人。③父母有继承子女遗产的权利。④丧偶或离异的老年人有再婚的自由。

2. 夫妻财产制度

夫妻财产制度是关于夫妻婚前财产和婚后财产的归属、管理、使用、收益、处分以及债务的清偿，婚姻关系解除时财产的分割等问题的法律制度。我国现行的夫妻财产制度分为夫妻约定财产制和法定财产制。

1) 夫妻约定财产制

夫妻约定财产制是指夫妻双方通过协商对婚前、婚后取得的财产的归属、处分以及在婚姻关系解除后的财产分割达成协议，并优先于法定夫妻财产制度适用的夫妻财产制度。

(1) 夫妻约定财产的条件。《婚姻法》第十九条规定："夫妻可以约定婚姻关系存续期间所得的财产以及婚前财产归各自所有、共同所有或部分各自所有、部分共同所有。约定应当采用书面形式。没有约定或约定不明确的，适用本法第十七条、第十八条的规定。"由此可得，夫妻对财产关系的约定条件表现为以下几个。

第一，夫妻财产约定的主体必须是夫妻双方。

第二，约定必须自愿、合法。双方必须是完全民事行为能力人。双方约定要自愿，因此欺诈、胁迫或乘人之危违背对方真实意愿情况下做出的约定无效。约定的内容要合法，约定不得超出夫妻个人和共同财产的范围；不得损害国家、集体或他人的利益；不得借约定不履行抚养子女和赡养老人的义务；不得借夫妻财产约定逃避国家税收以及其他债务。

第三，约定为书面。

第四，约定的时间可以是婚前，也可以是婚后，约定可以变更或者废止。

第五，约定财产的范围，可以是婚前财产，也可以是婚后财产；可以是全部财产，也可以是部分财产。

(2) 夫妻约定财产的效力。《婚姻法》第十九条规定："夫妻对婚姻关系存续期间所得的财产以及婚前财产的约定，对双方具有约束力。夫妻对婚姻关系存续期间所得的财产约定归各自所有的，夫或妻一方对外所负的债务，第三人知道该约定的，以夫或妻一方所有的财产清偿。"

这具体包括三个方面：①约定财产制的效力高于法定财产制；②对双方具有约束力；③夫妻一方举债的，在第三人不知道夫妻约定实行分别财产制时，约定的效力不及于第三人,双方共同偿还。

2) 夫妻法定财产制

夫妻法定财产包括夫妻共同财产和个人财产。

(1) 法定夫妻共同财产。

夫妻在婚姻关系存续期间所得的下列财产,归夫妻共同所有:①工资、奖金;②生产、经营的收益;③知识产权的收益;④继承或赠与所得的财产;⑤其他应当归共同所有的财产。夫妻对共同所有的财产,有平等的处理权。

《最高人民法院关于适用〈中华人民共和国婚姻法〉若干问题的解释(二)》第十一条规定,婚姻关系存续期间,下列财产属于《婚姻法》第十七条规定的"其他应当归共同所有的财产":①一方以个人财产投资取得的收益;②男女双方实际取得或者应当取得的住房补贴、住房公积金;③男女双方实际取得或者应当取得的养老保险金、破产安置补偿费。

人民法院审理离婚案件,涉及分割发放到军人名下的复员费、自主择业费等一次性费用的,以夫妻婚姻关系存续年限乘以年平均值,所得数额为夫妻共同财产。这里年平均值是指将发放到军人名下的上述费用总额按具体年限均分得出的数额。具体年限为人均寿命七十岁与军人入伍时实际年龄的差额。

由一方婚前承租、婚后用共同财产购买的房屋,房屋权属证书登记在一方名下的,应当认定为夫妻共同财产。

(2) 法定个人财产。

有下列情形之一的,为夫妻一方的财产:①一方的婚前财产;②一方因身体受到伤害获得的医疗费、残疾人生活补助费等费用;③遗嘱或赠与合同中确定只归夫或妻一方的财产;④一方专用的生活用品;⑤其他应当归一方的财产。

3. 夫妻债务的清偿

1) 法定夫妻共同债务的清偿

因共同生活所负债务属于夫妻共同债务,须由双方共同承担清偿责任。

债权人就一方婚前所负个人债务向债务人的配偶主张权利的,人民法院不予支持。但是债权人能够证明所负债务用于婚后家庭共同生活的除外。债权人就婚姻关系存续期间夫妻一方以个人名义所负债务主张权利的,应当按夫妻共同债务处理。夫或妻一方死亡的,生存一方应当对婚姻关系存续期间的共同债务承担连带清偿责任。当事人的离婚协议或者人民法院的判决书、裁定书、调解书已经对夫妻财产分割问题做出处理的,债权人仍有权就夫妻共同债务向男女双方主张权利。

2) 法定夫妻个人债务的清偿

由夫妻一方个人财产发生的婚前债务,如夫妻一方基于被继承人遗嘱指定继承的遗产,其中含有债务的,只由继承人本人负责清偿,夫妻他方不负连带责任。

3) 约定财产制下的夫妻债务清偿

夫妻双方将婚前财产和婚后所得均约定为共同共有。《婚姻法》第十九条规定:"夫妻对婚姻关系存续期间所得的财产约定归各自所有的,夫或妻一方对外所负的债务,第三人知道该约定的,以夫或妻一方所有的财产清偿。"

> **案例分析1-13**
>
> 周某某与魏某某于2011年8月22日依法登记结婚,是合法夫妻关系。2016年1月开始,苑某某与魏某某相识并发展为超出朋友友谊的关系。在此期间,魏某某私自多次将夫妻共同财产通过银行转账等方式转给苑某某,转账情况如下:魏某某通过其中国农业银行银行卡,分别于2016年1月4日、1月20日、2月27日、3月10日、5月3日、5月7日、5月20日、6月15日给苑某某转账,合计153 200元;2016年6月2日和6月27日、11月25日分别给苑某某转款20 000元、20 000元、15 000元,合计55 000元;2016年8月28日转给苑某某10 000元,以上总合计218 200元。
>
> 【问题】结合婚姻法相关法律规定分析此案例。
>
> 【解析】魏某某在其与周某某夫妻关系存续期间擅自将其账户内的218 200元转给苑某某,侵犯了其配偶周某某对共有财产的处理权,周某某依法提起诉讼,其诉讼主体适格。魏某某与周某某婚姻关系受法律保护,魏某某无偿赠与异性第三人的行为实质上损害了周某某的合法权益,其行为不符合民事法律行为生效要件,应为无效。苑某某因无效行为取得的财产,应当予以返还。
>
> 资料来源:〔2017〕皖12民终3453号。

经典例题

【例1-30】根据《婚姻法》规定,夫妻在婚姻关系存续期间所得财产归夫妻共同所有的包括( )。

A. 工资、奖金　　　　　　　　　B. 生产的收益
C. 知识产权的收益　　　　　　　D. 一方因身体受到伤害获得的医疗费
E. 经营的收益

【答案】ABCE

【解析】夫妻在婚姻关系存续期间任何一方所得的财产,原则上均属于夫妻共同财产,包括工资、奖金、生产、经营的收益、知识产权的收益,继承、受赠所得财产等。

1.5.2 继承法基本制度

1. 继承法概述

继承法是关于调整因自然人的死亡而产生的遗产转移关系的法律规范的总称。

1) 基本原则

(1) 保护公民私有财产继承权原则。保护公民私有财产继承权原则是我国继承法的

首要基本原则。《中华人民共和国继承法》(以下简称《继承法》)第一条规定:"根据《中华人民共和国宪法》规定,为保护公民的私有财产的继承权,制定本法。"

(2) 继承权男女平等原则。继承权男女平等是指公民作为继承权的主体,不因性别的差异而影响其继承权利的享有与行使。《继承法》第九条规定:"继承权男女平等。"

(3) 养老育幼、照顾病残原则。养老育幼、照顾病残原则既是弘扬社会主义道德精神,又是宪法和法律的基本要求。

《继承法》规定,子女、父母与配偶为第一顺序继承人;被继承人的子女先于被继承人死亡的,由被继承人的子女的晚辈直系血亲代位继承;在同一顺序继承人分配遗产时,对生活有特殊困难的缺乏劳动能力的继承人应当予以照顾;对被继承人尽了主要扶养义务或者与被继承人共同生活的继承人,特别是老年人和未成年人,应当多分配遗产;遗嘱应当对缺乏劳动能力又没有生活来源的继承人保留必要的遗产份额;遗产分割时,应当保留胎儿的继承份额等。

(4) 互谅互让、团结和睦原则。《继承法》第十五条规定:"继承人应当本着互谅互让、和睦团结的精神,协商处理继承问题。"例如根据各继承人在经济状况、对家庭的贡献、对被继承人所尽义务等方面有所不同,提倡互谅互让、和睦团结的精神,通过协商的方式,区别情况确定各继承人的遗产继承份额。

(5) 权利义务相一致原则。《继承法》充分体现了公民的权利和义务相一致的原则。例如,有扶养能力而不尽扶养义务的继承人,应当不分或者少分遗产;继承人对被继承人有遗弃、虐待,甚至故意杀害行为的,依法丧失继承权。

2) 遗产

遗产是指公民死亡时遗留的可以依法转让给他人的个人合法财产。

(1) 遗产的范围。遗产是公民死亡时遗留的个人合法财产,包括以下几项内容:①公民的收入;②公民的房屋、储蓄和生活用品;③公民的林木、牲畜和家禽;④公民的文物、图书资料;⑤法律允许公民所有的生产资料;⑥公民的著作权、专利权中的财产权利;⑦公民的其他合法财产。

(2) 遗产的处理。根据《继承法》以及《最高人民法院关于贯彻执行〈中华人民共和国继承法〉若干问题的意见》有关规定,在分割遗产时应注意以下几个问题。

① 夫妻在婚姻关系存续期间所得的共同财产,除有约定的以外,如果分割遗产,应当先将共同所有的财产的一半分出,划归配偶所有,其余的才是被继承人的遗产。

② 遗产如果在家庭共有财产之中,遗产分割时,应当先分出既不属于被继承人个人财产,也不属于夫妻共同财产的他人(包括子女)的财产。

③ 遗产分割时,应当保留胎儿的继承份额。胎儿出生时是死体的,保留的份额按照法定继承办理。无人继承又无人受遗赠的遗产,归国家所有;死者生前是集体所有制组织成员的,归所在集体所有制组织所有。

④ 继承遗产应当清偿被继承人依法应当缴纳的税款和债务,缴纳税款和清偿债务以

他的遗产实际价值为限。超过遗产实际价值部分，继承人自愿偿还的不在此限。继承人放弃继承的，对被继承人依法应当缴纳的税款和债务可以不负偿还责任。

⑤ 执行遗赠不得妨碍清偿遗赠人依法应当缴纳的税款和债务。

⑥ 遗产已被分割而未清偿债务时，如有法定继承又有遗嘱继承和遗赠的，首先由法定继承人用其所得遗产清偿债务；不足清偿时，剩余的债务由遗嘱继承人和受遗赠人按比例用所得遗产偿还；如果只有遗嘱继承和遗赠的，由遗嘱继承人和受遗赠人按比例用所得遗产偿还。

2. 法定继承

法定遗嘱是指按照法律规定的继承人的范围、顺序、遗产分配份额进行继承的一种继承方式。遗嘱继承优于法定继承，在没有遗嘱继承的情况下，才适用法定继承。

1) 法定继承的适用范围

法定继承的适用范围：①被继承人生前未立遗嘱的；②遗嘱继承人放弃继承或受遗赠人放弃受遗赠的；③遗嘱继承人丧失继承权的；④遗嘱继承人或者受遗赠人先于遗嘱人死亡的；⑤遗嘱无效部分涉及的遗产；⑥遗嘱未处分的遗产。

2) 法定继承人的范围

遗产按照下列顺序继承：第一顺序：配偶、子女、父母。第二顺序：兄弟姐妹、祖父母、外祖父母。继承开始后，由第一顺序继承人继承，第二顺序继承人不继承。没有第一顺序继承人继承的，由第二顺序继承人继承。这里所说的子女，包括婚生子女、非婚生子女、养子女和有扶养关系的继子女。这里所说的父母，包括生父母、养父母和有扶养关系的继父母。这里所说的兄弟姐妹，包括同父母的兄弟姐妹、同父异母或者同母异父的兄弟姐妹、养兄弟姐妹、有扶养关系的继兄弟姐妹。

丧偶儿媳对公、婆，丧偶女婿对岳父、岳母，尽了主要赡养义务的，作为第一顺序继承人。

3) 法定继承中遗产的分配

同一顺序继承人继承遗产的份额，一般应当均等。

对生活有特殊困难的缺乏劳动能力的继承人，分配遗产时，应当予以照顾。对被继承人尽了主要扶养义务或者与被继承人共同生活的继承人，分配遗产时，可以多分。有扶养能力和有扶养条件的继承人，不尽扶养义务的，分配遗产时，应当不分或者少分。继承人协商同意的，遗产的分配也可以不均等。

对继承人以外的依靠被继承人扶养的缺乏劳动能力又没有生活来源的人，或者继承人以外的对被继承人扶养较多的人，可以分配给他们适当的遗产。

4) 代位继承

代位继承是指被继承人的子女先于被继承人死亡，由被继承人的子女的晚辈直系血亲代位取得其应当取得的遗产份额的一种继承方式。

根据《继承法》第十一条规定："被继承人的子女先于被继承人死亡的，由被继承人的子女的晚辈直系血亲代位继承。代位继承人一般只能继承他的父亲或者母亲有权继承的遗产份额。"

代位继承是法定继承的一种形式,是对法定继承的重要补充。遗嘱继承人、受遗赠人先于被继承人死亡的,不适用代位继承。

在代位继承中,由于代位继承人是代替已经死亡的被代位继承人的地位而取得继承权的,因此,代位继承人只能继承被代位继承人应得的遗产份额。但是,如果代位继承人缺乏劳动能力又没有生活来源,或者对被继承人尽过主要赡养义务的,分配遗产时,可以多分。

5) 转继承

转继承是指继承人在继承开始后,遗产分割前死亡,其应继承的遗产份额转给他的合法继承人的一种继承方式。

转继承实质上是两个直接继承的连续发生,在转继承中死亡的继承人必定后于被继承人死亡。一切有权分得继承人遗产的人,都可以作为继承人,包括继承人的法定继承人、遗嘱继承人、受遗赠人以及根据《继承法》第十四条规定的有权分得遗产的人、遗赠扶养协议中尽了扶养义务的扶养人等。转继承既适用于法定继承,也适用遗嘱继承、遗赠和遗赠扶养协议。

经典例题

【例1-31】下列关于法定继承人的顺序的说法,错误的是( )。

A. 第一顺序是配偶、子女、父母

B. 丧偶儿媳对公婆、丧偶女婿对岳父母尽了主要赡养义务的,可作为第一顺序继承人

C. 第二顺序是兄弟姐妹、祖父母、外祖父母

D. 继承开始后,由第二顺序继承人继承

【答案】D

【解析】遗产按照下列顺序继承:第一顺序,配偶、子女、父母。第二顺序,兄弟姐妹、祖父母、外祖父母。继承开始后,由第一顺序继承人继承,第二顺序继承人不继承。没有第一顺序继承人继承的,由第二顺序继承人继承。

案例分析1-14

被继承人赵某民于2009年去世,其妻子于20世纪80年代去世,育有子女赵某1、赵某2、赵某3、赵某桥(于20年前失踪,至今未归)。2012年,因县城经济发展需要,赵某民的房屋及田土、承包的土地被征用,得到了一笔经济补偿,赵某3以自己先天视力障碍,赵某桥失踪多年,赵某1、赵某2没有尽到做儿女的义务为由,要求将父母遗产、征收补偿全归自己所有。赵某1、赵某2无奈将赵某3诉至法庭,要求按照法定继承父母留下的遗产。

> 【问题】
> (1) 赵某桥是否有继承权？为什么？
> (2) 赵某3在分遗产中能否适当予以照顾？为什么？
>
> 【解析】
> (1) 赵某桥虽然失踪，但仍有权利能力和行为能力，因而也应该有继承能力，可以继承父母留下遗产。根据《民法总则》第四十二条规定："失踪人的财产由其配偶、成年子女、父母或者其他愿意担任财产代管人的人代管。代管有争议，没有前款规定的人，或者前款规定的人无代管能力的，由人民法院指定的人代管。"
>
> (2) 赵某1、赵某2、赵某桥、赵某3是兄弟姐妹，均为被继承人赵某民的第一顺序继承人。根据《继承法》第十三条规定："同一顺序继承人继承遗产的份额，一般应当均等。对生活有特殊困难的缺乏劳动能力的继承人，分配遗产时，应当予以照顾。对被继承人尽了主要扶养义务或者与被继承人共同生活的继承人，分配遗产时，可以多分。有扶养能力和有扶养条件的继承人，不尽扶养义务的，分配遗产时，应当不分或者少分。继承人协商同意的，也可以不均等。"因为赵某3有先天性视力障碍，缺乏劳动能力，所以在分遗产时，应当照顾，适当多分。
>
> 资料来源：曹晓静，冯雨春.继承纠纷处理图解锦囊[M].北京：法律出版社，2019.

3. 遗嘱继承

遗嘱继承，是指公民生前按照法律规定的方式对自己的财产或者其他事务进行处分，并在死后发生法律效力的一种民事法律行为。《继承法》第十六条规定："公民可以依照本法规定立遗嘱处分个人财产，并可以指定遗嘱执行人。"

1) 遗嘱继承人的范围

公民可以立遗嘱将个人财产指定由法定继承人的一人或者数人继承，因此，我国遗嘱继承人的范围与法定继承人的范围是一致的。能够作为遗嘱继承人的，只能是被继承人的配偶、子女、父母、兄弟姐妹、祖父母、外祖父母、对公婆或岳父母尽主要赡养义务的丧偶儿媳或丧偶女婿以及父母先于被继承人死亡的孙子女、外孙子女等。

法定继承人范围以外的人不能成为遗嘱继承人，只能成为受遗赠人，如公民可以立遗嘱将个人财产赠给国家、集体或者法定继承人以外的人。

2) 遗嘱的形式

根据《继承法》规定，公民立遗嘱可以采用公证遗嘱、自书遗嘱、代书遗嘱、录音遗嘱、口头遗嘱几种方式。

(1) 公证遗嘱。公证遗嘱是经过国家公证机关办理公证手续的遗嘱。遗嘱人进行遗嘱公证必须由遗嘱人亲自到有管辖权的公证机关申请办理，不能委托他人代理。遗嘱人确因特殊原因不能亲自办理的，可请求公证机关派公证员到遗嘱人所在地现场办理公证遗嘱。公证遗嘱的效力高于其他形式的遗嘱。

(2) 自书遗嘱。自书遗嘱是遗嘱人生前亲笔书写的遗嘱，自书遗嘱不需要见证人在场见证。根据《继承法》规定，遗嘱人自书遗嘱时，要在遗嘱上亲自签名，并注明年、月、日。如果对先前所立遗嘱进行修改，也要由本人加以说明并签名，注明年、月、日。

(3) 代书遗嘱。代书遗嘱是遗嘱人委托他人代为书写的遗嘱。根据《继承法》规定，代书遗嘱应当有两个或两个以上见证人在场见证，由其中一人代书，注明年、月、日，并由代书人、其他见证人和遗嘱人签名。

(4) 录音遗嘱。录音遗嘱是遗嘱人以录音形式制作的遗嘱。根据《继承法》规定，以录音形式订立的遗嘱，应当由两个或两个以上见证人在场见证。在制作录音遗嘱时，见证人应当亲自参加遗嘱制作的全过程，并在录音遗嘱中亲口录下自己的姓名、见证的时间和地点等。

(5) 口头遗嘱。口头遗嘱是遗嘱人用口述的方式表示其对遗产进行处分的遗嘱。根据《继承法》规定，口头遗嘱只能在危急情况(如生命垂危或自然灾害、军事战争等)下，遗嘱人无法采用其他形式订立遗嘱时使用。订立口头遗嘱必须有两个或两个以上的与遗嘱继承无利害关系的见证人在场见证。当危急情况解除后，遗嘱人能够用书面或其他形式订立遗嘱的，原口头遗嘱无效。

代书遗嘱、录音遗嘱和口头遗嘱应当有两个或两个以上见证人在场见证。根据《继承法》规定，下列人员不能作为遗嘱见证人：无民事行为能力人和限制民事行为人；继承人和受遗赠人；与继承人、受遗赠人有利害关系的人。这里的利害关系人，主要是指继承人、受遗赠人的配偶、父母、子女、兄弟姐妹、祖父母、外祖父母等近亲属。因此，继承人、受遗赠人的债权人、债务人，共同经营的合伙人，也应当视为与继承人、受遗赠人有利害关系，不能作为遗嘱的见证人。

遗嘱人生前先后以不同形式订立数份内容相抵触的遗嘱，其中有公证遗嘱的，以所立公证遗嘱为准，没有公证遗嘱的，以最后所立遗嘱为准。不得因自书遗嘱、代书遗嘱、录音遗嘱、口头遗嘱撤销、变更公证遗嘱。撤销遗嘱后未立新遗嘱的，其财产按法定继承办理。

3) 遗嘱的撤销和变更

遗嘱是立遗嘱人单方的法律行为，所以，遗嘱人可以撤销、变更自己所立的遗嘱。

遗嘱的撤销是遗嘱人通过一定的方式将已经设立的遗嘱废止的行为。遗嘱的变更，是遗嘱人对遗嘱进行部分改变的行为。

遗嘱的撤销和变更可以通过两种方式：一是明示的撤销或变更，这基于遗嘱人明确的意思表示而进行；二是推定的撤销或变更，是指遗嘱人的行为由法律规定所做出的推定。

经典例题

【例1-32】根据《继承法》的规定，下列遗嘱应该有两名见证人在场见证才能生效的是(   )。

A. 公证遗嘱、代书遗嘱　　　　　　B. 公证遗嘱、录音遗嘱

C. 自书遗嘱、口头遗嘱　　　　　　D. 代书遗嘱、录音遗嘱

【答案】 D

【解析】 代书遗嘱应当有两个或两个以上见证人在场见证，由其中一人代书，注明年、月、日，并由代书人、其他见证人和遗嘱人签名；以录音形式订立的遗嘱，应当有两个或两个以上见证人在场见证。

4. 遗赠和遗赠扶养协议

1) 遗赠

遗赠是指公民以遗嘱方式将个人财产赠送给国家、集体或者法定继承人以外的人，并在遗嘱人死后生效的行为。《继承法》第十六条第二款规定："公民可以立遗嘱将个人财产赠给国家、集体或者法定继承人以外的人。"

在遗赠法律关系中，立遗嘱的人称为遗赠人，接受遗赠人的人称为受遗赠人。受遗赠人既可以是国家、集体组织、社会团体，也可以是法定继承人以外的其他人；受遗赠人应当在知道遗赠后两个月内，做出接受或者放弃受遗赠的表示，到期没有表示的，视为放弃受遗赠。

遗赠作为一种单方民事法律行为，受遗赠人与遗赠人之间没有法律上的婚姻、血缘或者扶养关系，是无偿的转让；法定继承人不能作为受遗赠人。

2) 遗赠扶养协议

遗赠扶养协议，是指扶养人与被扶养人签订的，扶养人承担被扶养人的生养死葬的义务，被扶养人将自己的财产于死后转归扶养人所有的协议。《继承法》第三十一条规定："公民可以与扶养人签订遗赠扶养协议。按照协议，扶养人承担该公民生养死葬的义务，享有受遗赠的权利。公民可以与集体所有制组织签订遗赠扶养协议。按照协议，集体所有制组织承担该公民生养死葬的义务，享有受遗赠的权利。"

在我国，遗赠扶养协议优于遗嘱继承，遗嘱继承优于法定继承。如果公民生前与他人订有遗赠扶养协议，同时又立有遗嘱的，继承开始后，如果遗赠扶养协议与遗嘱没有抵触，遗产分别按协议和遗嘱处理；如果有抵触，按协议处理，与协议抵触的遗嘱全部或部分无效。

遗赠扶养协议与遗赠有以下几点区别：①遗赠扶养协议是双方有偿的法律行为，遗赠是单方无偿的法律行为；②遗赠扶养协议中的扶养人只有履行约定义务，才有权接受遗赠，而遗赠中的受遗赠人只享有接受遗赠的权利，无义务，除非遗赠人在遗嘱中附加义务；③遗赠扶养协议自协议订立时起就具有法律效力，而遗赠自遗嘱人死亡时生效。

【课后思考题】

1. 民法的基本原则有哪些？这些基本原则对银行业务的处理有哪些指导性的意义？
2. 合同效力的情形包括哪些？具体是怎么规定的？

3. 合同履行抗辩权的种类有哪些?
4. 合同履行中的保全种类及内容是什么?
5. 银行对抵押权是否可以适用善意取得制度?若抵押权适用善意取得制度,应当满足哪些条件?
6. 一般保证和连带保证的区别是什么?哪些主体不得担任保证人?如果这些主体担任了保证人,其产生的法律后果是什么?
7. 夫妻的法定财产包括哪些?
8. 遗嘱继承人的范围有哪些?

第2章　商事法律制度

▶学习目标

本章分为3节：公司法律基本制度、票据法律基本制度、信托法律基本制度。

1.了解公司的种类；掌握公司股东会、董事会、监事会的构成及职权。

2.了解票据的特征；掌握票据的出票、背书、承兑等行为，票据权利，票据的抗辩，票据的伪造变造。

3.了解信托的含义、信托法律关系的构成要素；掌握信托的设立、变更、终止及相关法律规定。

2.1 公司法律基本制度

2.1.1 公司法概述

1. 公司的概念和特征

公司是指依照法定条件和程序设立的、以营利为目的的企业法人。

公司具有如下几点法律特征。

1) 公司有自己独立的财产

独立财产是指公司作为一个以营利为目的的法人,必须有其可控制、可支配的财产,以从事经营活动。公司的原始财产由股东出资构成,股东一经履行出资义务,其出资标的的所有权即属于公司,构成公司的财产,公司独立享有"法人财产权",股东则对公司享有"股权"。公司的财产与股东个人的财产相分离。

2) 公司以其财产独立承担责任

公司的债务为公司本身的债务,由公司自己承担,公司的债权人必须向公司请求履行,而不能向股东请求履行;公司股东仅以其出资额所认购的股份对公司的债务承担责任。

3) 公司是一个组织体

公司有自己的名称;有自己的住所和经营场所;有符合法律规定的组织机构;有一定的生产经营条件与从业人员;有健全的财务会计制度。

4) 公司以营利为目的

公司以营利为目的,是指设立公司的目的及公司的运作,都是为了谋求经济利益。公司的营利性是公司区别于非营利性法人组织的重要特征。

5) 公司必须依法设立

依法设立,是指设立公司应当依法向公司登记机关申请设立登记。法律、行政法规规定设立公司必须报经批准的,应当在公司登记前依法办理批准手续。公司营业执照签发日为公司成立日期。

2. 公司的分类

按照不同的标准,从不同的角度,可以对公司进行不同的分类。

1) 根据公司股东责任的不同进行划分

根据公司股东责任的不同,可将公司分为无限公司、有限责任公司、股份有限公司、两合公司、股份两合公司。

(1) 无限公司，是指由两个以上的股东出资组成，所有股东对公司的债务负无限连带责任的公司。

(2) 有限责任公司，是指由股东出资组成，每个股东以其认缴的出资额对公司债务承担有限责任，公司以其全部资产对其债务承担责任的公司。

(3) 股份有限公司，是指由一定人数以上的股东组成，资本分为等额股份，股东以其所持股份对公司承担有限责任，公司以其全部资产对公司债务承担责任的公司。

(4) 两合公司，是指公司股东由两种责任形式的股东组成，其中一部分股东以其出资额为限承担有限责任，另一部分股东承担无限连带责任的公司。

(5) 股份两合公司，是指由股份有限公司与两合公司结合组成的公司。

有限责任公司与股份有限公司是《中华人民共和国公司法》(以下简称《公司法》)规定的我国公司的形式。

2) 根据公司的信用基础不同进行划分

根据公司的信用基础不同，可将公司分为人合公司、资合公司及人合兼资合公司。

(1) 人合公司，是指以股东个人的能力、财力、声望和信誉等作为公司信用基础的公司。无限公司是典型的人合公司。

(2) 资合公司，是指以公司资本和资产条件作为公司信用基础的公司。股份有限公司是典型的资合公司，有限责任公司具有资合公司的特点。

(3) 人合兼资合公司，是指同时以公司资本和股东个人信用作为公司信用基础的公司，其典型代表是两合公司和股份两合公司。

3) 根据公司股票是否上市交易进行划分

根据公司股票是否上市交易，可将公司分为上市公司与不上市公司。

(1) 不上市公司。在英美法中，不上市公司称为少数人公司、不公开公司或封闭公司，是指其股份全部由设立公司的股东拥有，股票不能在证券交易所公开挂牌、不能在证券交易市场自由交易的公司。

(2) 上市公司。上市公司称为多数人公司或公开公司，是指可以公开招股，股票在证券交易所公开挂牌，可以在证券交易市场自由交易的公司。在大陆法系中，上市公司是指股票获准上市的公司。与上市公司相对应的公司均为不上市公司。

4) 根据公司内部的管辖关系进行划分

根据公司内部的管辖关系，可将公司分为本公司与分公司。

(1) 本公司。本公司又称为总公司，是指依法设立的具有法人资格的公司本身。根据《企业名称登记管理条例》规定，只有设立三个以上的分支机构的公司，才可以在名称中使用"总"字。

(2) 分公司，是指公司在其住所地以外设立的从事生产经营活动的分支机构。分公司的法律责任由总公司承担。

5) 根据两个公司间的控制关系进行划分

根据两个公司间的控制关系，可将公司分为母公司与子公司。

(1) 母公司，是指在两个公司的关系中对于其他公司能够控制、支配的公司。

(2) 子公司，是指与母公司相对应的、受母公司控制的公司。

母公司与子公司都为独立的法人，各自有自己的名称、章程、组织机构，独立地对外进行经营活动。母公司可以有若干个子公司。

6) 根据公司的国籍不同进行划分

根据公司的国籍不同，可将公司分为本国公司和外国公司。

(1) 本国公司，是指依照中国法律在中国境内登记设立的公司。

(2) 外国公司，是指依照外国的法律在中国境外设立登记的公司。

经典例题

【例2-1】 下列关于公司分类的说法，正确的是( )。

A. 以公司的股份是否公开发行及股份是否允许自由转让为标准，可以将公司分为封闭公司和开放式公司

B. 以公司信用基础为标准，可以将公司分为人合公司、资合公司和人合兼资合公司

C. 以公司的外部控制或附属关系为标准，可以将公司分为母公司和子公司

D. 以公司的内部管辖关系为标准，可以将公司分为母公司和子公司

E. 以公司的国籍为标准，可以将公司分为本国公司、外国公司

【答案】 ABE

【解析】 以公司的外部控制或附属关系为标准，可以将公司分为母公司和子公司；以公司的内部管辖关系为标准，可以将公司分为总公司和分公司。

3. 公司设立

公司设立是指公司设立人依照法定的条件和程序，为组建公司并取得法人资格而必须采取和完成的法律行为。

1) 公司设立的原则

公司设立有4种不同的原则，即自由设立原则、特许设立原则、核准设立原则和准则设立原则。这4个原则可以分别概括为自由设立主义、特许设立主义、核准设立主义和准则设立主义。我国现行公司法规定的公司设立原则是准则设立主义和核准设立主义相结合。

2) 公司设立的方式

公司设立的方式基本有两种，即发起设立和募集设立。发起设立，是指由发起人认购公司应发行的全部股份而设立公司。募集设立，是指由发起人认购公司应发行股份的

一部分，其余股份向社会公开募集或者向特定对象募集而设立公司。

3) 公司设立的登记

公司设立应当向公司登记机关提出申请，办理登记。在我国，公司登记机关为工商管理机关。

4. 公司名称和住所

公司名称是公司在生产经营活动中区别于其他民事主体的人格特定化的标记，它是公司章程的必要记载事项之一，也是公司设立的必要条件。公司名称具有唯一性，一个公司只能有一个名称。在同一公司登记机关的辖区内，同一行业的公司不允许有相同或类似的名称。

公司名称一般依次由以下4个部分组成：①公司注册机关的行政区划；②商号(字号)，它是公司名称的核心内容；③行业；④组织形式。有限责任公司必须在公司名称中标明"有限责任公司"或"有限公司"字样；股份有限公司必须在公司名称中标明"股份有限公司"或"股份公司"的字样。

我国公司名称实行预先核准制，预先核准的公司名称保留期为6个月。预先核准的公司名称在保留期内不得用于从事经营活动，不得转让。公司以其主要办事机构所在地为住所。公司住所也是公司章程的必要记载事项之一，也是公司设立登记的必要条件。

5. 公司章程

公司章程是公司必备的，是规定公司名称、宗旨、资本、组织机构等对内对外事务的基本法律文件。设立公司必须依法制定公司章程。

公司章程具有"公开性"，公司章程的内容要对投资人以及包括债权人在内的一般社会公众公开。

公司章程由公司依法自行制定，由公司自己执行，公司章程一经生效，即发生法律约束力。公司章程对公司、股东、董事、监事、高级管理人员具有约束力，不具有普遍约束力。

经典例题

【例2-2】公司章程的作用有(　　)。

A. 公司章程是公司设立过程中重要的法律文件

B. 公司章程是确定公司权利关系的基本法律文件

C. 公司章程是公司对外进行经济交往的基本法律依据

D. 公司章程是确定公司义务关系的基本法律文件

E. 公司章程是公司的自治规范

【答案】ABCDE

【解析】以上选项均为公司章程的作用。

2.1.2 有限责任公司

1. 有限责任公司设立

1) 有限责任公司设立的条件

(1) 股东符合法定人数。有限责任公司由50个以下股东出资设立,股东可以是自然人、法人或其他经济组织。

(2) 有符合公司章程规定的全体股东认缴的出资额。股东可以用货币出资,也可以用实物、知识产权、土地使用权等可以用货币估价并可以依法转让的非货币财产作价出资;但是,法律、行政法规规定不得作为出资财产的除外。

对作为出资的非货币财产应当评估作价,核实财产,不得高估或者低估作价。法律、行政法规对评估作价有规定的,从其规定。

根据《中华人民共和国公司登记管理条例》(以下简称《公司登记管理条例》)的规定,股东不得以劳务、信用、自然人姓名、商誉、特许经营权或者设定担保的财产等作价出资。

(3) 股东共同制定公司章程。

(4) 有公司名称,建立符合有限责任公司要求的组织机构。

(5) 有公司住所。

2) 有限责任公司设立过程中的法律责任

(1) 股东应当按期足额缴纳公司章程中规定的各自所认缴的出资额。股东以货币出资的,应当将货币出资足额存入有限责任公司在银行开设的账户;以非货币财产出资的,应当依法办理其财产权的转移手续。股东不按照上述规定缴纳出资的,除应当向公司足额缴纳外,还应当对已按期足额缴纳出资的股东承担违约责任。

(2) 有限责任公司成立后,发现作为设立公司出资的非货币财产的实际价额显著低于公司章程所定价额的,应当由交付该出资的股东补足其差额;公司设立时的其他股东承担连带责任。

3) 股权的取得和证明

(1) 股权的取得。股东出资即取得股权,其出资的资金来源不影响股权的取得。

(2) 股权的证明。有限责任公司成立后,应当向股东签发出资证明书。出资证明书应当载明下列事项:公司名称;公司成立日期;公司注册资本;股东的姓名或者名称;缴纳的出资额和出资日期;出资证明书的编号和核发日期。另外,出资证明书由公司盖章。

2. 有限责任公司的组织机构

有限责任公司的组织机构包括股东会、董事会及经理、监事会三部分,分别为权力机构、执行机构和监督机构。

1) 股东会

股东会是有限责任公司的最高权力机关,由全体股东组成。

(1) 股东会的职权。

股东会行使下列职权：①决定公司的经营方针和投资计划；②选举和更换非由职工代表担任的董事、监事，决定有关董事、监事的报酬事项；③审议批准董事会的报告；④审议批准监事会或者监事的报告；⑤审议批准公司的年度财务预算方案、决算方案；⑥审议批准公司的利润分配方案和弥补亏损方案；⑦对公司增加或者减少注册资本做出决议；⑧对发行公司债券做出决议；⑨对公司合并、分立、解散、清算或者变更公司形式做出决议；⑩修改公司章程。

对上述所列事项股东以书面形式一致表示同意的，可以不召开股东会会议，直接做出决定，并由全体股东在决定文件上签名、盖章。

(2) 股东会的召开。

股东会会议分为定期会议和临时会议两种。定期会议应当依照公司章程的规定按时召开。临时会议召开的情形有以下几种：①代表1/10以上表决权的股东提议召开的；②1/3以上的董事提议召开的；③监事会或者不设监事会的公司的监事提议召开的。

首次股东会会议由出资最多的股东召集和主持，依照《公司法》规定行使职权。

有限责任公司设立董事会的，股东会会议由董事会召集，董事长主持；董事长不能履行职务或者不履行职务的，由副董事长主持；副董事长不能履行职务或者不履行职务的，由半数以上董事共同推举一名董事主持。

有限责任公司不设董事会的，股东会会议由执行董事召集和主持。董事会或者执行董事不能履行或者不履行召集股东会会议职责的，由监事会或者不设监事会的公司的监事召集和主持；监事会或者监事不召集和主持的，代表1/10以上表决权的股东可以自行召集和主持。

召开股东会会议时，公司应当于会议召开15日前通知全体股东；但是，公司章程另有规定或者全体股东另有约定的除外。股东会应当对所议事项的决定做成会议记录，出席会议的股东应当在会议记录上签名。

(3) 股东会的决议。

股东会会议由股东按照出资比例行使表决权，但是，公司章程另有规定的除外。股东会的议事方式和表决程序，除《公司法》有规定的外，由公司章程规定。股东会会议做出修改公司章程、增加或者减少注册资本的决议，以及公司合并、分立、解散或者变更公司形式的决议，必须经2/3以上有表决权的股东通过。执行董事可以兼任公司经理。

经典例题

【例2-3】下列选项中，属于股东大会职责的是(　　)。

A. 决定公司战略性的重大问题

B. 修改公司章程

C. 监督董事会和监事会

D. 选举和更换董事及由股东代表出任的监事

E. 聘任或解聘公司经理

【答案】ABCD

【解析】聘任或解聘公司经理是董事会的职权之一。

2) 董事会及经理

(1) 董事会的性质和组成。

董事会是股东会的执行机构。有限责任公司设董事会，其成员为3～13人。两个以上的国有企业或者两个以上的其他国有投资主体投资设立的有限责任公司，其董事会成员中应当有公司职工代表；其他有限责任公司董事会成员中可以有公司职工代表。董事会中的职工代表由公司职工通过职工代表大会、职工大会或者其他形式民主选举产生。

董事会设董事长1人，可以设副董事长。董事长、副董事长的产生办法由公司章程规定。股东人数较少或者规模较小的有限责任公司，可以设1名执行董事，不设董事会。执行董事可以兼任公司经理。董事任期由公司章程规定，但每届任期不得超过3年。董事任期届满，可连选连任。

(2) 董事会的职权。

董事会对股东会负责，行使下列职权：①召集股东会会议，并向股东会报告工作；②执行股东会的决议；③决定公司的经营计划和投资方案；④制订公司的年度财务预算方案、决算方案；⑤制订公司的利润分配方案和弥补亏损方案；⑥制订公司增加或者减少注册资本以及发行公司债券的方案；⑦制订公司合并、分立、解散或者变更公司形式的方案；⑧决定公司内部管理机构的设置；⑨决定聘任或者解聘公司经理及其报酬事项，并根据经理的提名决定聘任或者解聘公司副经理、财务负责人及其报酬事项；⑩制定公司的基本管理制度；⑪公司章程规定的其他职权。

(3) 董事会会议的召开和议事规则。

董事会会议由董事长召集和主持；董事长不能履行职务或者不履行职务的，由副董事长召集和主持；副董事长不能履行职务或者不履行职务的，由半数以上董事共同推举一名董事召集和主持。

董事会的议事方式和表决程序，除《公司法》有规定的外，由公司章程规定。董事会应当对所议事项的决定做成会议记录，出席会议的董事应当在会议记录上签名。董事会决议的表决，实行一人一票。

(4) 经理。

有限责任公司可以设经理，由董事会决定聘任或者解聘。经理对董事会负责。经理列席董事会会议。经理行使以下职权：①主持公司的生产经营管理工作，组织实施董事会决议；②组织实施公司年度经营计划和投资方案；③拟订公司内部管理机构设置方案；④拟订公司的基本管理制度；⑤制定公司的具体规章；⑥提请聘任或者解聘公司副经理、财务负责人；⑦决定聘任或者解聘除应由董事会决定聘任或者解聘以外的负责管理人员；⑧董事会授予的其他职权。公司章程对经理职权另有规定的，从其规定。

3) 监事会

(1) 监事会的性质和组成。

监事会是公司内部的监督机构。有限责任公司设监事会，其成员不得少于3人。股东人数较少或者规模较小的有限责任公司，可以设1至2名监事，不设监事会。监事会应当包括股东代表和适当比例的公司职工代表，其中职工代表的比例不得低于1/3，具体比例由公司章程规定。监事会中的职工代表由公司职工通过职工代表大会、职工大会或者其他形式民主选举产生。监事会设主席1人，由全体监事过半数选举产生。董事、高级管理人员不得兼任监事。监事的任期每届为3年。监事任期届满，可连选连任。

(2) 监事会(监事)的职权。

监事会、不设监事会的公司的监事行使下列职权：①检查公司财务；②对董事、高级管理人员执行公司职务的行为进行监督，对违反法律、行政法规、公司章程或者股东会决议的董事、高级管理人员提出罢免的建议；③当董事、高级管理人员的行为损害公司的利益时，要求董事、高级管理人员予以纠正；④提议召开临时股东会会议，在董事会不履行《公司法》规定的召集和主持股东会会议职责时召集和主持股东会会议；⑤向股东会会议提出提案；⑥依照《公司法》的规定，对董事、高级管理人员提起诉讼；⑦公司章程规定的其他职权。

监事会、不设监事会的公司的监事行使职权所必需的费用由公司承担。

(3) 监事会会议的召开。

监事会每年度至少召开一次会议，监事可以提议召开临时监事会会议。监事会的议事方式和表决程序，除《公司法》有规定的外，由公司章程规定。

监事会主席召集和主持监事会会议；监事会主席不能履行职务或者不履行职务的，由半数以上监事共同推举一名监事召集和主持监事会会议。监事会决议应当经半数以上监事通过。监事会应当对所议事项的决定做成会议记录，出席会议的监事应当在会议记录上签名。

3. 有限责任公司的股权转让

1) 股权转让的一般规则

(1) 股东之间的转让。

有限责任公司的股东之间可以相互转让其全部或者部分股权。

(2) 向股东以外的人转让。

股东向股东以外的人转让股权，应当经其他股东过半数同意。股东应就其股权转让事项书面通知其他股东征求同意，其他股东自接到书面通知之日起满30日未答复的，视为同意转让。其他股东半数以上不同意转让的，不同意的股东应当购买该转让的股权；不购买的，视为同意转让。

经股东同意转让的股权，在同等条件下，其他股东有优先购买权。两个以上股东主张行使优先购买权的,协商确定各自的购买比例;协商不成的,按照转让时各自的出资比例行使优先购买权。公司章程对股权转让另有规定的,从其规定。

(3) 人民法院依法强制转让。

人民法院依照法律规定的强制执行程序转让股东的股权时,应当通知公司及全体股东,其他股东在同等条件下有优先购买权。其他股东自人民法院通知之日起满20日不行使优先购买权的,视为放弃优先购买权。

(4) 转让股权后应当履行的手续。

股东依法转让股权后,公司应当注销原股东的出资证明书,向新股东签发出资证明书,并相应修改公司章程和股东名册中有关股东及其出资额的记载。该项对公司章程的修改不需再由股东会表决。

2) 异议股东的股权回购请求权

有下列情形之一的,对股东会该项决议投反对票的股东可以请求公司按照合理的价格收购其股权:①公司连续5年不向股东分配利润,而公司该5年连续盈利,并且符合《公司法》规定的分配利润条件的;②公司合并、分立、转让主要财产的;③公司章程规定的营业期限届满或者章程规定的其他解散事由出现,股东会会议通过决议修改章程使公司存续的。自股东会会议决议通过之日起60日内,股东与公司不能达成股权收购协议的,股东可以自股东会会议决议通过之日起90日内向人民法院提起诉讼。

3) 自然人股东资格的继承

自然人股东死亡后,其合法继承人可以继承股东资格,但公司章程另有规定的除外。

4. 一人有限责任公司

一人有限责任公司,简称一人公司、独资公司或独股公司,是指由一名股东(自然人或法人)持有公司的全部出资的有限责任公司。

1) 一人有限责任公司的特别法律特征

(1) 股东为一人。

一人公司的出资人(即股东)只有一人。股东可以是自然人,也可以是法人。

(2) 股东对公司债务承担有限责任。

一人公司的本质特征同有限公司,即股东仅以其出资额为限对公司债务承担责任,公司以其全部财产独立承担责任,当公司财产不足以清偿其债务时,股东不承担连带责任;而个人独资企业的投资人以其个人财产对企业债务承担无限责任,投资人在申请企业设立登记时明确以其家庭共有财产作为个人出资的,应当依法以家庭共有财产对企业债务承担无限责任。这是一人公司与个人独资企业的本质区别。

(3) 组织机构的简化。

一人公司由于只有一个出资人,所以不设股东会,《公司法》关于由股东会行使的职权在一人公司是由股东独自一人行使。至于一人公司是否设立董事会、监事会,则由公司章程规定,法律未规定其必须设立。

2) 对一人公司的规制

(1) 再投资的限制。

一方面,一个自然人只能投资设立一个一人有限责任公司,不能投资设立第二个一人有限责任公司;另一方面,由一个自然人投资设立的一人有限责任公司不能再作为股东投资设立一人有限责任公司。但此限制仅适用于自然人,不适用于法人。

(2) 财务会计制度方面的要求。

一人有限责任公司应当在每一会计年度终了时编制财务会计报告,并经会计师事务所审计。

(3) 人格混同时的股东连带责任。

一人有限责任公司的股东不能证明公司财产独立于股东自己的财产的,即发生公司财产与股东个人财产的混同,进而发生公司人格与股东个人人格的混同,此时适用《公司法》人格否认制度,股东必须对公司债务承担连带责任,公司的债权人可以将公司和公司股东作为共同债务人进行追索。

5. 国有独资公司

国有独资公司是指国家单独出资、由国务院或者地方人民政府授权本级人民政府国有资产监督管理机构履行出资人职责的有限责任公司。国有独资公司性质上属于有限责任公司。全部资本由国家投入,股东只有一个。

1) 国有独资公司的章程

国有独资公司章程由国有资产监督管理机构制定,或者由董事会制定报给国有资产监督管理机构批准。

2) 股东权的行使

国有独资公司不设股东会,由国有资产监督管理机构行使股东会职权。

国有资产监督管理机构可以授权公司董事会行使股东会的部分职权,决定公司的重大事项,但公司的合并、分立、解散、申请破产等事项,应当由国有资产监督管理机构决定。其中,重要的国有独资公司合并、分立、解散、申请破产的,应当由国有资产监督管理机构审核后,报本级人民政府批准。

3) 董事会及经理

国有独资公司设董事会,董事会的职权与普通有限责任公司的相同。董事会每届任期不超过3年。董事任期届满,可连选连任。董事会成员中应当有公司职工代表。董事会成员由国有资产监督管理机构委派,董事会中的职工代表由职工代表大会选举产生。董事会设董事长一人,可以设副董事长。董事长和副董事长由国有资产监督管理机构从董事会成员中指定。

国有独资公司设经理,由董事会聘任或者解聘。经理的职权与普通有限责任公司的相同。经国有资产监督管理机构同意,董事会成员可以兼任经理。

国有独资公司的董事长、副董事长、董事、高级管理人员,未经国有资产监督管理机构同意,不得在其他有限责任公司、股份有限公司或者其他经济组织兼职。

4) 监事会

国有独资公司监事会成员不得少于5人，其中职工代表的比例不得低于1/3，具体比例由公司章程规定。监事会成员由国有资产监督管理机构委派，但是，监事会成员中的职工代表由公司职工代表大会选举产生。

监事会主席由国有资产监督管理机构从监事会成员中指定。

监事会行使下列职权：检查公司财务；对董事、高级管理人员执行公司职务的行为进行监督；对违反法律、行政法规、公司章程或者股东会决议的董事、高级管理人员提出罢免建议；当董事、高级管理人员的行为损害公司的利益时，要求董事、高级管理人员予以纠正；国务院规定的其他职权。

案例分析2-1

甲、乙、丙拟共同出资设立一家有限责任公司(以下简称"公司")，并共同制定了公司章程草案。该公司章程草案的有关要点如下所述。

(1) 公司注册资本总额为600万元。各方出资数额、出资方式以及缴付出资的时间各类情况如下：甲出资180万元，其中货币出资70万元、计算机软件作价出资110万元，首次货币出资20万元，其余货币出资和计算机软件出资自公司成立之日起1年内缴足；乙出资150万元，其中机械设备作价出资100万元，特许经营权出资50万元，自公司成立之日起6个月内一次缴足；丙以货币270万元出资，首次货币出资90万元，其余出资自公司成立之日起两年内缴付100万元，第3年缴付剩余的80万元。

(2) 公司的董事长由甲委派，副董事长由乙委派，经理由丙提名并经董事会聘任，经理作为公司的法定代表人。在公司召开股东会会议时，出资各方行使表决权的比例如下：甲按照注册资本30%的比例行使表决权；乙、丙分别按照注册资本35%的比例行使表决权。

(3) 公司需要增加注册资本时，出资各方按照在股东会行使表决权的比例优先认缴出资。公司分配红利时，出资各方依照以下比例进行分配：甲享有红利25%的分配权；乙享有红利40%的分配权；丙享有红利35%的分配权。

【问题】

(1) 试分析甲以计算机软件和乙以特许经营权出资的方式是否符合有关规定并说明理由。

(2) 试分析公司的法定代表人由经理担任是否符合《公司法》的有关规定并说明理由。再分析公司章程规定的出资各方在公司股东会会议上行使表决权的比例是否符合《公司法》的有关规定并说明理由。

(3) 试分析公司章程规定增加注册资本时，不按照出资比例优先认缴出资是否违反《公司法》的有关规定并说明理由。再分析公司章程规定的出资各方分红比例是否符合《公司法》的有关规定并说明理由。

【解析】

(1) 甲以计算机软件出资符合法律规定。根据法律规定，股东可以用货币、实物、知识产权、土地使用权等可以用货币估价并可以依法转让的非货币财产作价出资。乙以特许经营权出资不符合规定。根据法律规定，股东不得以劳务、信用、自然人姓名、商誉、特许经营权或者设定担保的财产等作价出资。

(2) 法定代表人由经理担任符合规定。根据法律规定，公司法定代表人依照公司章程的规定，由董事长、执行董事或者经理担任。公司章程规定的出资各方在公司股东会会议上行使表决权的比例符合规定。根据规定，有限责任公司股东会会议由股东按照出资比例行使表决权，但公司章程另有规定的除外。

(3) 公司章程规定增加注册资本时，不按照出资比例优先认缴出资不违反规定。根据规定，公司新增资本时，股东有权优先按照实缴的出资比例认缴出资，但全体股东可以事先约定不按照出资比例优先认缴出资。公司章程规定的出资各方的分红比例符合规定。有限责任公司的股东按照实缴的出资比例分取红利，但全体股东可以事先约定不按照出资比例分取红利。

资料来源：注册会计师真题。

2.1.3 股份有限公司

1. 股份有限公司设立

1) 股份有限公司设立的条件

(1) 发起人符合法定人数。

设立股份有限公司，发起人应当在2人以上200人以下，其中半数以上的发起人须在中国境内有住所。

(2) 有符合公司章程规定的全体发起人认购的股本总额或者募集的实收股本总额。

股份有限公司以发起设立方式设立的，注册资本为在公司登记机关登记的全体发起人认购的股本总额。在发起人认购的股份缴足前，不得向他人募集股份。股份有限公司以募集方式设立的，注册资本为在公司登记机关登记的实收股本总额。法律、行政法规以及国务院对股份有限公司注册资本实缴、注册资本最低限额另有规定的，从其规定。

发起人的出资方式与有限责任公司股东出资方式的要求相同。

(3) 股份发行、筹办事项符合法律规定。

(4) 发起人制定公司章程，采用募集方式设立的经创立大会通过。

(5) 有公司名称，建立符合股份有限公司要求的组织机构。

(6) 有公司住所。

2) 股份有限公司设立的程序

(1) 发起设立的程序：预先核准公司名称→认购股份→缴清股款→选举董事会、监事会→董事会申请设立登记→公告成立。

(2) 募集设立的程序：办理公司名称预先核准→发起人认购股份→制作招股说明书→签订承销协议和代收股款协议→申请批准募股→公开募股→召开创立大会→申请设立登记→公告成立。

发起人向社会公开募股时，必须向国务院证券监督管理机构递交募股申请，并报送下列主要文件：①公司章程；②发起人协议；③发起人姓名或名称、④发起人认购的股份数额、出资种类及验资证明；④招股说明书；⑤代收股款银行的名称及地址；⑥承销机构名称及有关协议。法律、行政法规规定设立公司必须报经批准的，还应当提交相应的批准文件。

发起人获准募股后，应当公告招股说明书，并制作认股书。认股人按照所认股数缴纳股款。股款募足后，必须经法定验资机构验资并出具证明。

发行股份的股款缴足后，发起人应当自股款缴足之日起30日内主持召开公司创立大会。创立大会由发起人、认股人组成。发起人应当在创立大会召开15日前将会议日期通知各认股人或者予以公告。

创立大会应有代表股份总数过半数的发起人、认股人出席，方可举行。

创立大会行使下列职权：①审议发起人关于公司筹办情况的报告；②通过公司章程；③选举董事会成员；④选举监事会成员；⑤对公司的设立费用进行审核；⑥对发起人用于抵作股款的财产的作价进行审核；⑦发生不可抗力或者经营条件发生重大变化直接影响公司设立的，可以做出不设立公司的决议。创立大会对上述所列事项做出决议，必须经出席会议的认股人所持表决权过半数通过。

董事会应于创立大会结束后30日内，申请设立登记。经公司登记机关核准发给《企业法人营业执照》，公司即宣告成立。

股份有限公司应该在其设立登记被核准后30日内发布公告，并应当将其募集股份的情况报国务院证券监督管理机构备案。

3) 股份有限公司发起人的义务和责任

(1) 发起人的出资义务与责任。

以发起设立方式设立股份有限公司的，发起人应当书面认足公司章程规定其认购的股份，并按照公司章程规定缴纳出资。以非货币资产出资的，应当依法办理其财产权的转移手续。发起人不依照规定缴纳出资的，应当按照发起人协议承担违约责任。发起人认足公司章程规定的出资后，应当选举董事会和监事会，由董事会向公司登记机关报送公司章程以及法律、行政法规规定的其他文件，申请设立登记。

以募集设立方式设立股份有限公司的，发起人认购的股份不得少于公司股份总数的35%，但法律、行政法规另有规定的，从其规定。

股份有限公司成立后，发起人未按照公司章程的规定缴足出资的，应当补缴；其他发起人承担连带责任。股份有限公司成立后，发现作为设立公司出资的非货币资产的实际价额显著低于公司章程所定价额的,应当由交付该出资的发起人补足其差额;其他发起人承担连带责任。

(2) 发起人的其他责任。

公司不能成立时,发起人对设立行为所产生的债务和费用负连带责任。

公司不能成立时,发起人对认股人已缴纳的股款,负返还股款并加算银行同期存款利息的连带责任。

在公司设立过程中,发起人由于发起人的过失致使公司利益受到损害的,发起人应当对公司承担赔偿责任。

2. 股份有限公司的组织机构

股份有限公司的组织机构包括股东大会、董事会及经理、监事会三部分,分别为权力机构、执行机构和监督机构。

1) 股东大会

股份有限公司的股东大会由全体股东组成,股东大会是公司的权力机构。股份有限公司股东大会的职权与有限责任公司股东会的职权相同。

(1) 股东大会的召集和主持。

股东大会会议分为股东大会年会和股东大会临时会议。股东大会应当每年召开一次年会。有下列情形之一的,应当在两个月内召开临时股东大会:①董事人数不足《公司法》规定人数或者公司章程所定人数的2/3时;②公司未弥补的亏损达实收股本总额的1/3时;③单独或者合计持有公司10%以上股份的股东请求时;④董事会认为必要时;⑤监事会提议召开时;⑥公司章程规定的其他情形。

股东大会会议由董事会召集,董事长主持;董事长不能履行职务或者不履行职务的,由副董事长主持;副董事长不能履行职务或者不履行职务的,由半数以上董事共同推举一名董事主持。董事会不能履行或者不履行召集股东大会会议职责的,监事会应当及时召集和主持;监事会不召集和主持的,连续90日以上单独或者合计持有公司10%以上股份的股东可以自行召集和主持。

(2) 股东大会的保障措施。

召开股东大会会议时,公司应当将会议召开的时间、地点和审议的事项于会议召开20日前通知各股东;临时股东大会应当于会议召开15日前通知各股东;发行无记名股票的,应当于会议召开30日前公告会议召开的时间、地点和审议事项。

单独或者合计持有公司3%以上股份的股东,可以在股东大会召开10日前提出临时提案并书面提交董事会;董事会应当在收到提案后2日内通知其他股东,并将该临时提案提交股东大会审议。临时提案的内容应当属于股东大会职权范围,并有明确议题和具体决议事项。

股东大会不得对通知中未列明的事项做出决议。

无记名股票持有人出席股东大会会议的,应当于会议召开5日前至股东大会闭会时将股票交存于公司。

(3) 股东大会的决议。

股东出席股东大会会议，所持每一股份有一表决权。但是，公司持有的本公司股份没有表决权。股东大会做出决议，必须经出席会议的股东所持表决权过半数通过。

股东大会做出修改公司章程、增加或者减少注册资本的决议，以及公司合并、分立、解散或者变更公司形式的决议，必须经出席会议的股东所持表决权的2/3以上通过。

《公司法》和公司章程规定公司转让、受让重大资产或者对外提供担保等事项必须经股东大会做出决议的，董事会应当及时召集股东大会会议，由股东大会就上述事项进行表决。

股东大会选举董事、监事，可以依照公司章程的规定或者股东大会的决议，实行累积投票制。累积投票制，是指股东大会选举董事或者监事时，每一股份拥有与应选董事或者监事人数相同的表决权，股东拥有的表决权可以集中使用。

股东可以委托代理人出席股东大会会议，代理人应当向公司提交股东授权委托书，并在授权范围内行使表决权。股东大会应当对所议事项的决定做成会议记录，主持人、出席会议的董事应当在会议记录上签名。会议记录应当与出席股东的签名册及代理出席的委托书一并保存。

2) 董事会及经理

股份有限公司董事会是公司的经营决策和业务执行机构，依法对公司进行经营和管理。股份有限公司设董事会，其成员为5~19人。董事会成员中可以有公司职工代表。董事会中的职工代表由公司职工通过职工代表大会、职工大会或者其他形式民主选举产生。董事会设董事长一人，可以设副董事长。董事长和副董事长由董事会以全体董事的过半数选举产生。董事任期每届不得超过3年。

股份有限公司董事任期的规定和董事会职权的规定与有限责任公司相同。

(1) 董事会会议的召开。董事会每年度至少召开两次会议，每次会议应当于会议召开10日前通知全体董事和监事。代表1/10以上表决权的股东、1/3以上董事或者监事，可以提议召开董事会临时会议。董事长应当自接到提议后10日内，召集和主持董事会会议。董事会召开临时会议，可以另定召集董事会的通知方式和通知时限。

董事长召集和主持董事会会议，检查董事会决议的实施情况。副董事长协助董事长工作，董事长不能履行职务或者不履行职务的，由副董事长履行职务；副董事长不能履行职务或者不履行职务的，由半数以上董事共同推举一名董事履行职务。

(2) 董事会会议决议。董事会会议应有过半数的董事出席方可举行。董事会做出决议，必须经全体董事的过半数通过。董事会决议的表决，实行一人一票。董事会会议，应由董事本人出席；董事因故不能出席，可以书面委托其他董事代为出席，委托书中应载明授权范围。董事会应当对会议所议事项的决定做成会议记录，出席会议的董事应当在会议记录上签名。董事应当对董事会的决议承担责任。

(3) 经理。股份有限公司设经理，由董事会决定聘任或解聘。《公司法》关于有限责任公司经理职权的规定，适用于股份有限公司经理。

3) 监事会

监事会是股份有限公司的监督机构。股份有限公司设监事会，其成员不得少于3人。监事会应当包括股东代表和适当比例的公司职工代表，其中职工代表的比例不得低于1/3，具体比例由公司章程规定。监事会中的职工代表由公司职工通过职工代表大会、职工大会或者其他形式民主选举产生。监事会设主席一人，可以设副主席。监事会主席和副主席由全体监事过半数选举产生。监事会行使职权所必需的费用由公司承担。有限责任公司监事会职权的规定，适用于股份有限公司监事会。

监事会每6个月至少召开一次会议。监事可以提议召开临时监事会会议。

监事会主席召集和主持监事会会议；监事会主席不能履行职务或者不履行职务的，由监事会副主席召集和主持监事会会议；监事会副主席不能履行职务或者不履行职务的，由半数以上监事共同推举一名监事召集和主持监事会会议。

董事、高级管理人员不得兼任监事。

案例分析2-2

某股份有限公司是一家上市公司。该公司董事会于2016年3月28日召开会议。该次会议召开的情况以及讨论的有关问题如下所述。

(1) 股份公司董事会由7名董事组成。出席该次会议的董事有董事A、董事B、董事C、董事D；董事E、董事F因参加人民代表大会不能出席会议，电话委托董事A代为出席并表决；董事G因病不能出席会议，委托董事会秘书H代为出席并表决。

(2) 出席本次董事会会议的董事讨论并一致做出决定，于2016年7月8日举行股份公司的股东大会年会，除例行提交有关事项由该次股东大会年会审议通过外，还将就下列事项提交该次会议以普通决议审议通过，即增加2名独立董事、修改公司章程。

(3) 根据总经理提名，出席本次董事会会议的董事讨论并一致同意，聘任张某为公司财务负责人，并决定给予张某年薪10万元；董事会会议讨论通过了公司内部机构设置的方案，表决时，除董事B反对外，其他均表示同意。

(4) 该次董事会会议记录，由出席董事会会议的全体董事和列席会议的监事签名后存档。

【问题】

(1) 根据本题要点(1)所提示的内容，出席该董事会会议的董事人数是否符合规定？董事E、董事F和董事G委托他人出席该次董事会会议是否有效？为什么？

(2) 指出本题要点(2)中不符合有关规定之处，并说明理由。

(3) 根据本题要点(3)所提示的内容，董事会通过的两项决议是否符合规定，为什么？

(4) 指出本题要点(4)的不规范之处，并说明理由。

【解析】

(1) 出席该次董事会会议的董事人数符合规定。根据规定，董事会会议应有过半数的董事出席方可举行。

董事E、董事F电话委托董事A代为出席董事会会议不符合规定，根据规定，董事因故不能出席董事会会议时，可以书面委托其他董事代为出席。

董事G委托董事会秘书H出席董事会会议不符合规定。根据规定，董事因故不能出席董事会会议时，只能委托其他董事代为出席，而不能委托董事之外的人代为出席。

(2) 股东会年会的召开时间不符合规定。根据法律规定，上市公司的年度结束后的6个月内举行。

修改公司章程由股东大会以普通决议通过不符合规定，该事项应当特别决议通过。

(4) 出席本次董事会会议的董事讨论并一致通过的聘任财务负责人并决定其报酬的决议符合规定。根据法律规定，该事项属于董事会的职权范围。

批准公司内部机构设置的方案不符合规定。根据法律规定，董事会决议必须经全体董事的过半数通过。本题中，董事B反对该事项后，实际只有3名董事同意，未超过全体董事7人的半数。

(4) 董事会会议形成的会议记录无须列席会议的监事签名。根据规定，董事会的会议记录由出席会议的董事签名。

资料来源：注册会计师考试真题.

3. 股份有限公司股份的发行与转让

1) 股份有限公司股份的发行

股份是指按照相等金额或者相同比例，平均划分公司资本的基本计量单位，它是股份有限公司资本的构成单位，是股东权利与义务的产生根据。

股份具有如下几个特征：①股份一律平等；②股份不可分割；③股份可以转让；④股份表现为有价证券，具有流通性。

股票是股份的表现形式，是股份有限公司签发的证明股东权利和义务的要式有价证券。股票与股份有密切联系，股份是股票的价值内容，股票是股份的存在形式。

(1) 股票的形式和种类。

股票必须以一定的形式表现出来，明示股份的价值、种类等事项。依据《公司法》规定，股票采用纸面形式或国务院证券监督管理机构规定的其他形式。

《公司法》第一百二十五条规定："股份有限公司的资本划分为股份，每一股的金额相等。公司的股份采取股票的形式。股票是公司签发的证明股东所持股份的凭证。"

股票作为一种要式有价证券，应当载明下列有关事项：①公司名称；②公司成立日期；③股票种类、票面金额及代表的股份数；④股票的编号；⑤公司盖章和法定代表人签名。

依据《公司法》的规定，公司发行的股票，可以为记名股票，也可以为无记名股票。记名股票,是指代表股份的股票明确记载了股东姓名和名称。公司向发起人、法人发行的股票,应当为记名股票,并应当记载该发起人、法人的姓名或名称,不得另立户名或者以代表人姓名记名。无记名股票,是指股东姓名或名称不记载于股票票面的股份,持有股票者即享有股东权。相比记名股票,无记名股票易于流通。

(2) 股份发行的原则。

股份的发行实行公平、公正的原则,同种类的每一股份应当具有同等权利。同次发行的同种类股份,每股的发行条件和价格应当相同;任何单位或者个人所认购的股份,每股应当支付相同价额。

(3) 股票发行的价格。

股票的发行价格可以是票面金额,也可以超过票面金额,但不得低于票面金额。

2) 股份有限公司股份的转让

股东转让其股份,应当在依法设立的证券交易所进行或按照国务院规定的其他方式进行。

记名股票,由股东以背书方式或者法律、行政法规规定的其他方式转让;转让后由公司将受让人的姓名或者名称及住所记载于股东名册。股东大会召开前20日内或者公司决定分配股利的基准日前5日内,不得进行上述规定的股东名册的变更登记。但法律对上市公司股东名册变更登记另有规定的,从其规定。

无记名股票的转让,由股东将该股票交付给受让人后即发生转让的效力。

对特殊主体转让股份的限制性规定有如下几点。

① 发起人持有的本公司股份,自公司成立之日起一年内不得转让。公司公开发行股份前已发行的股份,自公司股票在证券交易所上市交易之日起一年内不得转让。

② 公司董事、监事、高级管理人员应当向公司申报所持有的本公司的股份及其变动情况;在任职期间每年转让的股份不得超过其所持有本公司股份总数的25%;所持本公司股份自公司股票上市交易之日起一年内不得转让。上述人员离职后半年内,不得转让其所持有的本公司股份。公司章程可以对公司董事、监事、高级管理人员转让其所持有的本公司股份做出其他限制性规定。

③ 公司不得收购本公司股份。但是,有下列情形之一的除外:减少公司注册资本;与持有本公司股份的其他公司合并;将股份用于员工持股计划或者股权激励;股东因对股东大会做出的公司合并、分立决议持异议,要求公司收购其股份;将股份用于转换上市公司发行的可转换为股票的公司债券;上市公司为维护公司价值及股东权益所必需。

④ 公司不得接受本公司的股票作为质押权的标的。

4. 上市公司组织机构的特别规定

上市公司,是指其股票在证券交易所上市交易的股份有限公司。为了规范上市公司,《公司法》对上市公司的组织机构做出了特别的规定。

1) 上市公司重大事项决策制度

上市公司在一年内购买、出售重大资产或者担保金额超过公司资产总额30%的,应当由股东大会做出决议,并经出席会议的股东所持表决权的2/3以上通过。

2) 独立董事制度

上市公司设立独立董事。所谓上市公司独立董事,是指不在公司担任除董事外的其他职务,并与其任职的上市公司及其主要股东不存在可能妨碍其进行独立客观判断的关系的董事。

3) 董事会秘书制度

上市公司设董事会秘书,负责公司股东大会和董事会会议的筹备、文件保管以及公司股东资料的管理、办理信息披露事务等事宜。

4) "关联董事"的回避制度

上市公司董事与董事会会议决议事项所涉及的企业有关联关系的,不得对该项决议行使表决权,也不得代理其他董事行使表决权。该董事会会议由过半数的无关联关系董事出席即可举行,董事会会议所做决议须经无关联关系董事过半数通过。出席董事会的无关联关系董事人数不足3人的,应将该事项提交上市公司股东大会审议。

2.1.4 公司的董事、监事和高级管理人员

1. 公司的董事、监事和高级管理人员的资格

有下列情形之一的,不得担任公司的董事、监事和高级管理人员:①无民事行为能力或者限制民事行为能力;②因贪污、贿赂、侵占财产、挪用财产或者破坏社会主义市场经济秩序,被判处刑罚,执行期满未逾5年,或者因犯罪被剥夺政治权利,执行期满未逾5年;③担任破产清算的公司、企业的董事或者厂长、经理,对该公司、企业的破产负有个人责任的,自该公司、企业破产清算完结之日起未逾3年;④担任因违法被吊销营业执照、责令关闭的公司、企业的法定代表人,并负有个人责任的,自该公司、企业被吊销营业执照之日起未逾3年;⑤个人所负数额较大的债务到期未清偿。

公司违反上述规定选举、委派董事、监事或者聘任高级管理人员的,该选举、委派或者聘任无效。董事、监事、高级管理人员在任职期间出现上述所列情形的,公司应当解除其职务。

其中,高级管理人员,是指公司的经理、副经理、财务负责人,也指上市公司董事会秘书和公司章程规定的其他人员。

2. 公司董事、监事、高级管理人员的义务

1) 董事、监事、高级管理人员对公司的忠实义务

董事、监事、高级管理人员不得有下列行为:①挪用公司资金;②将公司资金以其个人名义或者以其他个人名义开立账户存储;③违反公司章程的规定,未经股东会、股东大会或者董事会同意,将公司资金借贷给他人或者以公司财产为他人提供担保;④违反公司章程的规定或者未经股东会、股东大会同意,与本公司订立合同或者进行交易;⑤未经股东会或者股东大会同意,利用职务便利为自己或者他人谋取属于公司的商业机

会，自营或者为他人经营与所任职公司同类的业务；⑥接受他人与公司交易的佣金归为己有；⑦擅自披露公司秘密；⑧违反对公司忠实义务的其他行为。

董事、监事、高级管理人员违反上述规定所得的收入应当归公司所有。

2) 董事、监事、高级管理人员的特别忠实义务

公司不得直接或通过子公司向董事、监事、高级管理人员提供借款。公司应当定期向股东披露董事、监事、高级管理人员从公司获得报酬的情况。

3) 董事、监事、高级管理人员对公司的赔偿责任

董事、监事、高级管理人员执行公司职务时违反法律、行政法规或者公司章程的规定，给公司造成损失的，应当承担赔偿责任。

4) 董事、监事、高级管理人员对公司负有的其他义务和责任

股东会或者股东大会要求董事、监事、高级管理人员列席会议的，董事、监事、高级管理人员应当列席并接受股东的质询。董事、高级管理人员应当如实向监事会或者不设监事会的有限责任公司的监事提供有关情况和资料，不得妨碍监事会或者监事行使职权。

3. 股东诉讼

为保护股东权益，《公司法》规定，公司股东会或者股东大会、董事会的决议内容违反法律、行政法规的无效。股东会或者股东大会、董事会的召集程序、表决方式违反法律、行政法规或者公司章程，或者决议内容违反公司章程的，股东可以自决议做出之日起60日内，请求人民法院撤销。股东据此规定提起诉讼的，人民法院可以应公司的请求，要求股东提供相应的担保。

1) 通过监事会或监事提起诉讼维权

董事、高级管理人员执行公司职务时违反法律、行政法规或公司章程的规定，给公司造成损失的，有限责任公司的股东、股份有限公司连续180日以上单独或者合计持有公司1%以上股份的股东，可以书面请求监事会或者不设监事会的有限责任公司的监事向人民法院提起诉讼。

2) 通过董事会或董事提起诉讼维权

监事执行公司职务时违反法律、行政法规或公司章程的规定，给公司造成损失的，有限责任公司的股东、股份有限公司连续180日以上单独或者合计持有公司1%以上股份的股东，可以书面请求董事会或者不设董事会的有限责任公司的执行董事向人民法院提起诉讼。

3) 股东直接维权

监事会、不设监事会的有限责任公司的监事，或者董事会、执行董事收到有限责任公司的股东、股份有限公司连续180日以上单独或者合计持有公司1%以上股份的股东的书面请求后拒绝提起诉讼，或者自收到请求之日起30日内未提起诉讼，或者情况紧急、不立即提起诉讼将会使公司利益受到难以弥补的损害的，上述规定的股东有权为了公司的利益以自己的名义直接向人民法院提起诉讼。

他人侵犯公司合法权益，给公司造成损失的，有限责任公司的股东、股份有限公司

连续180日以上单独或者合计持有公司1%以上股份的股东可以按照前文规定向人民法院提起诉讼。

案例分析2-3

2013年2月，甲、乙、丙、丁4人共同设立文路留学服务有限责任公司(以下简称"文路公司")。4名股东的出资比例依次是35%、30%、25%和10%。甲担任公司执行董事、总经理；公司不设监事会，丙任监事。

(1) 2013年2月，丙提出，甲在留学咨询行业从业多年，经营丰富，对公司业务发展有较大贡献，提议2012年度利润由甲、乙、丙、丁分别以45%、25%、20%和10%的比例进行分配。全体股东均表示同意。

(2) 2014年3月，乙以分期付款方式购买一辆轿车，经销商要求其提供担保。乙与甲商量后，甲便以文路公司名义与经销商签署一份保证合同，并加盖文路公司印章。事后，甲将此事告知丙，丙未表示异议。丁得知后表示反对，甲回应说公司大多数股东已经同意，担保不违反法律规定。

(3) 2017年7月，丁因为公司3年来一直不分配利润而提出查阅会计账簿的书面请求。文路公司允许丁在公司查阅会计账簿，但拒绝丁复印部分账簿内容的请求。

(4) 2018年1月，丁见投资无回报，也无法参与管理，心生转让股权之意。经询问，乙有兴趣购买。甲听说后提出，有限责任公司股东之间转让股权，须经其他股东过半数同意，才可以将股权转让给乙。后丁认为乙的出价太低，遂放弃转让给乙的打算。

(5) 2018年4月，甲编写的《留学指南丛书》出版。甲未告知其他股东，就以文路公司名义从自己手中购买5000套该丛书。丁知道后提出异议，认为甲的行为违反了董事对公司的忠实义务。

(6) 2018年5月6日，丁向公司监事丙当面递交一份书面请求，请求其向法院起诉甲违反忠实义务，要求甲赔偿公司损失。丙一直未做答复，也未采取任何行动。6月20日，丁为公司利益以自己名义直接对甲提起诉讼。

【问题】

(1) 根据本题要点(1)所提示的内容，文路公司2013年度利润未按照股东的出资比例进行分配是否违反了公司法律制度的规定？并说明理由。

(2) 根据本题要点(2)所提示的内容，甲以文路公司名义为股东乙提供的担保是否违反了公司法律制度的规定？并说明理由。

(3) 根据本题要点(3)所提示的内容，文路公司拒绝了复印部分账簿内容的做法是否符合公司法律制度的规定？并说明理由。

(4) 根据本题要点(4)所提示的内容，甲的观点是否符合公司法律制度的规定？并说明理由。

(5) 根据本题要点(5)所提示的内容,甲的行为是否违反了公司法律制度的规定?并说明理由。

(6) 根据本题要点(6)所提示的内容,丁为公司利益以自己名义直接对甲提起诉讼的做法是否符合公司法律制度的规定?并说明理由。

【解析】

(1) 文路公司2013年度利润未按照股东的出资比例进行分配并不违反公司法律制度的规定。根据规定,有限责任公司的股东按照实缴的出资比例分取红利;但是,全体股东可以事先约定不按照出资比例分取红利。

(2) 甲以文路公司名义为股东乙提供的担保违反了公司法律制度的规定。根据规定,有限责任公司为股东提供担保的,必须经股东会决议。本题中,甲以文路公司名义为股东乙提供的担保未经股东会决议通过。

(3) 文路公司拒绝丁复印部分账簿内容的做法符合公司法律制度的规定。根据规定,有限责任公司的股东可以要求查阅公司会计账簿,但无权复制。

(4) 甲的观点不符合公司法律制度的规定。根据规定,有限责任公司的股东之间可以相互转让全部或者部分股权,公司章程对股权转让另有规定的,从其规定。本题中,文路公司章程未对股权转让事项做出特别规定,丁可以向乙转让其股权,无须经其他股东过半数同意。

(5) 甲的行为违反了公司法律制度的规定,根据规定,董事、高级管理人员违反公司章程的规定或者未经股东会同意,与本公司订立合同或者进行交易的,属于法律禁止的行为。

(6) 丁的做法符合公司法律制度的规定。根据规定,董事、高级管理人员侵犯公司利益时,有限责任公司的股东可以书面请求监事会或者不设监事会的有限责任公司的监事向人民法院提起诉讼。如果监事会或者不设监事会的有限责任公司的监事收到股东的书面请求后拒绝提起诉讼,或者自收到请求之日起30日内未提起诉讼,或者情况紧急、不立即提起诉讼将会使公司利益受到难以弥补的损害的,股东有权为了公司的利益以自己的名义直接向人民法院提起诉讼。

资料来源:注册会计师考试真题.

2.1.5 公司债券和公司财务会计制度

1. 公司债券

公司债券是指公司依照法定条件和程序发行的,约定在一定期限还本付息的有价证券。

1) 公司债券的主要种类

根据不同的标准,可以对公司债券进行不同的分类。

(1) 记名债券和无记名债券。

以是否在公司债券上记载持有人的姓名或名称为标准，将公司债券划分为记名债券和无记名债券。

(2) 转换公司债券和非转换公司债券。

以能否转换成股票为标准，将公司债券划分为转换公司债券和非转换公司债券。

上市公司经股东大会决议可以发行可转换为股票的公司债券，并在公司债券募集办法中规定具体的转换办法。上市公司发行可转换为股票的公司债券，应当报国务院证券监督管理机构核准。发行可转换为股票的公司债券，应当在债券上标明可转换公司债券字样，并在公司债券存根簿上载明可转换公司债券的数额。发行可转换为股票的公司债券的，公司应当按照其转换办法向债券持有人换发股票，但债券持有人对转换股票或者不转换股票有选择权。

2) 公司债券发行的条件

公司债券发行的条件有以下几点：①具备健全且运行良好的组织机构；②最近3年平均可分配利润足以支付公司债券1年的利息；③国务院规定的其他条件。

公开发行公司债券筹集的资金，必须按照公司债券募集办法所列资金用途使用；改变资金用途的，必须经债券持有人会议做出决议。公开发行公司债券筹集的资金，不得用于弥补亏损和非生产性支出。

《证券法》还规定，不得再次发行公司债券的情形有以下几种：①对已公开发行的公司债券或者其他债务有违约或者延迟支付本息的事实，仍处于继续状态；②违反《证券法》规定，改变公开发行公司债券所募资金的用途。

3) 公司债券发行的程序

第一步，由公司的权力机关做出决议。

第二步，报请国务院有关部门批准。

第三步，公告公司债券募集办法。

第四步，公司债券的承销。

第五步，认购并缴纳公司债券债款。

第六步，置备公司债券存根簿。

2. 公司财务会计制度

公司应当依照法律、行政法规和国务院财政部门的规定建立本公司的财务会计制度。

1) 财务会计报告制度

公司应当在每一会计年度终了时编制财务会计报告，并依法经会计师事务所审计。财务会计报告应当依照法律、行政法规和国务院财政部门的规定制作。有限责任公司应当依照公司章程规定的期限将财务会计报告送交各股东。股份有限公司的财务会计报告应当在召开股东大会年会的20日前置备于本公司，供股东查阅。公开发行股票的股份有限公司必须公告其财务会计报告。

2) 公积金制度

公积金是指企业根据法律和企业章程的规定提留备用，不作为股利分配的部分所得和收益。

根据公积金的来源不同，可将其分为盈余公积金和资本公积金。

根据公积金的提留是否为法律上的强制性规定，可将其分为法定公积金和任意公积金。

(1) 公积金的提取。公司分配当年税后利润时，应当提取利润的10%列入法定公积金。法定公积金累计额为公司注册资本50%以上的，可以不再提取。公司的法定公积金不足以弥补以前年度亏损的，在依照上述规定提取法定公积金之前，应当先用当年利润弥补亏损。公司从税后利润中提取法定公积金后，经股东会或者股东大会决议，还可以从税后利润中提取任意公积金。

(2) 资本公积金的构成。股份有限公司以超过股票票面金额的发行价格发行股份所得的溢价款以及国务院财政部门规定列入资本公积金的其他收入，应当列为公司资本公积金。

(3) 公积金的用途。公司的公积金用于弥补公司的亏损、扩大公司生产经营或者转为增加公司资本。但是，资本公积金不得用于弥补公司的亏损。

法定公积金转为资本时，所留存的该项公积金不得少于转增前公司注册资本的25%。

3) 公司与中介机构的关系

(1) 聘请程序。公司聘用、解聘承办公司审计业务的会计师事务所，依照公司章程的规定，由股东会、股东大会或者董事会决定。

(2) 赔偿责任。承担资产评估、验资或验证的机构因其出具的评估结果、验资或者验证证明不实，给公司债权人造成损失的，在其评估或者证明不实的金额范围内承担赔偿责任，但是能够证明自己没有过错的除外。

2.1.6 公司合并、分立、解散和清算

1. 公司的合并

1) 公司合并的概念及方式

公司合并是指两个以上的公司依照法定程序变更为一个公司的法律行为。

公司合并可以采取吸收合并或者新设合并。一个公司吸收其他公司，称为吸收合并，被吸收的公司解散。两个以上公司合并设立一个新的公司，称为新设合并，原合并各方解散，取消原法人资格。

2) 公司合并的程序

公司合并的程序有如下几个步骤。

第一步，合并协议和决议。公司合并，应当由合并各方签订合并协议，并编制资产负债表及财产清单，然后由股东大会(或股东会)做出批准与否的决议。

第二步，通知和公告。公司应当自做出合并决议之日起10日内通知债权人，并于30日内在报纸上公告。

第三步，清偿债务或提供担保。债权人自接到通知书之日起30日内，未接到通知书的债权人自公告之日起45日内，可以要求公司清偿债务或者提供相应的担保。

第四步，登记。公司的合并完成以上程序后，应当向公司登记机关办理变更、注销或设立登记。

第五步，债务承担。公司合并时，合并各方的债权、债务，应当由合并后存续的公司或者新设的公司承继。

2. 公司的分立

1) 公司分立的概念及方式

公司分立是指一个公司依法分为两个或两个以上的公司。公司分立的方式一般有两种：一是派生分立，即公司以其部分财产和业务另设立新的公司，原公司存续；二是新设分立，即公司的全部财产分别归入两个或两个以上新设立的公司，原公司解散。

2) 公司分立的程序

公司分立的程序有如下几个步骤。

第一步，分立协议与决议。公司分立，应当编制资产负债表及财产清单，然后由股东大会(或股东会)做出批准与否的决议。

第二步，通知和公告。公司应当自做出分立决议之日起10日内通知债权人，并于30日内在报纸上公告。

第三步，登记。公司的分立完成以上程序后，应当向公司登记机关办理登记。

第四步，债务承担。公司分立前的债务由分立后的公司承担连带责任。但是，公司在分立前与债权人就债务清偿达成的书面协议另有约定的除外。

3. 公司的解散

1) 公司解散的概念

公司解散是指公司因发生章程规定或法律规定的解散事由而停止业务活动，最终失去法律人格的法律行为。

2) 公司解散的原因

(1) 公司章程规定的营业期限届满或者公司章程规定的其他解散事由出现。

(2) 股东会或者股东大会决议解散。

(3) 因公司合并或者分立需要解散。

(4) 依法被吊销营业执照、责令关闭或者被撤销。

(5) 股东请求法院解散公司。公司经营管理发生严重困难，继续存续会使股东利益受到重大损失，通过其他途径不能解决的，持有公司全部股东表决权10%以上的股东，可以请求人民法院解散公司。

3) 公司免于解散而存续

公司章程规定的营业期限届满或者公司章程规定的其他解散事由出现时，可以通过修改公司章程而存续。对此种章程的修改,有限责任公司须经持有2/3以上表决权的股东通过,股份有限公司须经出席股东大会会议的股东所持表决权的2/3以上通过。

4. 公司的清算

1) 公司清算的概念

公司清算是指解散的公司清理债权债务、分配剩余财产、了结公司的法律关系,从而使公司归于消灭的程序。除公司合并、分立外,其他公司解散的情形都需要清算。

2) 公司清算的程序

公司清算的程序有如下几个步骤。

第一步,成立清算组。在解散事由出现之日起15日内成立清算组,开始清算。有限责任公司的清算组由股东组成,股份有限公司的清算组由董事或者股东大会确定的人员组成。逾期不成立清算组进行清算的,债权人可以申请人民法院指定有关人员组成清算组进行清算。人民法院应当受理该申请,并及时组织清算组进行清算。

清算组在清算期间行使下列职权:①清理公司财产,分别编制资产负债表和财产清单;②通知、公告债权人;③处理与清算有关的公司未了结的业务;④清缴所欠税款以及清算过程中产生的税款;⑤清理债权、债务;⑥处理公司清偿债务后的剩余财产;⑦代表公司参与民事诉讼活动。

第二步,通知和公告。清算组应当自成立之日起10日内通知债权人,并于60日内在报纸上公告。债权人应当自接到通知书之日起30日内,未接到通知书的自公告之日起45日内,向清算组申报其债权。

第三步,制定清算方案和处分公司财产。清算组在清理公司财产、编制资产负债表和财产清单后,应当制定清算方案,并报股东会、股东大会或者人民法院确认。

公司财产在分别支付清算费用、职工的工资、社会保险费用和法定补偿金,缴纳所欠税款,清偿公司债务后的剩余财产,有限责任公司按照股东的出资比例分配,股份有限公司按照股东持有的股份比例分配。

第四步,申请注销。公司清算结束后,清算组应当制作清算报告,报股东会、股东大会或者人民法院确认,并报送公司登记机关,申请注销公司登记,公告公司终止。

经典例题

【例2-4】下列解散情形出现时,公司不必进行清算、清理债权债务的是( )。

A. 公司章程规定的营业期限届满或者公司章程规定的其他解散事由出现

B. 股东会或股东大会决议解散

C. 因公司合并需要解散

D. 公司违反法律法规被依法吊销营业执照

【答案】C

【解析】除公司合并、分立免于清算外,公司出现法律规定的解散事由的,均必须进行清算、清理债权债务。

案例分析2-4

三弘公司于2016年1月20日在甲市工商行政管理局登记设立，注册资金为1000万元，股东在工商登记机关登记为沈某、朱某、刘某、孟某、付某、段某以及鼎辉公司。其中，沈某以厂房一处作为出资，评估作价为400万元；朱某以一项专利使用权作为出资，评估作价为100万元；刘某以其在山阳公司持有的20%的股权作价出资，该股权评估为100万元；孟某以其所有的甲市房产一处作为出资，经过评估作价，该房产价值为100万元；付某认缴100万元，以货币50万元和一处房产评估作价为50万元作为出资；段某以100万元货币实缴出资；鼎辉公司以其对大田公司享有的100万元债权作为出资。从2016年1月20日公司设立至2018年4月1日发生纠纷，三弘公司及各位股东发生下列事实。

(1) 2017年1月4日，段某以三弘公司假冒其签名为由，要求确认其不具有三弘公司的股东资格。三弘公司辩称段某是三弘公司的股东。经法院审查查明，在三弘公司的设立登记资料中，有以下4份文件签有"段某"的字样：公司设立时召开的股东会议决议，三弘公司章程，段某的身份证复印件(该复印件由甲市工商行政管理局加盖"经核对与原件一致"章)以及对公司住所地小区物业的承诺书。经法院查明，段某在庭审中对于三弘公司设立登记资料中出现的"段某"字样是由他人代签不持异议，仅对他人代签的原因存在争议，认为是三弘公司假冒其签名的方式将其登记为股东。法院同时查明2016年底段某与公司曾经协商过股份回购事宜。

(2) 沈某名下的出资厂房实际上是道格拉斯公司的厂房，沈某是道格拉斯公司的总经理(法定代表人)，其于2016年2月1日即将该出资的厂房全部移交占有给三弘公司，直到2018年2月1日，经过公司筹委会一再催促，沈某才将道格拉斯公司名下的厂房过户至三弘公司名下。

(3) 朱某认缴出资100万元，在章程中承诺以其持有的专利使用权作为出资。

(4) 刘某作为出资的山阳公司的股权是其在山阳公司认缴的出资，虽然该股权已经于2016年2月1日从刘某名下过户到三弘公司，但实际上刘某在山阳公司认缴的出资并未实际缴纳。

(5) 孟某作为出资的房产已经于2016年2月交付给三弘公司实际占有和使用，但因为该房产之上存在建设银行的抵押权而至今未办理过户手续至三弘公司。

(6) 付某作为出资的50万元和一处房产均为付某在退休前任国税局局长受贿所得，付某的贪污行为已经为人民法院判决确认，现有关部门向三弘公司发出通知，要求配合处置付某名下出资形式的股权。

(7) 2018年3月1日，沈某以三弘公司名义与道格拉斯公司签订租赁厂房协议，租期为10年，租金共计500万元，该500万元已经支付。租赁合同中约定的承租厂房虽然名字不符，实际上就是道格拉斯公司以沈某名义出资到三弘公司的厂房。

(8) 鼎辉公司作为出资的对大田公司享有的100万元债权有明确的合同约定，且已届清偿期。

第2章 商事法律制度

【问题】

(1) 根据案例中所列事实，应当如何认定段某的股东资格？

(2) 沈某以道格拉斯公司所有的厂房出资，如何认定其股东资格？

(3) 朱某以其持有的专利使用权作为出资，如何认定其出资的效力？如何处理其股东资格的争议？

(4) 刘某出资的股权是否合法？对该瑕疵出资，三弘公司有权以何种方式进行处理？

(5) 孟某以房产出资，根据案件情形，分析孟某的股东资格及出资状况？

(6) 在付某被追究刑事责任之后，其出资人的货币和房产形成的三弘公司的对应股权应当如何处置？

(7) 如何认定沈某与道格拉斯公司签订厂房租赁合同行为的法律效力？对于沈某以及道格拉斯公司的该违法行为，三弘公司有权采取何种救济措施？

(8) 鼎辉公司出资的债权是否具有法律效力？鼎辉公司的股东资格应当如何认定？

【解析】

(1) 段某对三弘公司以代签名字的方式将其登记为股东，是予以授权且认可的。段某持有异议的不是代签字，而是代签字的原因，段某在本案例中不仅向三弘公司出具了身份证和身份证复印件，且曾经与三弘公司协商股权回购事宜，因而可以证明段某对于三弘公司以代签名的方式将其登记为股东是明知的和认可的，故段某称其不是股东，缺乏事实和法律依据。

(2) 沈某代道格拉斯公司持股，道格拉斯公司是三弘公司的实际股东，沈某为道格拉斯公司在三弘公司的名义股东。作为道格拉斯公司的法定代表人，沈某以自己的名义用道格拉斯公司所有的房产作为其出资，沈某应当是道格拉斯公司在三弘公司的名义股东。根据《最高人民法院关于适用〈中华人民共和国公司法〉若干问题的规定(三)》(以下简称《公司法解释三》)第十条规定："出资人以房屋、土地使用权或者需要办理权属登记的知识产权等财产出资，已经交付公司使用但未办理权属变更手续，公司、其他股东或者公司债权人主张认定出资人未履行出资义务的，人民法院应当责令当事人在指定的合理期间内办理权属变更手续；在前述期间内办理了权属变更手续的，人民法院应当认定其已经履行了出资义务；出资人主张自其实际交付财产给公司使用时享有相应股东权利的，人民法院应予支持。"

(3) 朱某认缴出资100万元，在章程中承诺以其持有的专利使用权作为出资违反法律规定，因为作为出资的非货币财产必须转移完整的财产权到公司。《公司法》第二十八条规定："股东应当按期足额缴纳公司章程中规定的各自所认缴的出资额。股东以货币出资的，应当将货币出资足额存入有限责任公司在银行开设的账户；以非货币财产出资的，应当依法办理其财产权的转移手续。股东不按照前款规定缴纳出资的，除应当向公司足额缴纳外，还应当向已按期足额缴纳出资的股东承担违约责任。"

(4) 刘某出资的股权具有重大瑕疵，其作为出资的股权上面有权利瑕疵。三弘公司有权请求人民法院责令刘某在指定的合理期限内采取补正措施。如果逾期仍未补足，人民法院应当认定其未依法全面履行出资义务。若刘某被依法认定为未完全履行出资义务，则三弘公司有权要求刘某履行出资义务，并限制刘某的股东权利，若其拒绝，三弘公司有权做出股东除名的决议，剥夺其股东资格。

《公司法解释三》第十一条规定："出资人以其他公司股权出资，符合下列条件的，人民法院应当认定出资人已履行出资义务：①出资的股权由出资人合法持有并依法可以转让；②出资的股权无权利瑕疵或者权利负担；③出资人已履行关于股权转让的法定手续；④资的股权已依法进行了价值评估。股权出资不符合前款第①、②、③项的规定，公司、其他股东或者公司债权人请求认定出资人未履行出资义务的，人民法院应当责令该出资人在指定的合理期间内采取补正措施，以符合上述条件；逾期未补正的，人民法院应当认定其未依法全面履行出资义务。股权出资不符合本条第④项的规定，公司、其他股东或者公司债权人请求认定出资人未履行出资义务的，人民法院应当按照本规定第九条的规定处理。"

(5) 孟某出资的房产存在有效的抵押权，其股东资格的享有须依赖于该抵押权是否在法院指定的合理期间内办理了解除抵押权的手续并转移所有权于公司。《公司法解释三》第八条规定："出资人以划拨土地使用权出资，或者以设定权利负担的土地使用权出资，公司、其他股东或者公司债权人主张认定出资人未履行出资义务的，人民法院应当责令当事人在指定的合理期间内办理土地变更手续或者解除权利负担；逾期未办理或者未解除的，人民法院应当认定出资人未依法全面履行出资义务。"《公司法解释三》第十条规定："出资人以房屋、土地使用权或者需要办理权属登记的知识产权等财产出资，已经交付公司使用但未办理权属变更手续，公司、其他股东或者公司债权人主张认定出资人未履行出资义务的，人民法院应当责令当事人在指定的合理期间内办理权属变更手续；在前述期间内办理了权属变更手续的，人民法院应当认定已经履行了出资义务；出资人主张自其实际交付财产给公司使用时享有相应股东权利的，人民法院应予支持。出资人以前款规定的财产出资，已经办理权属变更手续但未交付给公司使用，公司或者其他股东主张其向公司交付并在实际交付之前不享有相应股东权利的，人民法院应予支持。"

(6) 付某出资的货币形成的股权是有效的，但付某被追究刑事责任时，该股权应当依法评估拍卖，其转让价款所得应当由国家予以收缴。付某以房产出资部分对应的股权是无效的，因为依据《公司法》以及司法解释的规定，房产作为盗赃物，公司无法获得该房产对应部分的股权价值，该房产作为赃物直接被国家收缴。《公司法解释三》第七条规定："出资人以不享有处分权的财产出资，当事人之间对于出资行为效力产生争议的，人民法院可以参照《物权法》第一百零六条的规定予以认定。以贪污、受贿、侵占、挪用等违法犯罪所得的货币出资后取得股权的，对违法犯罪行为予以追究、处罚时，应当采取拍卖或者变卖的方式处置其股权。"

(7) 沈某将其作为出资的道格拉斯公司的厂房作为租赁物与三弘公司签订虚假的租赁合同将其作为出资的财产从三弘公司抽逃，属于股东抽逃全部出资的行为。三弘公司有权：①要求沈某依法全面履行出资义务，向公司返还出资本息；②同时要求协助其抽逃出资的其他股东、董事、高级管理人员或者实际控制人对此承担连带责任；③根据公司章程或者股东会决议对其利润分配请求权、新股优先认购权、剩余财产分配请求权等股东权利做出相应的合理限制；④经公司催告缴纳或者返还，其在合理期间内仍未缴纳或者返还出资，公司以股东会决议解除该股东的股东资格。

《公司法解释三》第十二条规定："公司成立后，公司、股东或者公司债权人以相关股东的行为符合下列情形之一且损害公司权益为由，请求认定该股东抽逃出资的，人民法院应予以支持：①制作虚假财务会计报表虚增利润进行分配；②通过虚构债权债务关系将其出资转出；③利用关联交易将出资转出；④其他未经法定程序将出资抽回的行为。"《公司法解释三》第十三条规定："股东未履行或者未全面履行出资义务，公司或者其他股东请求其向公司依法全面履行出资义务的，人民法院应予支持。"《公司法解释三》第十四条规定："股东抽逃出资，公司或者其他股东请求其向公司返还出资本息、协助抽逃出资的其他股东、董事、高级管理人员或者实际控制人对此承担连带责任的，人民法院应予支持。"《公司法解释三》第十六条规定："股东未履行或者未全面履行出资义务或者抽逃出资，公司根据公司章程或者股东会决议对其利润分配请求权、新股优先认购权、剩余财产分配请求权等股东权利做出相应的合理限制，该股东请求认定该限制无效的，人民法院不予支持。"《公司法解释三》第十八条规定："有限责任公司的股东未履行出资义务或者抽逃全部出资，经公司催告缴纳或者返还，其在合理期间内仍未缴纳或者返还出资，公司以股东会决议解除该股东的股东资格，该股东请求确认该解除行为无效的，人民法院不予支持。在前款规定的情形下，人民法院在判决时应当释明，公司应当及时办理法定减资程序或者由其他股东或者第三人缴纳相应的出资。在办理法定减资程序或者其他股东或者第三人缴纳相应的出资之前，公司债权人依照本规定第十三条或者第十四条请求相关当事人承担相应责任的，人民法院应予支持。"

(8) 鼎辉公司出资的债权具有法律效力，符合法律规定，鼎辉公司具有出资对应的股东资格。《公司注册资本登记管理规定》第七条规定："债权人可以将其依法享有的对在中国境内设立的公司的债权，转为公司股权。转为公司股权的债权应当符合下列情形之一：①债权人已经履行债权所对应的合同义务，且不违反法律、行政法规、国务院决定或者公司章程的禁止性规定；②经人民法院生效裁判或者仲裁机构裁决确认；③公司破产重整或者和解期间，列入经人民法院批准的重整计划或者裁定认可的和解协议。用以转为公司股权的债权有两个以上债权人的，债权人对债权应当已经做出分割。债权转为公司股权的，公司应当增加注册资本。"

资料来源：国家统一法律职业资格考试案例分析指导用书编辑委员会.国家统一法律职业资格考试：案例分析指导用书[M].北京：法律出版社，2019.

2.2 票据法律基本制度

2.2.1 票据法概述

1. 票据的含义和种类

票据有广义和狭义之分。广义上的票据包括各种有价证券和凭证,狭义上的票据仅指《中华人民共和国票据法》(以下简称《票据法》)规定的票据。

根据《票据法》的规定,票据是由出票人签发的、约定自己或者委托付款人在见票时或指定的日期向收款人或持票人无条件支付一定金额的有价证券。在我国,票据包括汇票、本票和支票。

2. 票据当事人

票据当事人,是指票据法律关系中享有票据权利、承担票据义务的主体。票据当事人分为基本当事人和非基本当事人。

1) 基本当事人

基本当事人是指在票据做成和交付时就已经存在的当事人,包括出票人、付款人和收款人。在汇票及支票中有出票人、付款人与收款人;在本票中有出票人与收款人。基本当事人不存在或不完全,票据法律关系就不成立,票据就无效。

(1) 出票人,是指依法定方式签发票据并将票据交付给收款人的人。商业汇票的出票人为银行以外的企业和其他组织,支票的出票人为在银行开立支票存款账户的企业、其他组织和个人。

(2) 收款人,是指票据到期后有权收取票据所载金额的人,又称票据权利人。

(3) 付款人,是指由出票人委托付款或自行承担付款责任的人。汇票的付款人有商业承兑汇票和银行承兑汇票两种。商业承兑汇票的付款人是合同中应给付款项的一方当事人,也是该汇票的承兑人;银行承兑汇票的付款人是承兑银行,但是其款项来源还是与该票据有关的合同中应付款方的存款。支票的付款人是出票人的开户银行。本票的付款人是出票人。

2) 非基本当事人

非基本当事人是指在票据做成并交付后,通过一定的票据行为加入票据关系而享有一定权利、义务的当事人。非基本当事人包括承兑人、背书人与被背书人、保证人等。

(1) 承兑人,是指接受汇票出票人的付款委托,同意承担支付票款义务的人,它是汇票主债务人。

(2) 背书人与被背书人。背书人是指在转让票据时,在票据背面或粘单上签字或盖章,并将该票据交付给受让人的票据收款人或持有人。被背书人是指被记名受让票据或接受票据转让的人。背书后,被背书人成为票据新的持有人,享有票据的所有权利。

(3) 保证人，是指为票据债务提供担保的人，由票据债务人以外的第三人担当。保证人在被保证人不能履行票据付款责任时，以自己的金钱履行票据付款义务，然后取得持票人的权利，向票据债务人追索。

3. 票据的特征和功能

1) 票据的基本特征

票据具有其独特的法律属性，主要表现以下几点。

(1) 票据是设权证券。票据的各种权利义务都是因票据的设立而产生的。

(2) 票据是无因证券。只要具备法定条件，票据即为有效，权利义务即告成立。权利的行使和义务的履行一般不问隐藏在票据后的占有原因和资金关系，即票据一经依法产生并在市场上合法流通，即具有相对的独立性。

(3) 票据是要式证券。票据的格式与各种票据行为都要遵循法定的形式。

(4) 票据是文义证券。票据的权利和义务完全由票据上所记载的文字意义所决定。

(5) 票据是债权证券。票据持票人即为票据的债权人，其可以就票据上载明的金额向特定的票据债务人主张权利。

(6) 票据是金钱证券。票据代表着一定的财产权利，它的流通行为都以金钱的给付为最终目的。

(7) 票据是流通证券。票据可以通过背书或交付的方式依法转让，依法流通。

经典例题

【例2-5】票据上的权利义务必须依票据上所记载的文义而定，不得以文义之外的任何事项来主张票据权利。这表明的票据特征是( )。

A. 文义证券　　　B. 金钱证券　　　C. 要式证券　　　D. 无因证券

【答案】A

【解析】票据是文义证券。票据的权利和义务，完全由票据上所记载的文字意义所决定。

2) 票据的功能

票据的功能，是指票据在社会经济生活中的作用。票据的功能主要表现以下几点。

(1) 汇兑功能。票据最初的功能是汇兑，即票据最初是异地输送现金和兑换货币的工具。当时，随着商品经济的发展和市场范围的扩大，在异地贸易中携带现金不仅不方便、不安全，还存在不同种类货币之间的兑换困难，因此商品交易当事人通过货币经营者(现在为银行)的汇款业务和货币兑换业务，在本地将现金交付货币经营者，并取得票据作为汇款和货币兑付凭证，并凭该票据在异地向货币经营者兑换现金，从而克服了现金支付的空间方面存在的困难。

(2) 支付功能。由于票据有汇兑功能，可异地兑换现金，是一种金钱给付的债权凭证，因而它逐渐发展为具有支付功能，即可以通过法定流通转让程序，代替现金在交易中进行支付。在市场经济中，货币作为交换媒介和一般等价物，会经常发生大量收付货币的现象。用票据代替现金作为支付工具，例如使用支票方式支付，具有便携、快捷、安全等优点。因此，在现代经济中，票据支付在货币支付中占有越来越大的比重。

(3) 结算功能。票据作为货币给付的工具，可在同城或异地的经济往来中，抵销不同当事人之间相互的收款、欠款或相互的支付关系，即通过票据交换，使各方收付相抵，相互债务冲减。与使用现金相比，这种票据结算的方式更加便捷、安全、经济。因而，票据结算成为现代经济中银行结算的主要方式。

(4) 信用功能。票据可作为信用工具，在商业和金融中发挥融资等作用。在商品交易中，票据可作为预付货款或延期付款的工具，具有商业信用功能。例如，在甲方向乙方开出票据后，乙方可先期交付商品或者先行预付货款(即提供商业信用)，在票据指定日期，乙方再向甲方收回已经交货的货款或者收回已经预付货款的商品。在金融活动中，企业可以通过将尚未到期的票据向银行进行贴现，取得货币资金，以解决企业一时发生的资金周转困难。这时，票据就具有了银行信用功能。

(5) 融资功能。融资功能就是融通资金或调度资金，票据的融资功能是通过票据贴现、转贴现和再贴现实现的。

票据的以上几种基本功能，使票据制度成为现代市场经济的一项基本制度。商业信用、银行信用的票据化和结算手段的票据化，是市场经济高度发展的重要标志之一。

经典例题

【例2-6】票据最原始、最简单的功能是(　　)。
A. 汇兑功能　　　B. 支付与结算功能　　　C. 融资功能　　　D. 信用功能
【答案】B
【解析】支付与结算功能是票据最原始、最简单的功能。

4. 票据法的概念

票据法是规定有关票据的种类、形式、内容以及相关当事人之间的权利和义务的法律规范的总称。

《中华人民共和国票据法》(以下简称《票据法》)于1995年5月10日第八届全国人民代表大会常务委员会第十三次会议通过，自1996年1月1日起开始施行。2004年，该法根据第十届全国人民代表大会常务委员会第十一次会议《关于修改〈中华人民共和国票据法〉的决定》进行修正。有关票据的法律法规还包括其他一些法律规定，如中国人民银行1995年发布的《关于施行〈中华人民共和国票据法〉有关问题的通知》、中国人民银行发布的《支付结算办法》、2000年2月24日最高人民法院发布的《关于审理票据纠纷案件若干问题的规定》，以及1997年施行的《票据管理实施办法》《银行账户管理办法》等。

2.2.2 票据的一般规定

1. 票据权利

1) 票据权利的概念和种类

票据权利,是指持票人向票据债务人请求支付票据金额的权利,包括付款请求权和追索权。

付款请求权是持票人的基本权利,也称票据的第一次权利或主票据权利,是向票据的主债务人行使的。就汇票而言,票据的主债务人是指汇票的付款人或承兑人及其保证人;就本票而言,票据的主债务人是指本票出票人及其保证人;就支票而言,票据的主债务人是指支票的付款人、承兑人等。票据主债务人对票据负有绝对的付款责任。

追索权是持票人在行使了票据的第一次权利后遭到拒绝承兑或拒绝付款时,向其前手请求支付票据金额的权利,也称第二次请求权。《票据法》第六十一条规定,持票人可以对出票人、背书人、保证人、承兑人等行使追索权,持票人可向其中的任何一人、数人或全体主张权利。被追索人清偿债务后,即与持票人享有同等的权利,即具有再追索权。

2) 票据权利的取得

票据权利的取得有两种方式:一是因票据的创设而取得票据的权利,即原始取得;二是由于票据的转让或继承、合并等法定原因而取得票据的权利,即继受取得。

依据持票人取得票据时的主观意思不同,票据权利也可分为善意取得和恶意取得。善意取得,是指在善意或无重大过失的情况下,依法律规定的转让方法,支付对价后取得的票据权利。恶意取得,是指明知或应当知道票据转让人无处分票据的权利,仍接受转让取得的票据权利。善意取得票据的受让人可取得票据上的一切权利,即使票据让与人的票据权利有瑕疵,也不影响善意取得票据者享有权利。恶意取得票据的人不得享有票据上的权利,债务人可以拒绝付款(但要负举证责任)。持票人遭到拒付后,责任自负。

3) 票据权利的行使、保全与补救

(1) 票据权利的行使。

票据权利的行使,是指持票人请求票据的付款人支付票据金额的行为。不同的票据种类,其权利的行使有不同的程序,包括票据的提示承兑、提示付款、行使追索权等程序。

① 提示承兑。提示承兑是指持票人向付款人出示汇票,并要求付款人承诺付款的行为。对于定日付款的汇票,持票人要行使票据权利时,首先要在汇票到期日前向付款人提示承兑;对于见票后定期付款的汇票,持票人应当自出票日起1个月内向付款人提示承兑,这是远期汇票持票人行使票据权利的一个必经程序。

② 提示付款。提示付款是指持票人在法定期限内向付款人请求付款的行为。具体包括以下几种行为:支票自出票日起10日内向付款人提示付款;本票自出票日起两月内向

付款人提示付款；银行汇票，自出票日起1个月内向付款人提示付款；定日付款、出票后定期付款或者见票后定期付款的商业汇票，自到期日起10天内向承兑人提示付款。

③ 行使追索权。票据到期被拒绝承兑或被拒绝付款的，持票人可以对背书人、出票人以及票据的其他债务人行使追索权，即对于承兑人或付款人死亡、逃匿的，承兑人或付款人被依法宣告破产的及因违法被责令终止业务活动的情形，持票人可行使相应的权利。

(2) 票据权利的保全。

票据权利的保全，是指持票人为了防止票据权利的丧失而向付款人进行票据提示，要求付款人提供拒绝承兑或拒绝付款的证明等行为。票据提示包括提示承兑和提示付款，以及要求付款人提供拒绝承兑或拒绝付款证明的行为，这些行为均是持票人请求保全自己的票据权利的行为。

(3) 票据权利的补救。

票据丧失，是指票据因灭失、遗失、被盗等原因而使票据权利人脱离其对票据的占有。票据一旦丧失，票据的债权人不通过一定方法就不能阻止债务人向拾获者付款，从而造成正当票据权利人经济上的损失。因此，失票人需要进行票据丧失的补救。票据丧失后，失票人可以采取挂失止付、公示催告、普通诉讼三种形式进行补救。

① 挂失止付，是指失票人将丧失票据的情况通知付款人或代理付款人，由接受通知的付款人或代理付款人审查后暂停支付的一种方式。只有确定付款人或代理付款人的票据丧失时，失票人才可以进行挂失止付。挂失止付并不是票据丧失采取的必需措施，而只是一种暂时的预防措施，票据丧失最终要通过申请公示催告或提起普通诉讼等方式进行补救。

② 公示催告，是指在票据丧失后由失票人向人民法院提出申请，请求人民法院以公告方式通知不确定的利害关系人限期申报权利。逾期未申报者，则权利失效，而由法院通过除权判决宣告所丧失的票据无效的一种制度或程序。根据《票据法》的规定，失票人应当在通知挂失止付后的3日内，也可以在票据丧失后，依法向票据支付地人民法院申请公示催告，申请公示催告的主体必须是可以背书转让的票据的最后持票人。

③ 普通诉讼，是指丧失票据的人为原告，以承兑人或出票人为被告，请求法院判决其向失票人付款的诉讼活动。如果与票据上的权利有利害关系的人是明确的，无须公示催告，可按一般的票据纠纷向法院提起诉讼。

经典例题

【例2-7】法院受理公示催告后，应当立即通知支付人停止支付，并在通知后的( )日内发出公告。

A. 1　　　　　B. 3　　　　　C. 30　　　　　D. 60

【答案】B

【解析】根据《票据法》的规定，失票人应当在通知挂失止付后的3日内，也可以在票据丧失后，依法向票据支付地人民法院申请公示催告。

4) 票据权利的消灭

票据权利的消灭有两种情况：一是付款票据权利的消灭，即为票据债务人履行了票据债务，票据权利随之消灭；二是时效票据权利的消灭。

票据权利在下列期限内不能行使而消灭：持票人对见票即付的汇票、本票的权利，自出票日起2年；持票人对支票出票人的权利，自出票日起6个月；持票人对前手的追索权，自被拒绝承兑或者被拒绝付款之日起6个月；持票人对前手的再追索权，自清偿日或者被提起诉讼之日起3个月。票据的出票日、到期日由票据当事人依法确定。

5) 票据抗辩

票据抗辩，是指票据债务人根据《票据法》的规定，对票据债权人拒绝履行义务的行为。票据债务人可以在下列情况下对持票人行使抗辩权：持票人与票据债务人有直接债权债务关系并且不履行约定义务的；持票人以欺诈、偷盗或者胁迫等非法手段取得票据，或者明知有前列情形，出于恶意取得票据的；持票人明知票据债务人与出票人或者持票人的前手之间存在抗辩事由而取得票据的；因重大过失取得票据的；其他依法不得享有票据权利的。

6) 票据的伪造、变造

票据的伪造是指假借他人名义进行签章和书写其他记载事项的行为。票据的变造是指用技术上的手段改变票据上已经记载的内容，从而影响票据的权利义务关系的行为。

根据《票据法》的规定，票据上有伪造、变造签章的，不影响票据上其他真实签章的效力。票据上其他记载事项被变造的，在变造之前签章的人，对原记载事项负责；在变造之后签章的，对变造之后的记载事项负责；不能辨认是在票据被变造之前或者之后签章的，视同在变造之前签章。

7) 票据责任

所谓票据责任，是指票据债务人向持票人支付票据金额的义务。

票据责任的承担如下：①汇票承兑人因承兑而承担票据责任(付款责任)；②本票出票人因出票而自己承担付款责任；③支票付款人在与出票有资金关系时承担付款责任；④背书人，汇票、支票的出票人、保证人，在票据不获得承兑或不获付款时承担付款清偿责任。

经典例题

【例2-8】下列关于票据权利的说法中，正确的是(　　)。

A. 票据权利包括付款请求权和追索权

B. 付款请求权是第一顺序请求权

C. 追索权是第二顺序请求权

D. 追索权的行使应当后于持票人被拒绝承兑

【答案】ABCD

【解析】票据权利包括付款请求权和追索权。付款请求权是第一顺位请求权，追索权是第二顺位请求权。当持票人被拒绝承兑时，持票人行使追索权。

案例分析2-5

A公司以30万元的价格向B公司订购一台机床，根据合同约定，A公司以银行承兑汇票支付价款。2019年3月1日，A公司签发一张以B公司为收款人，金额为30万元的银行承兑汇票(承兑银行已经签章)，到期日为2019年9月1日。A公司将该汇票交给采购经理甲，拟由其带到B公司交票提货。

甲获取汇票后，利用其私自留存的空白汇票和私刻的A公司和承兑银行的公章及其各自授权代理人的公章，按照A公司所签发汇票的内容进行复制。3月20日，甲将其复制的汇票交付B公司，提走机床并占为己有。4月10日，甲将汇票原件交回A公司，声称B公司因机床断货要求解除合同。

3月23日，B公司为向C公司购买原料，将甲交付的汇票背书转让给C公司。6月1日，C公司因急需现金，将该汇票背书转让给D公司，D公司则向C公司支付现金29万元。

7月1日，D公司为支付厂房租金，将该汇票背书转让给E公司。9月5日，E公司向汇票承兑银行提示付款时，被告知，该汇票是伪造票据，原票据已经于4月15日由出票人A公司交还该行并予以作废，该行对此伪造票据不承担票据责任，银行将该汇票退还E公司，并出具了退票理由书。

【问题】

(1) E公司是否有权向A公司追索？为什么？

(2) D公司是否取得了票据权利？为什么？

(3) E公司是否有权向甲追索？为什么？

(4) E公司是否有权向B公司追索？为什么？

【解析】

(1) E公司无权向A公司追索。在假冒他人名义的情形下，被伪造人A公司，不承担票据责任。

(2) D公司取得了票据权利。根据规定，基于票据行为的无因性，不具有真实的交易关系和债权债务关系而为的票据行为，票据行为的效力并不因此而受影响。在本题中，C公司向D公司的背书行为有效，D公司取得了票据权利。

(3) E公司无权向甲追索。根据规定，由于伪造人(甲)没有以自己的名义在票据上签章，因此不承担票据责任。

(4) E公司有权向B公司追索。根据规定，票据上有伪造签章的，不影响票据上其他真实签章的效力。在票据上真正签章的当事人(B公司)，仍应对被伪造的票据的权利人承担票据责任，票据债权人在提示承兑、提示付款或者行使追索权时，在票据上真正签章人不能以伪造为由进行抗辩。

资料来源：注册会计师真题.

2. 票据行为

《票据法》规定，票据行为是指票据当事人以发生票据债务为目的、以在票据上签名或盖章为权利与义务成立要件的法律行为，包括出票、背书、承兑和保证四种。汇票的票据行为包括上述四种行为；本票的票据行为包括出票、背书、保证行为三种行为；支票则只有出票和背书两种行为。

1) 票据行为的构成要件

(1) 票据行为的实质要件。

票据行为的实质要件，是指票据当事人须符合法律上规定的票据权利能力、行为能力和基于事实情况所进行的真实意思表示。

《票据法》规定，无民事行为能力人或者限制民事行为能力人在票据上签章的，其签章无效，但是不影响其他签章的效力。

(2) 票据行为的形式要件。

票据行为的形式要件包括签章、票据的记载事项等形式：

① 签章。《票据法》第四条规定："票据出票人制作票据，应当按照法定条件在票据上签章。"第七条规定："票据上的签章，为签名、盖章或者签名加盖章。法人和其他使用票据的单位在票据上的签章，为该法人或者该单位的盖章加其法定代表人或者其授权的代理人的签章。票据上的签名，应当为该当事人的本名。"

② 票据的记载事项。票据的记载事项分为绝对记载事项、相对记载事项、任意记载事项三种。

绝对记载事项是指《票据法》规定必须记载的事项。如果票据上没有记载这些事项，例如票据金额、出票日期、出票人、收款人等票据无效。如无民事行为能力人或者限制民事行为能力人在票据上签章的，其签章无效，但是不影响其他签章的效力。《票据法》第八条规定："票据金额以中文大写和数码同时记载，两者必须一致，两者不一致的，票据无效。"《票据法》第九条规定："票据上的记载事项必须符合本法的规定。票据金额、日期、收款人名称不得更改，更改的票据无效。"相对记载事项是指某些应该记载而未记载，适用法律的有关规定而不使票据失效的事项。例如汇票上未记载付款日期的，即为见票即付等。任意记载事项是指《票据法》规定当事人可任意记载的事项，包括发生法律效力的记载事项与不发生法律效力的记载事项两种。例如汇票的出票人可以在票据上记载"不得转让"字样，就属于发生法律效力的记载事项；保证人在票据上附加条件，就属于不发生法律效力的记载事项。

2) 票据行为的种类

(1) 出票。出票是指出票人签发票据并将其交付给收款人的票据行为。出票包括两个行为：一是出票人依照《票据法》的规定制作票据，即在原始票据上记载法定事项并签章；二是交付票据，即将制作的票据交付给他人占有。

(2) 背书。背书是指在票据背面或者粘单上记载有关事项并签章的票据行为，包括将票据权利转让背书和非转让背书。转让背书是以持票人将票据权利转让给他人为目的；非转让背书是持票人将一定的票据权利授予他人行使，包括委托收款背书和质押背书。无论哪种背书，都应当记载背书事项并交付票据。

委托收款背书是委托他人代替自己行使票据权利、收取票据金额的背书。被背书人有权代背书人行使被委托的票据权利，但是被背书人不得再以背书转让票据权利。

质押背书是以设定质权、提供债务担保为目的而进行的背书。被背书人依法实现其质权时，可以行使票据权利。在质押背书中，背书人为出质人，被背书人为质权人。

以背书转让的汇票，背书应当连续；背书不得附有条件。背书时附有条件的，所附条件不具有汇票上的效力；汇票被拒绝承兑、被拒绝付款或者超过付款提示期限的，不得背书转让；背书转让的，背书人应当承担汇票责任。

(3) 承兑。承兑仅适用于商业汇票，是指汇票付款人承诺在汇票到期日支付汇票金额并签章的行为。见票即付的汇票无须提示承兑。付款人承兑汇票，不得附有条件；承兑附有条件的，视为拒绝承兑；付款人承兑汇票后，应当承担到期付款的责任。

(4) 保证。保证是指票据债务人以外的人，为担保特定债务人履行票据债务而在票据上记载有关事项并签章的行为。保证人对合法取得票据的持票人所享有的票据权利承担保证责任。保证不得附有条件；附有条件的，不影响对汇票的保证责任。被保证的票据，保证人应当与被保证人对持票人承担连带责任。保证人为两人以上的，保证人之间承担连带责任。票据到期后得不到付款的，持票人有权向保证人请求付款，保证人应当足额付款。保证人清偿票据债务后，可以行使持票人对被保证人及其前手的追索权。

3) 行为的代理

《票据法》第五条规定："票据当事人可以委托其代理人在票据上签章，并应当在票据上表明其代理关系。没有代理权而以代理人名义在票据上签章的，应当由签章人承担票据责任；代理人超越代理权限的，应当就其超越权限的部分承担票据责任。"《票据法》第七条规定："法人和其他使用票据的单位在票据上的签章，为该法人或者该单位的盖章加其法定代表人或者其授权的代理人的签章。"

经典例题

【例2-9】根据《票据法》的规定，下列关于票据行为的说法中，错误的是（　　）。

A. 出票是指出票人依照法定款式做成票据并交付于收款人的行为

B. 背书转让是持票人的票据行为，只有持票人才能进行票据的背书

C. 承兑为汇票所独有

D. 票据保证适用于汇票、本票和支票

【答案】D

【解析】票据保证适用于汇票和本票，不适用于支票。

2.2.3 汇票、本票和支票

1. 汇票

1) 汇票的概念和种类

汇票是出票人签发的，委托付款人在见票时或者在指定日期无条件支付确定的金额给收款人或者持票人的票据。

汇票根据不同的标准可以划分为不同的种类。根据出票人的不同，汇票可以分为银行汇票和商业汇票(商业汇票又可分为商业承兑汇票和银行承兑汇票)；按照付款的时间，汇票可以分为即期汇票和远期汇票(远期汇票又可分为定期付款汇票、出票日后定期付款汇票和见票后定期付款汇票三种)；按照有无附属单据，汇票可分为跟单汇票和光单汇票；按照是否记载收款人名号，汇票可分为记名汇票和无记名汇票；按照流通区域不同，汇票可分为国内汇票和国外汇票等。

《票据法》第十九条第二款规定："汇票分为银行汇票和商业汇票。"可见，我国根据出票人的不同来划分汇票种类。

由银行签发的汇票为银行汇票，由银行以外的企业、单位等签发的汇票为商业汇票。汇票的出票人必须与付款人具有真实的委托付款关系，并且具有支付汇票金额的可靠资金来源。不得签发无对价的汇票用以骗取银行或者其他票据当事人的资金。

2) 办理汇票的程序

(1) 办理银行汇票的程序。

银行汇票是出票银行签发的，由其在见票时按照实际结算金额无条件支付给收款人或者持票人的票据。银行汇票的基本当事人只有两个，即出票银行和收款人，银行既是出票人，又是付款人。银行汇票可以用于转账，填明"现金"字样的银行汇票也可以用于支取现金。单位和个人在同城、异地或统一票据交换区域的各种款项结算，均可使用银行汇票。

办理银行汇票的程序如下所述。

① 申请。申请人使用银行汇票，应向出票银行填写"银行汇票申请书"，填明收款人名称、汇票金额、申请人名称、申请日期等事项并签章，签章为其预留银行的签章。

② 签发并交付。出票银行受理银行汇票申请书，收妥款项后签发银行汇票。签发银行汇票必须记载法定事项。欠缺记载法定事项之一的，银行汇票无效。

③ 流通转让。申请人应将银行汇票和解讫通知一并交付给汇票上记名的收款人。

收款人收到申请人交付的银行汇票后,应在出票金额以内,根据实际需要的款项办理结算,并将实际结算金额和多余金额准确、清晰地填入银行汇票和解讫通知的有关栏内。银行汇票的实际结算金额低于出票金额的,其多余金额由出票银行退交申请人。收款人可以将银行汇票背书转让给被背书人。银行汇票的背书转让以不超过出票金额的实际结算金额为准。

④ 提示付款。银行汇票的提示付款期为自出票日起1个月。持票人超过提示付款期限提示付款的,代理付款人不予受理。持票人向银行提示付款时,必须同时提交银行汇票和解讫通知。

⑤ 银行汇票退款和丧失。申请人因银行汇票超过付款提示期限或其他原因要求退款时,应将银行汇票和解讫通知同时提交到出票银行。申请人为单位的,应出具该单位的证明;申请人为个人的,应出具本人的身份证件。申请人缺少解讫通知要求退款的,出票银行应于银行汇票提示付款期满1个月办理。银行汇票丧失,失票人可以凭人民法院出具的其享有票据权利的证明,向出票银行请求付款或退款。

(2) 办理商业汇票的程序。

商业汇票是出票人签发的,委托付款人在指定日期无条件支付确定的金额给收款人或者持票人的票据。商业汇票一般有三个当事人,即出票人、付款人和收款人。

按照承兑人的不同,商业汇票分为商业承兑汇票和银行承兑汇票。商业承兑汇票是指出票人签发汇票后,付款人(企业法人或购货人)在汇票上签章,表示承诺到期付款的汇票。银行承兑汇票是指出票人开出汇票后,应出票人的请求,银行在汇票上签章,表示承诺到期付款的汇票,汇票一经银行承兑,银行就以自己的信用对收款人或持票人做出了付款保证。

办理商业汇票的程序如下所述。

① 签发商业汇票必须记载法定事项。商业承兑汇票可以由付款人签发并承兑,也可以由收款人在出票后先使用,再向付款人签发,交由付款人承兑。银行承兑汇票应由承兑银行开立存款账户的存款人签发。商业汇票签发后应交付交易当事人。

② 承兑。商业汇票提示承兑是指持票人向付款人出示汇票,并要求付款人承诺付款的行为。定日付款或者出票后定期付款的商业汇票,持票人应当在汇票到期日前向付款人提示承兑。见票后定期付款的汇票,持票人应当自出票日起1个月内向付款人提示承兑。

商业汇票的付款人接到出票人或持票人向其提示承兑的汇票时,应当向出票人或持票人签发收到汇票的回单,记明汇票提示承兑日期并签章。付款人应当在自收到提示承兑的汇票之日起3日内承兑或者拒绝承兑。付款人拒绝承兑的,必须出具拒绝承兑的证明。付款人承兑汇票后,应当承担到期付款的责任。

银行承兑汇票的出票人或持票人向银行提示承兑时,银行信贷部门负责按照有关规定和审批程序,对出票人的资格、资信、购销合同和汇票记载的内容进行认真审查,必要时可由出票人提供担保。对于符合规定和承兑条件的汇票,银行信贷部门要与出票人签订承兑协议。

③ 提示付款。商业汇票的提示付款期限为自汇票到期日起10日内。持票人应在提示付款期限内通过开户银行委托收款或直接向付款人提示付款。持票人未按规定期限提示付款的，在做出说明后，承兑人或者付款人仍应当继续对持票人承担付款责任。商业汇票的付款期限最长不得超过6个月。

④ 付款。付款分为商业承兑汇票的付款和银行承兑汇票的付款两种。

商业承兑汇票的付款人开户银行收到通过委托收款寄来的商业承兑汇票，将商业承兑汇票留存，并及时通知付款人。付款人收到开户银行的付款通知，应该在当日通知银行付款。付款人在接到通知日的次日起3日内(遇法定节假日顺延，下同)未通知银行付款的，视同付款人承诺付款。付款人提前收到由其承兑的商业汇票，应通知银行于汇票到期日付款。银行应于汇票到期日将票款划给持票人。付款人存在合法抗辩事由拒绝支付的，应自接到通知日的次日起3日内，做成拒绝付款证明送交开户银行，银行将拒绝付款证明和商业承兑汇票邮寄持票人开户银行转交持票人。

银行承兑汇票的出票人应于汇票到期前将票款足额交存其开户银行。承兑银行应在汇票到期日或到期日后的见票当日支付票款。承兑银行存在合法抗辩事由拒绝支付的，应自见票日的次日起3日内，做成拒绝付款证明，连同银行承兑汇票邮寄持票人开户银行转交持票人。

⑤ 商业汇票贴现 商业汇票贴现是指票据持票人在票据未到期之前为获得现金向银行贴付一定利息而发生的票据转让行为。商业汇票贴现后，贴现银行获得票据的所有权。

a. 贴现条件。商业汇票的持票人向银行办理贴现必须具备下列条件：在银行开立存款账户的企业法人以及其他组织；与出票人或者直接前手之间具有真实的商品交易关系；提供与其直接前手之间的增值税发票和商品发运单据复印件。

b. 贴现利息的计算。贴现的期限从贴现之日起至汇票到期日止，实付贴现金额按票面金额扣除贴现日至汇票到期前一日的利息计算。承兑人在异地的，贴现的期限以及贴现利率的计算应另加3天的划款日期。

c. 贴现的收款。贴现到期，贴现银行应向付款人收取票款。不获付款的，贴现银行应向其前手追索票款。贴现银行追索票款时可从申请人的存款账户收取票款。

2. 本票

1) 本票的概念、种类和使用范围

本票是出票人签发的，承诺自己在见票时无条件支付确定的金额给收款人或者持票人的票据。本票是出票人约定自己付款的一种自付票据，票据到期前无须进行承兑。

我国使用的本票仅限于银行本票，且为记名式本票和即期本票，是申请人将款项交存银行，由银行签发给申请人凭以办理同一票据交换区域内转账或支取现金的票据。

2) 办理银行本票的程序

(1) 申请。申请人使用银行本票，应向银行填写本票申请书。

(2) 签发并交付。出票银行受理银行本票申请书，收妥款项后签发银行本票。出票银行在银行本票上签章后交给申请人。本票的出票人必须具有支付本票金额的可靠资金来源,并保证支付。

《票据法》第七十五条规定:"本票必须记载下列事项:表明'本票'的字样;无条件支付的承诺;确定的金额;收款人名称;出票日期;出票人签章。本票上未记载前款规定事项之一的,本票无效。"

《票据法》第七十六条规定:"本票上未记载付款地的,出票人的营业场所为付款地。本票上未记载出票地的,出票人的营业场所为出票地。"

(3) 流通转让。出票人应将银行本票交付给本票上记明的收款人。收款人可以将银行本票背书转让给被背书人。

(4) 提示付款。银行本票的提示付款期限自出票日起最长不得超过2个月。本票的持票人未按照规定期限提示见票的,丧失对出票人以外的前手的追索权。

汇票关于出票、背书、保证、付款及追索权等有关规定,除法律另有规定的,均适用于本票。

3. 支票

1) 支票的概念、种类和使用范围

支票是出票人签发的,委托办理支票存款业务的银行或者其他金融机构在见票时无条件支付确定的金额给收款人或者持票人的票据。支票为见票即付。《票据法》按照支付票款方式,将支票分为现金支票和转账支票。单位和个人在同一支票交换区域的各种款项结算,均可以使用支票。

2) 办理支票的程序

(1) 签发。签发支票必须记载下列事项:表明"支票"的字样;无条件支付的委托;确定的金额;付款人名称;出票日期;出票人签章。支票的付款人为支票上记载的出票人开户银行。支票的金额、收款人名称,可以由出票人授权补记,支票未补记前不得背书转让和提示付款。支票上未记载付款地的,付款人的营业场所为付款地。支票上未记载出票地的,出票人的营业场所、住所或者经常居住地为出票地。出票人可以在支票上记载自己为收款人。支票的出票人签发支票的金额不得超过付款时付款人处实有的存款金额。

出票人为单位的,支票上的出票人的签章要与该单位在银行预留的财务专用公章或者盖章一致。支票的出票人预留银行签章是银行审核支票付款的依据。出票人不得签发与其预留银行签章不符的支票。

(2) 提示付款。支票的提示付款期限为自出票日期起10日;异地使用的支票,其提示付款的期限由中国人民银行另行规定。持票人可以委托开户银行收款或直接向付款人提示付款。用于支取现金的支票仅限于收款人向付款人提示付款。

(3) 付款。出票人必须按照签发的支票金额承担保证向该持票人付款的责任。出票人在付款人处的存款足以支付支票金额时,付款人应当在见票当日足额付款。

支票的其他行为,诸如背书、付款行为和追索权的行使,除支票的规定外,适用《票据法》中有关汇票的规定。

《票据法》第八十四条规定:"支票必须记载下列事项:表明'支票'的字样;无条件支付的委托;确定的金额;付款人名称;出票日期;出票人签章。支票上未记载前款规定事项之一的,支票无效。"

案例分析2-6

A公司为支付向B公司购买的钢材货款,向B公司签发了一张以甲银行为承兑人,金额为100万元的银行承兑汇票,甲银行作为承兑人在汇票上签章。B公司收到汇票后背书转让给C公司,用于偿还所欠租金。C公司为履行向D中学捐资助学的承诺,将该汇票背书转让给D中学,并在汇票上注明"不得转让"字样。D中学将该汇票背书转让给F公司,用于偿付工程款,应F公司的要求,D中学请E公司出具了担保函,承诺就D中学对F公司的票据债务承担保证责任,但未在票据上做任何记载。

A公司收到钢材后,发现存在重大质量瑕疵,完全不符合买卖合同约定及行业通行标准,无法使用。

F公司于汇票到期日向甲银行提示付款,甲银行以A公司未在该行存入足够资金为由拒付。F公司遂向A、B、C、E公司追索,A公司称,因钢材存在重大质量瑕疵,B公司构成根本违约,已向B公司主张解除合同,退还货款,故不应承担任何票据责任,C公司以汇票上记载有"不得转让"字样为由拒绝承担票据责任。

【问题】
(1) 甲银行拒绝向F公司付款的理由是否成立?并说明理由。
(2) A公司拒绝向F公司承担票据责任的理由是否成立?并说明理由。
(3) C公司拒绝向F公司承担票据责任的理由是否成立?并说明理由。
(4) E公司应否承担票据保证责任?并说明理由。

【解析】
(1) 甲银行拒绝付款的理由不成立。根据规定,承兑人不得以其与出票人之间的资金关系来对抗持票人,拒绝支付汇票金额。
(2) A公司拒绝向F公司承担票据责任的理由不成立。根据法律规定,票据债务人不得以自己与持票人的前手之间的抗辩事由对抗持票人,但持票人明知存在抗辩事由而取得票据的除外。
(3) C公司拒绝向F公司承担票据责任的理由成立。根据规定,背书人在汇票上记载"不得转让"字样,其后手再背书转让的,原背书人C公司对后手的被背书人F公司不承担担保责任。
(4) E公司不承担票据保证责任。根据法律规定,保证人未在票据或者粘单上记载"保证"字样而另行签订保证合同或者保证条款的,不属于票据保证。

资料来源:2018年注册会计师真题.

2.3 信托法律基本制度

2.3.1 信托概述

1. 信托的概念

为了防止遗产被挥霍、侵占，减少遗产纠纷，有的人采用遗产信托基金解决遗产问题，这样既可以传承财富，还可以保障收益。信托，即"信任委托"之义，是指委托人基于对受托人的信任，将其财产转移给受托人，受托人按照委托人的意愿以自己的名义，为受益人的利益或特定目的，管理或处分财产的关系。"受人之托，代人理财"是对信托本质内涵的高度概括。

2. 信托的特征

信托作为一种财产转移和管理制度，与其他财产管理制度不同，具有如下几点法律特征。

1) 信托以信任为基础，以委托为依据

信托行为涉及三方当事人，即委托人、受托人和受益人。三方共同形成了信托行为的信用关系。委托人基于对受托人的人品与能力的充分信任，将信托财产转移给受托人管理或处理。受托人通过自身的信托业务活动满足委托人的要求，使受益人获益。受益人是依据这种信托关系得到实际利益的人。委托人必须以信托合同对受托人进行委托，受托人接受委托，信托才可以成立。

2) 信托财产上的所有权与利益相分离

信托财产由委托人转移给受托人后，一方面，受托人享有信托财产法律上、形式上的所有权，可以管理和处分信托财产；但另一方面，受托人的这种所有权又是不完整的，受托人不享有收益权，即受托人必须将信托财产的收益交给受益人。所有权与利益相分离，正是信托区别于类似财产管理制度的根本特质。

3) 信托财产的独立性

信托一旦有效设立，信托财产即从信托当事人的自有财产中分离出来，成为一项仅服从于信托目的的独立运作的财产。就委托人而言，一旦将财产交付信托，即丧失对该财产的所有权，如果委托人破产，已设立信托的财产，也不能加入到破产财产中，其债权人只能分配委托人在信托财产之外的其他财产。就受托人而言，受托人虽然取得了信托财产的所有权，但由于他不能对信托财产享受因行使所有权而带来的利益，所以受托人所承受的各种信托财产必须独立于其固有财产。受托人在管理和处分信托财产时，必须将信托财产与其自有财产区分开来，实行分别管理，分别造册；如果受托人破产，信托财产也不能加入破产财产；信托财产也不能成为强制执行的对象。就受益人而言，受益人虽然享有受益权，但这只是一种信托利益的请求权，在信托法律关系存续期间，受益人并不享有信托财产的所有权。

4) 信托责任的有限性

信托责任的有限性源于信托财产的独立性。在信托中,只要受托人在处理信托事务过程中没有违背信托目的和管理职责,即使未能取得信托利益或造成了信托财产的损失,也不负有个人财产偿还责任。受托人因处理信托事物所支出的费用以及对第三人所负的债务,都只以信托财产为限负有限清偿责任。法律上之所以做出这些安排,是为了防止受托人因其履行职责而受到无谓损害,充分发挥信托的社会机能。

5) 信托管理的连续性

信托是一种具有长期性和稳定性的财产管理制度。信托不因受托人的欠缺而影响其成立。已成立的信托也不因受托人的更迭而影响其存续,即信托设立后,受托人因死亡、丧失行为能力、解散、破产等不得已事由而终止其职务时,信托关系也不因此而当然消灭。在公益信托中还适用"类似原则",即当公益信托所指定公益目的不能实现或实现已无意义时,公益信托并不终止,有关机关将使信托财产运用于与初始信托"尽可能类似"的其他一些公益目的上,从而使公益信托继续存在。

3. 信托的分类

信托具有广泛的适用性,根据不同的标准,信托可以分为不同的种类。

1) 根据受托人身份的不同,我们将信托分为商事信托和民事信托

商事信托是指受托人专门经营信托业务的信托。目前,各国由信托公司为受托人的各种贷款信托、投资信托、有价证券信托等均属于商业信托。商事信托以营利为目的。

民事信托是由除商业受托人以外的主体担任受托人的信托。目前在社会生活中常见的由自然人或者除信托公司以外的法人或非法人团体担任受托人的各种私益信托,均属于民事信托。民事信托不以营利为目的。

2) 根据信托设立的目的,我们将信托分为公益信托和私益信托

公益信托是指以公共利益为目的的信托。这类信托其受益者为不特定的多数,并且公益信托的受托人必须经主管机关许可。这类信托目前已广泛存在于各国,且种类越来越多。

私益信托是指出于私益目的,即为信托人所指定的特定的某人的利益而设立的信托。目前,各国的商事信托,以及采用英美系的国家中常见的民事信托,都属于私益信托。

3) 根据设立信托行为的不同标准,我们将信托分为设定信托和法定信托

设定信托是指由信托人通过民事法律行为而设立的信托。例如信托人通过遗嘱、契约或者其他民事法律行为而设立的信托,均属于此类信托。

法定信托是指依据法律的直接规定而产生的信托。这类信托一般存在于某些关于财产的特别法之中。在这类信托中,受托人身份由法律直接赋予,与信托的其他关系人或有关国家机关的意志无关。这种信托在各国信托中占有比例很小。

4) 根据受益人的不同,我们将信托分为自益信托和他益信托

自益信托是指由信托人本人为受益人,享受信托利益的信托。目前,各国的商事信托中有许多是自益信托。在这类信托中,信托人与受益人为同一人。

他益信托是指信托人以外的人享受信托利益的信托。所有的公益信托,以及由信托

人通过遗嘱而设立的信托都是他益信托。在这种信托中，信托人与受益人为不同的人。

5) 根据设立信托的行为不同，我们将信托分为契约信托和遗嘱信托

信托的设立是按照契约进行的，叫作契约信托，也称生前信托。契约信托在信托成立时即发生法律效力。

信托的设立是按照遗嘱进行的，叫作遗嘱信托，也称死后信托。这类信托由信托人生前设立，却在其死亡时才发生法律效力。这种信托只能是他益信托。

6) 根据信托产生的方式不同，我们将信托分为明示信托和默示信托

明示信托是指由当事人通过明确的意思表示而设立的信托，如通过合同、遗嘱等设立的信托。

默示信托是指委托人虽未明确表示，但可因其行为推定其具有信托的意图，由此而成立的信托。默示信托只存在于英、美、法三个国家中。

2.3.2 信托法概述

信托法是调整信托关系的法律规范的总称。信托业在我国刚刚兴起时，关于信托方面的立法很不完善。最初，调整信托关系的法律规范主要是《金融信托投资机构管理暂行规定》《金融信托投资机构资金管理暂行办法》等行政规章。但这些立法内容陈旧，远远不能适应我国社会主义市场经济发展的需要，不能适应我国金融信托业发展和金融体制改革深化的需要。因此，2001年4月28日，第九届全国人民代表大会常务委员会第二十一次会议通过了《中华人民共和国信托法》(以下简称《信托法》)并于2001年10月1日起开始施行。这是我国第一部调整信托基本关系的法律；它使我国信托关系的确立和信托行为的进行第一次有了明确的法律标准，这有利于建立规范的信托制度，有利于保护信托当事人权益，有利于促进信托业的健康发展；它也为制定其他相关法律法规提供了法律依据。

2.3.3 信托法律关系的构成要素

信托法律关系是由信托法调整的，在信托当事人之间形成的，以信托财产为中心的权利义务关系。信托法律关系由主体、客体和内容三部分构成。

1. 信托法律关系的主体

信托关系的主体是从事信托行为的当事人，包括委托人、受托人和受益人。委托人将财产委托转移给受托人，受托人取得财产并承诺为信托目的进行管理处分，受益人享受信托财产的利益。

1) 委托人

委托人是通过信托将自己财产转移给受托人管理或处分，并让受托人将信托收益交付自己或指定的其他受益人，从而导致信托关系产生的人。信托关系是一种以信托财

产为中心的法律关系,委托人是以其合法所有的财产设立信托的人,是信托财产的提供人。没有委托人,就没有信托财产,更不可能设立信托关系。所以,委托人是以信托财产提供人的身份在信托关系中确立其法律地位的。

我国《信托法》规定,委托人应当是具有完全民事行为能力的自然人、法人或依法成立的其他组织。委托人一般应具备以下三个条件:一是具有完全民事行为能力;二是拥有一定数量的财产;三是资产负债状况良好。

2) 受托人

受托人是接受委托人的委托,依照信托目的为受益人的利益对信托财产进行管理和处分的人。受托人是在信托关系中不可缺少的、最重要的当事人,处于掌握、管理和处分信托财产的核心地位。

受托人的产生取决于委托人的信赖程度,由委托人自主选择。我国《信托法》第二十四条规定:"受托人应当是具有完全民事行为能力的自然人、法人。法律、行政法规对委托人的条件另有规定的,从其规定。"

3) 受益人

受益人是在信托关系中享受利益的人,是信托当事人之一。受益人可以是一人,也可以是数人;可以是自然人,也可以是法人,还可以是非法人组织;可以是委托人自己,也可以是委托人之外的第三人;可以具有行为能力,也可以不具有行为能力。

2. 信托法律关系的客体

信托法律关系的客体是指信托法律关系主体的权利义务所共同指向的对象,也即借以产生信托法律关系的信托财产。所谓信托财产,是指委托人通过信托行为转移给受托人,并由受托人按照一定的信托目的进行管理和处理的财产。

信托财产的范围非常广泛。一般来说,凡是具有金钱价值的东西,都可以作为信托财产,包括动产、不动产、物权、债权、股票和债券等有价证券、专利权、商标权、著作权等知识产权以及其他财产权。但是通常所说的人身权如名誉权、姓名权、身份权等,因不具有财产价值,故不得作为信托财产。

信托财产的法律性质比较特殊。受托人因设立信托而取得信托财产的所有权,但这种所有权要受到受益权的限制,即信托财产所产生的利益只能由受益人享受。与此相联系,在法律地位上,信托财产又具有独立性,即信托财产独立于委托人、受托人和受益人的自有财产,受托人必须独立加以管理,而且处于委托人、受托人、受益人三方债权人的追及范围之外。

3. 信托法律关系的内容

信托法律关系的内容是信托关系人(即委托人、受托人和受益人)所享有的权利和承担的义务。

1) 委托人的权利和义务

(1) 委托人的权利。

① 知情权。委托人有权了解其信托财产的管理运用、处分及收支情况,并有权要求

受托人做出说明。委托人有权查阅、抄录或者复制与其信托财产有关的信托账目以及处理信托事务的其他文件。

② 管理方法调整权。因设立信托时未能预见的特别事由，致使信托财产的管理方法不利于实现信托目的或者不符合受益人的利益时，委托人有权要求受托人调整该信托财产的管理方法。

③ 撤销权。受托人违反信托目的处分信托财产或者因违背管理职责、处理信托事务不当致使信托财产受到损失的，委托人有权向人民法院申请撤销该处分行为，并有权要求受托人恢复信托财产的原状或者予以赔偿；该信托财产的受让人明知是违反信托目的而接受该财产的，应当予以返还或者予以赔偿。委托人的这项申请撤销权，自委托人知道或者应当知道撤销原因之日起1年内不行使的，归于消灭。

④ 解任权。受托人违反信托目的处分信托财产或者管理运用、处分信托财产有重大过失的，委托人有权依照信托文件的规定解任受托人或者向人民法院申请解任受托人。

⑤ 选任新受托人的权利。受托人职责终止的，依照信托文件规定选任新受托人；信托文件未规定的，由委托人选任新受托人。

在信托关系存续期间，前受托人的任务一旦终止，其应当由新受托人依法取代。委托人有权在新受托人的产生方面发挥能动作用。

(2) 委托人的义务。

① 确保信托财产的所有权转移给受托人的义务。

② 按照法律、信托行为的规定向受托人支付的报酬的义务。

③ 除委托人已在信托文件中声明保留权利者外，不得干预受托人的活动。

④ 当委托人为唯一受益人时，如其解除信托的时期不利于受托人，则应赔偿受托人的损失(如报酬的减少等)。

2) 受托人的权利和义务

(1) 受托人的权利。

① 管理信托财产与处理信托事务的权利。这一权利是由信托关系本身派生出来的，信托目的就是通过受托人执行信托来使受益人获益。只有当受托人享有这一权利，该人受托才有可能在执行信托的过程中切实履行法律赋予的各项义务，才有可能凭借自己的能力，使信托财产产生收益，从而实现委托人或有关国家机关设立信托的目的。

② 请求法院变更信托财产管理方法的权利。对信托财产的管理，受托人需要运用一定的管理方法。这一管理方法一经确定，一般说来不能变更。但在信托关系存续期间，有时为了有利于受益人或者有利于信托目的的实现，的确需要对这一管理方法进行变更。受托人有权在需要之时请求法院变更这一管理方法。

③ 费用及损害补偿请求权。在信托关系存续期间，要使对信托财产的管理和对信托事务的处理有效地进行，通常需要由受托人支付一定的有关费用。这种费用主要表现为因信托财产所负担的税金与管理费，正常维修信托财产所必需的费用，以及因实施信托行为中规定的各项行为所必需的费用等。在许多情况下，这种费用均由受托人用自己的

固有财产来垫付。除此之外，在信托执行的过程中，受托人有时也会非因自己的过失而遭受财产损失，或者对第三人负有债务，并且这种损失或债务又较多地体现为受托人并未取得相应利益却开支了一定的金钱，故两者也属于"有关费用"的范围。受托人对其在这一过程中垫付的前述各项有关费用，理应获得补偿。

④ 就自己的执行信托获得报酬的权利。受托人对于这一报酬权，可以通过三种途径来行使：一是直接对信托财产行使；二是对受益人行使；三是对委托人行使。究竟按其中的哪一种途径来行使这一权利，一般应当由导致受托人取得这一权利的法律或信托行为来规定。如果有关的法律或信托行为中对此并无规定，那么可以由受托人根据具体情况来选择。

⑤ 为信托行为所授予的权利。这一权利与上面提到的四项权利在性质上不同或者不完全相同：它是由委托人意定的权利。这一权利还可以在有关的信托行为中，以明文规定形式，授予受托人一定权利。这些权利既可以包括与信托财产或信托执行有关但在信托法中却并未规定的权利，还可以包括在信托行为中规定的事由出现之时变更或解除信托关系的权利以及其他有利于信托目的实现的权利等。

(2) 受托人的义务。

① 诚信、谨慎、有效管理的义务。受托人应当遵守信托文件的规定，以受益人的最大利益为目的处理信托事务。受托人管理信托财产，必须恪尽职守，履行诚实、信用、谨慎、有效管理的义务。

② 忠实义务。忠实义务是指受托人必须以受益人的利益作为处理信托业务的唯一目的，必须避免与受益人产生利益冲突的情况。在管理信托财产时，不得利用信托财产为自己谋取利益。受托人违反规定，利用信托财产为自己谋取利益的，所得利益归入信托财产。

③ 对信托财产分别管理的义务。受托人必须将信托财产与其固有财产分别管理、分别记账，并将不同委托人的信托财产分别管理、分别记账。受托人不得将信托财产转为其固有财产。受托人将信托财产转为其固有财产的，必须恢复该信托财产的原状；造成信托财产损失的，应当承担赔偿责任。

④ 不得委托他人代理的义务。信托关系以信托为基础，没有委托人或有关国家机关对受托人的信任，不可能有前两者对后者的选任或指定，有关的信托关系便不能产生。信托关系的这一特征，要求受托人对信托财产的亲自管理，对信托事务亲自处理。这就要求受托人以自己的行为来执行信托，而不得委托他人代理。但信托文件另有规定或者有不得已事由的，可以委托他人代为处理。受托人依法将信托事务委托他人代理的，应当对他人处理信托事务的行为承担责任。

⑤ 共同受托人共同行动的义务。同一信托的受托人有两个以上的，为共同受托人。共同受托人应当共同处理信托事务，但信托文件规定对某些具体事务由受托人分别处理的，从其规定。共同受托人共同处理信托事务，意见不一致时，按信托文件规定处理；信托文件未规定的，由委托人、受益人或者利害关系人决定。

⑥ 账簿制作义务、报告与保密义务。受托人必须保存处理信托事务的完整记录。受托人应当每年定期将信托财产的管理运用、处分及收支情况，报告委托人和受益人。受托人对委托人、受益人以及处理信托事务的情况和资料负有依法保密的义务。

⑦ 交付信托利益的义务。受托人以信托财产为限向受益人承担支付信托利益的义务。向受益人交付信托利益是受托人最基本的义务，这一义务是信托关系的目的所派生的，目的是要求通过受托人执行信托来使受益人受益。受托人的其他义务均服务于此义务，即信托法要求受托人履行其他各项义务均是为了在法律上创造条件，使这一义务得到切实的履行。

⑧ 信托财产恢复原状或赔偿损失的义务。受托人违反信托目的处分信托财产或者因违背管理职责、处理信托事务不致使信托财产受到损失的，负有恢复信托财产的原状或者赔偿损失的义务。

3) 受益人的权利和义务

(1) 受益人的权利。

① 信托受益权。受益人自信托生效之日起享有信托受益权，当受益人为两个以上时，为共同受益人。共同受益人按照信托文件的规定享受信托利益。信托文件对信托利益的分配比例或者分配方法未作规定的，各受益人按照均等的比例享受信托利益。

② 放弃信托受益权。受益人可以放弃信托受益权。全体受益人放弃信托受益权的，信托终止。部分受益人放弃信托受益权的，被放弃的信托受益权按下列顺序确定归属：第一，信托文件规定的人；第二，其他受益人；第三，委托人或者其继承人。

③ 享有委托人的知情权、管理方法变更权、撤销权、解任权。

受益人行使上述权利，与委托人意见不一致时，可以向人民法院申请做出裁定。

(2) 受益人的义务。

信托法在承认受益人享有权利的同时，也规定了受益人承担的义务，而且认为这种义务行为是特别有效的。其义务主要有以下两项：①依信托行为规定，给付受托人报酬；②补偿受托人在执行信托过程中垫付的有关费用。受益人承担上述两项义务，以其享有受益权为前提。

2.3.4 信托的运作

1. 信托设立

1) 信托设立的概念

所谓信托设立，是指通过一定的行为在有关当事人(委托人、受托人和受益人)之间创设的信托关系。信托设立有狭义和广义之分，狭义的信托设立仅指通过民事行为而设立信托关系，广义的信托设立既包括通过民事行为而设立信托关系，又包括通过司法行为、行政行为而设立的这种关系。我国《信托法》也设立信托关系有关的行为，主要包括民事行为、营业行为与公益行为三大类。

2) 信托设立的条件

我国《信托法》规定，设立信托应当具备以下三个条件。

(1) 设立信托，必须有合法的信托目的。

(2) 设立信托，必须有确定的信托财产，并且该财产必须是委托人合法取得并占有的财产，合法所有指的是委托人对用于设立信托的财产享有占有、使用、收益和处分的权利，其他任何人对该物不得主张权利。

(3) 设立信托，应当采取书面形式，包括信托合同、遗嘱或者法律、行政法规规定的其他书面文件。

《信托法》规定采取信托形式设立信托的，信托合同签订时，信托成立；采取其他书面形式设立信托的，受托人承诺时信托成立。

3) 信托文件的内容

我国《信托法》规定，设立信托其书面文件应当载明下列几个事项。

(1) 信托目的。信托目的是委托人将自有财产委托给受托人时确定的，是委托人想要通过受托人对该财产进行管理和处分所要实现的目标。如果没有信托目的或者信托目的不明确，就无法确定信托当事人之间的权利义务关系，信托无法成立。此外，由于信托目的决定信托当事人基本的权利义务，因此具有优先于其他信托条款的效力，如果信托目的与其他信托条款相抵触时，受托人应当首先遵从信托目的。

(2) 委托人、受托人的姓名或者名称、住址。这是对委托人和受托人基本情况要求的规定，有利于认定当事人是否具备充当委托人、受托人的主体资格，确定信托能否有效成立。同时，在信托出现问题时，这项内容有利于确定有管辖权的人民法院。

(3) 受益人或者受益人的范围。受益人是指在信托中享有信托受益权的人，通常情况下，受益人是确定的或者是可以确定的。在公益信托中，受益人为特定范围的社会公众，受益人虽然不能确定，但受益人的范围可以确定。

(4) 信托财产的范围、种类及状况。有关信托财产的条款是设立信托的书面文件中的实质性条款，设有信托财产，信托也就成立的出发点和必要性。对信托财产的范围、种类及状况等做出规定，才能确定信托财产，使其区别于委托人的其他财产，并据以确定信托受益权的内容和范围，以免发生歧义。

(5) 受益人取得信托利益的形式、方法。享有受益权是受益人的基本权利，为顺利实现这一权利，信托文件应当载明受益人取得信托利益的方式、方法，但不一定是具体的受益权数额和份额。

(6) 除前款所列事项外，可以载明信托期限、信托财产的管理方法、受托人的报酬、新受托人的选任方式、信托终止事由等事项。

4) 信托的效力

信托的效力是指已经成立的信托行为在信托当事人之间产生的法律约束力，也就是信托的法律效力。在信托法律关系中，完全符合法律规定的成立要件的信托行为，是有效的信托，能够产生信托当事人预期的法律后果。

(1) 信托不产生效力的信托的形式。

① 无效信托。无效信托是指已经成立，但违反法律、行政法规的强制性规定或者完全不符合法律规定的成立要件，自始、绝对、当然不发生信托效力的行为。根据我国《信托法》的规定，无效信托主要有以下几种情形：第一，信托目的违反法律、行政法规的强制性规定或者损害社会公共利益；第二，信托财产不能确定；第三，委托人以非法财产或者本法规定不得设立信托的财产设立信托；第四，专以诉讼或者讨债为目的设立信托；第五，受益人或者受益人范围不能确定；第六，法律、行政法规规定的其他情形。

② 可撤销信托。可撤销信托，是指信托行为虽已成立，但因欠缺信托行为的生效要件，可以因行为人撤销权的行使，使信托行为归于无效的信托行为。可撤销信托行为主要有以下两种情形。

第一，意思表示不真实的信托行为。

意思表示不真实的具体情形有三种：欺诈、胁迫和乘人之危。所谓欺诈，就是故意隐瞒真实情况或故意告知对方虚假情况，欺诈对方，诱使对方做出错误的意思表示而与之订立合同。胁迫是指行为人以将要发生的损害或者以直接实施损害相威胁，使对方当事人产生恐惧而与之订立合同。乘人之危是指行为人利用他人的危难处境或紧迫需要，为谋取不正当利益，迫使对方违背自己的真实意愿而订立的合同。一方以欺诈、胁迫的手段或者乘人之危，使对方在违背真实意思的情况下订立的信托合同，受损害方有权请求人民法院或者仲裁机构变更或者撤销。

第二，损害债权人利益的信托行为。

所谓损害债权人利益的信托，是指由于该信托的设立导致委托人对债权人的责任财产的不当减少，产生了损害债权人利益后果的信托行为。债权人为保全自己的债权，可以申请法院撤销该信托行为。我国《信托法》第十二条规定："委托人设立信托损害其债权人利益的，债权人有权申请人民法院撤销该信托。人民法院在这种情况下撤销信托的，不影响善意受益人已经取得的信托利益。"

撤销权人行使权利的意思表示必须向人民法院或者仲裁机构申请。申请权自债权人知道或者应当知道撤销事由之日起一年内不行使，或者具有撤销权的当事人知道撤销事由后明确表示或者以自己的行为表明放弃撤销权的，撤销权消灭。

(2) 信托行为被认为无效或者被撤销的法律后果。

① 返还财产。信托行为自成立至被确认无效或被撤销期间，受托人可能已经根据该信托行为取得了信托财产。信托行为被确认无效或被撤销后，受托人取得信托财产的法律根据已丧失，原物仍然存在的，委托人可行使所有物返还请求权，请求受托人返还财产。

② 赔偿损失。信托行为被确认无效或被撤销后，如果造成了损失，那么要由有过错的一方当事人向无过错的一方赔偿因过错而造成的损失。在双方都有过错的情况下，各自承担相应的责任。

③ 其他法律后果。在当事人双方恶意串通，实施的信托行为损害国家、集体、第三人利益时，追缴双方所取得的财产，收归国家、集体所有或者返还给第三人。

2. 信托变更

信托变更是指对信托行为或者导致信托关系设立的国家行为的内容进行修改或者补充。信托关系一般不得随意变更，但为保护委托人和受益人的利益，在特定情况下可以对受托人、受益人或信托内容进行变更。

1) 受托人的变更

根据我国《信托法》，受托人出现以下情形的，受托人职责终止：①死亡或者被依法宣告死亡；②被依法宣告为无民事行为能力人或者限制民事行为能力人；③被依法撤销或者被宣告破产；④依法解散或者法定资格丧失；⑤辞任或者被解任；⑥法律、行政法规规定的其他情形。

此时，新受托人可以依照信托文件规定选任；信托文件未规定的，由委托人选任；委托人不指定或者无能力指定的，由受益人选任；受益人为无民事行为能力人或者限制民事行为能力人的，依法由其监护人代行选任。

2) 受益人的变更

受益人所享有的受益权是法律设定的权利，信托有效成立后，委托人便不能随意变更受益人或处分受益人的信托受益权。但在受益人对委托人或其他共同受益人有重大侵权行为时，或经受益人同意时，或在信托文件中另有规定时，委托人可以变更受益人或者处分受益人的信托受益权。

3) 信托内容的变更

信托内容包括信托期限、信托财产管理方法等诸多事项，信托生效后，信托当事人在特定情形下可以对有关事项做出修改或补充，其中运用最多的是对信托财产管理方法的变更。信托财产管理方法一般在信托关系设立时就已经确定，一般来说不能进行变更。但由于社会生活的复杂性，发生设立信托时未能预见的特别事由，致使信托财产的管理方法不利于实现信托目的或者不符合受益人的利益时，可对其进行变更。

3. 信托终止

信托终止是信托关系由存在变为不存在。法律规定的信托终止的情形一旦出现，在信托关系中的委托人、受托人和受益人所享有的一切权利和义务，包括信托法规定的权利义务和有信托行为规定的权利义务，归于消灭而不存在。

我国《信托法》规定，有下列情形出现的，信托终止。

1) 信托文件规定的终止事由发生

信托是由委托人设立的，信托的设立采取意思自治的原则，自然应当尊重委托人的意愿。因此，如果委托人在信托文件中明确规定信托终止的事由，这类事件发生则信托终止。一般来说，委托人规定的终止事由分为三类。

(1) 特定的受托人方面的原因。委托人指定受托人，相信他们有能力管理好信托事务，一旦指定的受托人去世或无法继续担任受托人，信托即终止。

(2) 特定的受益人方面的原因。委托人设立信托的目的可能是保证特定受益人的利益，一旦受益人不再需要信托利益，信托存续的意义不大。

(3) 出现违背委托人意愿的事件。委托人可能希望信托的受益人做或不做某些事情，一旦超出其意愿信托即终止。

2) 信托的存续违反信托目的

信托存续期间，由于发生委托人设立信托时不知道或者不可预见的事由，致使信托的存续足以破坏或者在实质上违反了信托的目的，可以解除信托。

3) 信托的目的已经实现或者不能实现

委托人设立信托是必然有一定的目的，受托人的职责就是管理和运用信托财产，以实现信托的目的。因此，如果信托的目的已经实现，信托的任务就完成了。另外，还有一种情况，由于各种原因的限制，信托的目的在客观上可能已经无法实现了，信托也便没有继续存在的必要，信托终止。

4) 信托当事人协商同意

信托当事人包括委托人、受益人和受托人，经他们协商达成一致的，自然可以解除信托。信托当事人经协商不能达成一致意见的，不能解除信托。

5) 信托被撤销

依据《信托法》第十二条规定："委托人设立信托损害其债权人利益的，债权人有权申请人民法院撤销该信托。"据此，委托人的债权人提出申请，人民法院依法撤销信托的，已经成立的信托关系即行消灭而不复存在，信托终止。

6) 信托被解除

依据《信托法》第五十条规定："委托人是唯一受益人的，委托人或者其继承人可以解除信托。信托文件另有规定的，从其规定。"即在自益信托的情况下，委托人可以解除信托。同时，委托人在下列情况下可以解除信托：受益人对委托人有重大侵权行为、经受益人同意或者信托文件规定的其他情形。委托人按照上述规定解除信托的，信托关系随之消灭。

信托终止后，会产生一定的法律后果，具体表现为以下几点：第一，《信托法》第五十四条规定："信托终止的，信托财产归属于信托文件规定的人；信托文件未规定的，按下列顺序确定归属：①受益人或者其继承人；②委托人或者其继承人。"第二，《信托法》第五十五条规定："依照前条规定，信托财产的归属确定后，在该信托财产转移给权利归属人的过程中，信托视为存续，权利归属人视为受益人。"第三，《信托法》第五十六条规定："信托终止后，人民法院依据本法第十七条的规定，对于原信托财产进行强制执行的，以权利归属人为被执行人。"第四，信托终止后，受托人依照《信托法》规定行使请求给付报酬，从信托财产中获得补偿的权利时，可以留置信托财产或者对信托财产的归属人提出请求。第五，信托财产终止后，受托人应当做出处理信托事务的清算报告。受益人或者信托财产的权利人对清算报告无异议的，受托人就清算报告所列事项解除责任，但不包括受托人有不正当行为。

案例分析2-7

某甲与朋友创设A公司，多年经营有所收益后，拿出10万元人民币，以B信托投资公司为受托人，为其正在上小学的儿子乙设立大学教育经费信托。其儿子读高一时，由于经营管理不善，A公司宣告破产，此时，B投资信托公司也由于连续2年年检不合格，依法被中国人民银行撤销。之后，C信托投资公司受甲之托继续管理教育经费信托事务。两年后，甲的儿子在一次交通事故中意外死亡。

【问题】

(1) A公司的破产和B公司的被撤销是否会影响原信托的存在？

(2) 甲的儿子死亡后，信托的效力如何？

(3) 甲的儿子死亡后，信托财产的归属如何确定？

【解析】

(1) A公司的破产不影响原信托的存在。根据《信托法》第五十二条规定："信托不因委托人或者受托人的死亡、丧失民事行为能力、依法解散、被依法撤销或者被宣告破产而终止，也不因受托人的辞任而终止。但本法或者信托文件另有规定的除外。"

B公司被撤销，其信托职责终止。根据《信托法》第三十九条规定："受托人有下列情形之一的，其职责终止：①死亡或者被依法宣告死亡；②被依法宣告为无民事行为能力人或者限制民事行为能力人；③被依法撤销或者被宣告破产；④依法解散或者法定资格丧失；⑤辞任或者被解任；⑥法律、行政法规规定的其他情形。受托人职责终止时，其继承人或者遗产管理人、监护人、清算人应当妥善保管信托财产，协助新受托人接管信托事务。"

(2) 甲的儿子死亡后，信托的效力终止。

(3) 甲的儿子死亡后，信托财产作为遗产。

资料来源：https://wenku.baidu.com/view/.

【课后思考题】

1. 相对于一般的有限责任公司而言，一人有限责任公司的法律规定有哪些特别之处？银行与一人有限责任公司签订贷款合同中的法律风险如何？

2. 简述股份有限公司设立的条件及其组织机构的构成。

3. 比较股份有限公司和有限责任公司的法律特征。

4. 票据行为是要式的法律行为？票据行为的这一特点对银行票据业务的处理有何启示？

5. 在票据业务中，银行付款时对有效证件的审查是实质审查还是形式审查？具体怎么规定的？

6. 在信托法律关系中，委托人、受托人、受益人的权利和义务包括哪些？

第3章　银行业监督管理法律制度

▶ 学习目标

本章分为3节：中国人民银行法律制度、银行业监督管理法律制度和违反银行业监管的法律责任。

1. 理解中国人民银行的性质与法律地位、货币政策的概念与特征；掌握中国人民银行的职责、组织机构、业务、人民币的法律保护、货币政策工具；了解人民币发行原则与程序、征信制度。

2. 了解银行业监督管理法的概念；理解银行业监督管理的原则；掌握银行业监督管理机构的职责和银行业监督管理机构的措施；对比中国人民银行和银行业监督管理机构职责的不同。

3. 理解违反中国人民银行法需要承担的法律责任和违反银行业监督管理法需要承担的法律责任。

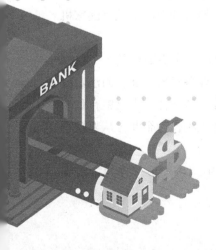

3.1 中国人民银行法律制度

3.1.1 中国人民银行法概述

1. 中央银行与中央银行法

1) 中央银行

现代中央银行一般是指负责制定和执行国家货币信用政策,调节货币流通和信用活动,实施金融监管,并在一国金融体系中居于主导地位的金融机构。

世界各国中央银行的名称并不统一,如美国的中央银行是美国联邦储备银行,英国的中央银行是英格兰银行,法国的中央银行分别是法兰西银行,日本的中央银行是日本银行,我国的中央银行是中国人民银行。

2) 中央银行法

中央银行法是确立中央银行的性质、地位与职责权限,规范中央银行的组织及其业务开展的法律规范的总称。

我国的中央银行是中国人民银行,我国的中央银行法为《中华人民共和国中国人民银行法》。1995年3月18日,第八届全国人民代表大会第三次会议通过《中华人民共和国中国人民银行法》。2003年12月27日,第十届全国人民代表大会常务委员会第六次会议通过了《中华人民共和国中国人民银行法》(以下简称《中国人民银行法》)修正案,新修改的《中国人民银行法》于2004年2月1日起施行。

2. 中国人民银行的性质与法律地位

《中国人民银行法》第二条规定:"中国人民银行是中华人民共和国的中央银行。中国人民银行在国务院领导下,制定和执行货币政策,防范和化解金融风险,维护金融稳定。"其中,制定和执行货币政策的目标是保持货币币值稳定,以促进经济增长。

中国人民银行作为我国的中央银行,代表国家进行金融调控与管理,是具有国家机构性质的特殊金融机构,其具有如下属性。

(1) 中央银行是银行,但不同于商业银行和一般的金融机构。中央银行是一个特殊的银行,与商业银行和一般金融机构相比较,其在经营目的、业务对象、拥有的法定特权、领导成员组成、业务方式、存款来源、资金运用等方面存在特殊性。中央银行代表国家制定和执行宏观金融调控管理政策,商业银行和其他金融机构作为企业,从事微观金融活动。

(2) 中央银行是国家机构,但不同于一般的国家机构。中国人民银行作为中央银行,为政府和金融机构办理银行业务与提供服务,发行货币,对政府办理国库业务,代理发行国库券业务。中国人民银行不仅靠行政手段,还有强有力的经济手段,如货币供应量、利率、贷款等进行管理,这些手段具有自愿性、有偿性的特征,按信用原则发挥作用。

中央银行的两重属性主次有别,银行属性是基础,国家机构属性是主导。银行职责与国家职能加以结合和调整,就是中央银行。

经典例题

【例3-1】中国人民银行执行货币政策的目标是( )。
A. 保持货币币值稳定,并以此促进经济增长
B. 发行人民币,并控制发行数量以符合经济增长要求
C. 防止和抵御金融危机
D. 消除财政赤字

【答案】A

【解析】《中国人民银行法》第二条规定:"中国人民银行是中华人民共和国的中央银行。中国人民银行在国务院领导下,制定和执行货币政策,防范和化解金融风险,维护金融稳定。"其中,制定和执行货币政策的目标是保持货币币值稳定,以促进经济增长。

3. 中国人民银行的职能和职责

1) 中国人民银行的职能

(1) 中国人民银行是发行的银行。发行的银行是指中央银行依法独家垄断一个国家的货币发行,统一掌管全国的货币流通,它所发行的货币是国内唯一的法定货币。中央银行垄断通货发行权,有利于稳定币值,建立良好的通货发行与流通秩序,保证通货的投入量与商品流转的需求相适应。世界各国几乎都以立法明确授予中央银行发行通货的垄断权,只有美国、日本等少数国家,由中央银行发行钞票,由财政部发行铸币。

(2) 中国人民银行是银行的银行。中央银行作为最后贷款人,主要以商业银行为业务对象,对商业银行进行贷款并监控其支付能力和风险能力。中央银行是银行的银行有利于中央银行服务于商业银行和整个金融机构体系,履行维持金融稳定、促进金融业发展的职责。

中央银行为银行与非银行金融机构服务,具体表现在以下几点:①依法集中保管金融机构交存的存款准备金;②对全国金融机构承担最后贷款人责任;③主持全国金融机构之间的清算事宜。

(3) 中国人民银行是政府的银行。政府的银行是指中央银行隶属于国家,中国人民银行就是由中央政府即国务院领导的银行。其全部资本属于国家所有,它要为政府提供

以下服务：①受托经理国库，担任国库出纳；②以法律允许的条件、额度和方式对政府提供信用；③代表政府参与有关国际金融活动；④担任政府的金融顾问和参谋；⑤代理政府公债的发行和还本付息事宜；⑥代理政府买卖黄金、外汇，管理国家的黄金、外汇储备。

2) 中国人民银行的职责

(1) 发布及履行与其职责有关的命令和规章。中国人民银行宏观调控职能的履行和货币政策的实施，必须有健全的法制作为前提和保障。中国人民银行作为国务院的职能部门，它有权根据法律、国务院的行政法规、决定、命令在本部门的权限范围内制定和发布命令和规章。

(2) 依法制定和执行货币政策。货币政策是各国中央银行对宏观经济进行调节的重要手段，中国人民银行履行制定和执行货币政策的职能，就是指中国人民银行在国务院领导下，制定和实施货币政策；中国人民银行就年度货币供应量、利率、汇率和国务院规定的其他重要事项做出的决定，报国务院批准后执行；就其他有关货币政策事项做出的决定，即予执行，并报国务院备案。

(3) 发行人民币，管理人民币流通。由于人民币具有无限法偿性质，在我国境内的一切公私交易中可以无限制地使用，任何单位和个人都无权拒收人民币。因此，我国按照经济发行和计划发行的原则发行人民币。

(4) 监督管理银行间同业拆借市场和银行间债券市场。银行间同业拆借市场，是我国货币市场的重要组成部分，是银行、非银行金融机构之间相互融通短期资金的交易场所，主要解决市场参与者短期资金流动性的需要。银行间债券市场是我国货币市场的重要组成部分，是银行、非银行金融机构作为机构投资者进行债券交易的场所，主要解决市场参与者短期资金流动性需要，该市场的交易工具有政府债券、金融债券和中信集团公司债券，交易方式包括现券买卖、债券回购和远期合约。

银行间债券市场是中国人民银行公开市场业务的操作平台，中国人民银行应对其进行监督管理，具体包括以下几项工作：制定同业拆借管理有关的规章制度；审核、批准有关金融机构成为同业拆借市场交易成员；对交易成员的行为进行监督、检查；授权中介机构发布市场信息等。

(5) 实施外汇管理，监督管理银行间外汇市场。外汇管理是政府对外汇收、支、存、兑所进行的一种管理。我国的外汇管理体制已经进行了较大改革，可概括为以下基本线索：微观上逐步放开、搞活，宏观上改善调控，最终目的是实现人民币可自由兑换。中国人民银行的一个重要职责是对外汇实施宏观管理。

银行间外汇市场是指经国家外汇管理局批准可以经营外汇业务的境内金融机构(包括银行、非银行金融机构和外资金融机构)之间通过中国外汇交易中心进行的人民币与外币之间的交易场所。该市场的职能是为各外汇指定银行相互调剂余缺和提供清算服务，由中国人民银行授权国家外汇管理局监督管理。

(6) 监督管理黄金市场。黄金市场是买卖双方集中进行黄金买卖的交易中心，提供即期和远期交易，允许交易商进行实物交易或者期权期货交易，以投机或者套期保值，是我国金融市场体系的重要组成部分。2002年10月底，上海黄金交易所开业。它的诞生，打破了我国计划经济体制下的黄金统售统购制，宣告了我国黄金市场的正式开放，标志着国内黄金市场将逐步走向规范化、国际化。

黄金市场的开放需要中国人民银行的职能定位。中国人民银行是持有、管理和经营国家外汇储备和黄金储备的唯一机关，所以，在中国人民银行与中国银行监督管理委员会(简称"银监会")职责划分中，继续保留了中国人民银行对黄金市场的监管职责。

(7) 持有、管理、经营国家外汇储备、黄金储备。外汇储备和黄金储备是一国国际储备的主要组成部分。外汇储备是一国中央银行能控制的国外存款和其他短期金融资产，通常包括在国际上可广泛使用的自由兑换货币，政府在国外的短期存款、外国有价证券、外国银行的票据等。黄金储备是一国中央银行持有的储备黄金，是指一国货币当局为应付其国际收支上的需要所持有的黄金总额。工业用黄金和民间持有的黄金均不计算在内。

根据《中国人民银行法》第四条规定，中国人民银行是持有、管理和经营国家外汇储备和黄金储备的唯一机关，主要对黄金储备、外汇储备的存量、构成、买卖收付等运行情况进行管理。

(8) 经理国库。我国采取"委托国库制"，经理国库是中国人民银行的重要职能。中国人民银行作为政府的银行，代理政府的财政收入和支出。中国人民银行专设机构为政府开立各种账户，经办政府的财政预算收支划拨与清算业务，执行国库出纳职能，为政府代办国债的发行、还本付息事宜。

(9) 维护支付、清算系统的正常运行。维护支付、清算系统的正常运行是一国中央银行的基本职责之一。企业之间的经济往来、发生的债权债务关系，通过商业银行办理支付结算，而银行之间的债权债务关系，又需要通过一个中枢机构办理清算结算，这种中枢机构就是中央银行。中央银行正是通过制定企业、商业银行、中央银行之间的支付、清算制度并组织实施，从而形成全国的资金支付、清算体系，并保证这个体系的正常运行。中央银行在办理银行间的清算结算工作中，必然要求商业银行开设存款账户，以便及时办理转账结算。中国人民银行通过办理全国银行的清算，一方面为各家银行提供服务，提高清算效率，加速资金周转；另一方面有利于中国人民银行对全国金融情况及各商业银行等金融机构的资金情况加强了解。

(10) 指导、部署金融业反洗钱工作，负责反洗钱的资金监测。"洗钱"是指将毒品犯罪、黑社会性质的有组织犯罪、恐怖活动犯罪、走私犯罪或者其他犯罪的违法所得及其产生的收益，通过各种手段掩饰、隐瞒其来源和性质，使其在形式上合法化的行为。

反洗钱工作是金融机构应承担的社会责任之一，也是维护金融体系健康运行的一个重要环节，中国人民银行建立了大额人民币、大额外汇和可疑交易监测系统，便于追查可疑交易。所以，在中国人民银行与银监会职责划分时，将此职责划给中国人民银行，并成立了专门机构——反洗钱局。

(11) 负责金融业的统计、调查、分析和预测。金融业的统计、调查、分析和预测，是中央银行正确制定和执行货币政策和维护金融宏观稳定的重要基础。中国人民银行通过对金融业的统计、调查、分析与预测，可以建立高效的货币政策和宏观金融监管预警系统，为国家的金融和宏观决策奠定科学的基础。

(12) 作为国家的中央银行，从事有关的国际金融活动。中国人民银行作为国家中央银行从事的国际金融活动，主要包括代表政府参与世界银行、国际货币基金组织、亚洲开发银行等国际金融组织的活动，参与国际清算银行活动，参与国际金融监管活动，发展与各国中央银行的对外金融关系等。

(13) 国务院规定的其他职责。这是一项弹性条款，即中国人民银行作为国务院的组成部门，有义务履行国务院规定的其他职责。

4. 中国人民银行的组织机构

1) 行长

《中国人民银行法》第十条第一款规定："中国人民银行设行长一人，副行长若干人。"中国人民银行行长是中央银行决策层的领导，也是中国人民银行最高的行政领导人，作为中国人民银行的法定代表人，他对内管理和执行中国人民银行内部事务，对外代表中国人民银行。中国人民银行副行长作为行长的助手，协助行长的工作，负责某些方面的工作或者办理专项事务。当行长不在时代替行长主持中国人民银行的工作。

2) 货币政策委员会

货币政策委员会是中国人民银行制定货币政策的咨询机构和议事机构。它不是决策机构，是中国人民银行的内部机构，其设立的目的是保证中国人民银行在制定货币政策时更加民主化和科学化。货币政策委员会的职责是在综合分析宏观经济形势的基础上，依据国家的宏观经济目标，讨论货币政策事项并提出建议，主要包括以下几项工作：货币政策的制定、调整；一定时期内的货币政策控制目标；货币政策工具的运用；有关货币政策的重要措施；货币政策与其他宏观经济政策的协调。

3) 内设机构

为了履行《中华人民共和国中国人民银行法》规定的职责，保证科学制定和实施货币政策，有效实行金融监管，中国人民银行设立多个职能司(厅)，包括办公厅、条法司、货币政策司、金融市场司、金融稳定局、调查统计司、会计财务司、支付结算司、科技司、国际司、内审司、人事司、征信管理局、反洗钱局、党委宣传部、研究局、货币金银局、国库局、保卫局、培训中心等内部职能机构。

4) 分支机构

《中国人民银行法》规定，中国人民银行根据履行职责的需要设立分支机构。

(1) 分支机构的法律地位。分支机构只是中国人民银行总行的派出机构，没有独立的主体资格，不享有独立的权力。中国人民银行的分支机构是根据履行职责的需要而设立的，其一切职权必须经总行授权才能行使。因此，不同的分支机构(包括同一级别的分支机构)所拥有的职权是不同的，这完全取决于总行根据实施货币政策的需要。

(2) 分支机构独立于政府机构。中国人民银行根据履行职责的需要自主设立分支机构，其决定不受任何政府决定的影响。同时，中国人民银行分支机构根据中国人民银行的授权，不接受当地政府的领导。在负责维护其辖区范围内的金融稳定方面，中国人民银行分支机构仅接受中国人民银行的集中统一领导和管理，对于当地政府则具有相对的独立性，确保中央银行的相对独立地位，真正实行中央银行内部全面的垂直管理职能，避免专业银行内部垂直领导强势导致的中央银行宏观调控职能被架空的局面。

5) 直属单位

中国人民银行的直属单位有中国反洗钱监测分析中心、中国人民银行征信中心、中国外汇交易中心、中国金融出版社、金融时报社、清算总中心、中国印钞造币总公司、中国金币总公司、金融电子化公司、中国人民银行研究生部、中国人民银行北京培训学院、中国人民银行郑州培训学院、中国钱币博物馆等。

6) 上海总部

目前，由于外汇市场、全国银行同业拆借市场、全国银行间机构投资者债券市场、上海证券交易所、期货交易所、黄金市场、钻石市场都在上海，这些市场是全国性的，因此，出于宏观经济管理需要，2005年8月10日，中国人民银行第二总部在上海挂牌成立。该总部是经中编办批准的副部级机构，与中央银行上海分行分开办公。同时，中央银行一些与市场关系较密切的部门也将随之移到上海，作为第二总部的构成单位。

3.1.2 中国人民银行的业务

1. 中国人民银行业务活动的原则

1) 不以营利为目标

中国人民银行从事业务以制定和实施货币政策，维护金融和经济稳定为主，不以营利为目的，不经营一般银行业务，不支付存款利息。

2) 保持资产的流动性

中国人民银行需保持资产的流动性，以备商业银行和政府之需。

3) 保持业务的公开性

中国人民银行需定期公布业务状况，以便形成合理预期，增强货币政策效应使其活动置于公众的监督之下。

4) 业务活动需遵循相应的法律规范

2. 中国人民银行业务范围

中国人民银行的主要业务包括负债业务、资产业务和清算业务，这是中央银行职能的具体体现。

1) 负债业务

负债业务是指金融机构、政府、特定部门持有的中央银行的债权。中央银行负债业务主要包括存款业务、货币发行业务和经理国库业务。

(1) 存款业务。中国人民银行的存款业务包括准备金存款、政府存款、外国存款、非银行金融机构存款等。准备金存款业务是中央银行存款业务的主要业务，它是中央银行资金的重要来源。准备金存款由两部分组成：一部分是法定准备金存款，即商业银行按照法律规定将吸收存款的一定比率上存中央银行；另一部分为超额准备金存款，即商业银行在中央银行的存款中超过法定准备金的部分。

中国人民银行是于1984年行使央行职能后开办准备金存款业务的。目前，中国人民银行的准备金存款业务对象除了存款货币银行(包括商业银行、城乡信用社、财务公司)外，还包括特定存款机构，即信托投资公司、国家开发银行和中国进出口银行两家政策性银行。中国人民银行对各类金融机构的准备金存款按旬平均余额计提。我国现行对存款准备率的调整不做明确规定，根据货币政策的操作规程需要进行调整。

(2) 货币发行业务。货币发行是中央银行作为国家政府的代表向社会提供的流通手段和支付手段，是中央银行对货币持有者的一种负债。货币发行是中央银行负债业务的重要部分。

中央银行的货币发行是通过再贴现、贷款、购买有价证券、收购金银及外汇等中央银行的业务活动将货币投放市场、注入流通，进而增加社会货币供应量的。货币发行都有法律规定的程序，各国不尽相同，但都是根据中央银行法的规定，依据经济发展的进程制定操作程序，以配合货币政策的执行。

(3) 经理国库。中国人民银行作为政府的银行，代理国家来经理国库。经常大量的财政存款构成了中央银行的负债业务之一。这部分存款经财政分配，下拨机关、团体单位作为经费后，形成机关、团体的存款，这部分存款是财政性存款，它与财政存款一样，也是中央银行的负债。两种存款均为中央银行资金的重要来源。

2) 资产业务

资产业务是中央银行运用货币资金的业务调控信用规模和货币供应量的主要手段。它主要包括贷款、再贴现、公开市场业务和国际储备。

(1) 贷款业务。中央银行的贷款是商业银行基础货币的重要来源，它对维护金融体系安全，抑制通货膨胀，调节经济，具有非常重要的意义。该业务的对象主要是商业银行和国家财政，在特殊的情况下，也对一些非银行金融机构发放小额贷款。

(2) 再贴现业务。再贴现业务是指商业银行以未到期的商业票据向中央银行申请贴现取得融资的业务。中央银行运用再贴现执行最后贷款人的职能。

我国于1986年由人民银行上海分行开办了再贴现业务，随后此业务在全国其他城市逐步推开，1994年10月中国人民银行总行开始办理再贴现业务。

(3) 公开市场业务。公开市场业务是指中央银行在公开市场上买卖政府债券，从而调节货币供应量的活动。中央银行在公开市场业务中可以买卖的有价证券为国债、其他政府债券、金融债券和外汇四类。

(4) 经营国际储备资产。国际储备是指各国政府委托本国中央银行持有的国际广泛接受的各种形式资产的总称。目前国际储备主要由外汇、黄金组成，其中外汇储备是重要组成部分。

中央银行经营国际储备是中央银行作为政府的银行这一功能的又一表现。这能弥补国际收支逆差，干预外汇市场，维持汇率稳定，增强国际信誉度，增强本国货币的国际信誉。

3) 清算业务

清算业务又称中间业务，即中央银行为各金融机构之间，因经营活动而发生的资金往来和债权债务进行了结。它主要有以下几项内容。

(1) 组织同城票据交换。工商企业、事业单位及消费者用票据进行债权债务清偿和支付时，要通过开户银行的转账结算系统实现资金收付。当各银行收到客户提交的票据后，通过票据交换的方式将代收的票据交给付款行。所谓票据交换是指将同一城市中各银行间收付的票据进行当日的交换。参加交换的各银行每日在规定时间内，在交换场所将当日收进的以其他银行为付款行的票据进行交换，这种票据交换的清算一般由中央银行组织管理，集中办理交换业务，结出各机构收付相抵后的差额，其差额通过各商业银行在中央银行的存款账户进行划转清算。

(2) 办理异地资金汇划。办理异地资金汇划是指办理不同区域、不同城市、不同银行之间的资金转移。如各行的异地汇兑形成各行间异地的债权债务需要进行跨行、跨地区的资金划转。这种跨地区的资金汇划，必须由中央银行统一办理。一般有两种方法：一是先由各金融机构内部组成联行系统、最后各金融机构的清算中心通过中央银行办理转账结算；二是将异地票据统一集中传送至中央银行总行办理轧差头寸的划转。我国的清算通常也采用这两种方法。通过中央银行的异地资金汇划、减少了各行运送现款的麻烦，加速了资金周转。同时，中央银行通过此业务了解到各金融机构的资金营运情况，有利于中央银行加强对金融机构的监管。

(3) 跨国清算。跨国清算是指由于国际贸易、国际投资及其他方面所发生的国际债权债务，借助一定的结算工具和支付系统进行清算，实现资金跨国转移的行为。跨国清算通常通过各国的指定银行分别向本国的中央银行办理。由两国中央银行集中两国之间的债权债务直接加以抵消，完成清算工作。

3. 中国人民银行不得从事的业务

中国人民银行作为中央银行，其不得从事以下几类业务。

(1) 不得对政府财政透支，不得直接认购、包销国债和其他政府债券。

(2) 不得对银行业金融机构的账户透支。

(3) 不得向地方政府、各级政府部门及其他单位或个人提供贷款。

(4) 不得向非银行金融机构以及单位和个人提供贷款，但国务院决定中国人民银行可以向特定的非银行金融机构提供贷款的除外。

(5) 不得向任何单位和个人提供担保。

案例分析3-1

凯达塑胶制品有限公司(以下简称"凯达公司"),是中外合资经营企业,主要生产和销售塑料玩具。凯达公司与某包装租赁公司(简称"包装公司")签订了租赁塑料玩具生产线的融资租赁合同,约定承租支付出租方租金共200万美元。出租方同时提供出需由银行提供担保。当地县政府因为急于发展外向型经济,于是指令中国人民银行某县支行(简称"县支行")予以担保,县支行向包装公司出具了《不可撤销的经济担保书》。

融资租赁合同签订后,包装公司交付了租赁设备,而凯达公司仅支付租金18万美元。偿还期限届满,包装公司向承租人和担保人催收租金和滞纳金未果,于是以县支行为第一被告向人民法院提起诉讼,请求法院判令县支行承担凯达公司应支付的逾期租金及滞纳金折合人民币1500余万元的连带责任。

人民法院受理此案后,经审理认为:县支行属于国家机关,其保证行为无效,应承担因其过错给包装公司造成经济损失的赔偿责任。并做出一审判决,由县支行承担赔偿包装公司人民币损失1500余万元;县支行承担责任后,有权向凯达公司追偿。一审判决后,县支行未提出上诉。

【问题】

(1) 县支行出具的《不可撤销的经济担保书》是否有效?为什么?

(2) 县支行如何承担责任?

(3) 当地县政府强令县支行提供担保是否正确?为什么?

【解析】

(1) 县支行出具的《不可撤销的经济担保书》无效。县支行出具的《不可撤销的经济担保书》是一种保证担保方式,《中国人民银行法》第三十条第二款规定:"中国人民银行不得向任何单位和个人提供担保。"《中华人民共和国担保法》(以下简称《担保法》)第八条同样规定:"国家机关不得为保证人。"中国人民银行从其性质看是进行宏观调控和负责金融监管的国家机关,不具备作为保证人的资格。故县支行向包装公司提供的《不可撤销的经济担保书》不具有法律效力,该保证行为无效。

(2) 对无效的保证行为,县支行应承担过错责任。根据《担保法》第五条规定:"担保合同被确认无效后,债务人、担保人、债权人有过错的,应当根据其过错各自承担相应的民事责任。"由于保证行为无效,县支行不承担《不可撤销的经济担保书》约定的保证责任。但是,由于其明知或者应知自己不能为他人提供担保,却仍然为他人的租赁合同提供担保,其主观上存在过错;凯达公司与包装公司明知或者应当知道县支行不能作为担保人,却仍然要求并接受其作为担保人,在主观上也存在过错。因此包装公司的经济损失,应当由县支行和凯达公司、包装公司根据各自过错的大小分别承担相应的责任。一审法院在处理此问题上有失偏颇。

(3) 当地县政府强令县支行提供担保应承担相应责任。《中国人民银行法》第四十九条规定:"地方政府、各级政府部门、社会团体和个人强令中国人民银行及其工作人员违反本法第三十条的规定提供贷款或者担保的,对负有直接责任的主管人员和其他责任人员,依法给予行政处分;构成犯罪的,依法追究刑事责任;造成损失的,应当承担部分或者全部赔偿责任。

资料来源:ishare.iask.sina.com.cn/f/iM4NZIvTQf.html。

3.1.3 货币政策

1. 货币政策的概念与特征

1) 货币政策的概念

货币政策,也称金融政策,是指主权国家为实现其特定的经济目标而采用的各种调节货币供应量或管制信用规模的方针政策和措施的总称。货币政策是一国主要的宏观经济政策,是中央银行的核心职责。

2) 货币政策的特征

(1) 货币政策是一种宏观经济政策,而非微观经济政策。

(2) 货币政策是一种调整社会总需求的政策,而非调整社会总供给的政策。

(3) 货币政策是一种间接的控制手段,而非直接的控制措施。

(4) 货币政策是一种较长期的经济政策,而非短期的经济政策。

(5) 货币政策是一种逆向调节政策,而非顺向调节政策。

2. 货币政策目标

货币政策目标是指货币政策制定者所期望达到的最终实施结果,包括最终目标和中介目标,后者又包括货币政策的操作目标和中介目标。

1) 货币政策最终目标

货币政策的最终目标是中央银行组织和调节货币流通的出发点和归宿。它必须服务于国家宏观经济政策的总体目标,这也就决定了货币政策最终目标与宏观经济政策目标之间的一致性。对货币政策目标的选择,各个国家或地区根据本国或本地区的情况以及不同时期各有不同的选择。大多数国家的目标为物价稳定、充分就业、经济增长和国际收支平衡。由于货币政策的这四个终极目标之间存在矛盾性,因此在一定时间内几乎不可能同时实现全部目标。

2) 货币政策中介目标

货币政策中介指标,又称中间目标,是指受货币政策工具作用,影响货币政策最终目标的传导性金融变量指标。由于从货币政策的制定、实施到影响金融市场参与者的行为,最后实现货币政策最终目标需要一个漫长的过程,需要在货币政策工具和最终目标之间设置中间指标,这样有利于目标的实现。

作为中介指标的金融变量一般应同时满足三个基本标准,即可测性、可控性和相关性。

根据各个中介指标对货币政策工具反应的先后和作用于最终目标的过程，可将中介指标分成两类：操作指标(近期指标)和中间指标(远期指标)。

(1) 操作指标，是指直接受货币政策工具作用，间接影响货币政策最终目标的金融变量。可供选择的金融变量操作指标主要有存款准备金、基础货币和短期利率。

(2) 中间指标，是指间接受货币政策工具作用，而直接影响货币政策最终目标的金融变量。中间指标主要有货币供应量、银行信贷规模、长期利率、汇率和通货膨胀。

3. 货币政策工具

货币政策工具是中央银行为实现其货币政策目标所采取的各种调控货币供应量的手段。货币政策工具按其操作对象，可分为三类：一般性货币政策工具、选择性货币政策工具和其他货币政策工具。

1) 一般性货币政策工具

一般性货币政策工具是从总体的角度，对货币和信用进行调节和控制，从而对经济体系产生普遍影响的工具，其主要有以下三种政策。

(1) 法定存款准备金政策，是指中央银行对商业银行等存款金融机构的存款规定存款准备金率，强制性地要求其按照规定的比例计提并上缴存款准备金。目前，凡是实行中央银行制度的国家，一般都实行法定存款准备金制度。存款准备金为中央银行提供了稳定的、可预测的储备，便于公开市场操作和对短期利率的控制。

(2) 再贴现政策，是指中国人民银行通过调整其对金融机构的合格票据贴现的再贴现率和再贴现条件来扩大或缩小金融机构的信贷量，从而促使信用扩张或收缩。

(3) 公开市场业务，是指中央银行在金融市场上买进或卖出有价证券，以改变商业银行等存款类金融机构的准备金数量，进而影响货币供给量和利率，实现货币政策目标的一种政策措施。公开市场业务因具有公开性、公平性、主动性等优点，经常被使用，且效果明显。

2) 选择性货币政策工具

选择性货币政策工具是中央银行针对某些特殊的经济领域或特殊用途而采用的信用调节工具，其主要有以下几种政策。

(1) 消费者信用控制政策。中央银行根据需求状况和货币流通状况对消费信贷进行控制的一种手段，以达到抑制过度消费需求或刺激消费增长的目的。如规定分期购买耐用消费品首期付款的最低限额，规定消费信贷的最长期限，规定可用消费信贷购买的耐用消费品种类。

(2) 证券市场信用控制政策。中央银行有关证券交易的各种贷款进行限制，规定证券保证金率，抑制过多的投机等。

(3) 不动产信用控制政策。这是指中央银行对商业银行等金融机构向客户提供不动产抵押贷款的管理措施，其主要规定贷款的最高限额、贷款的最长期限和第一次付现的最低金额等。采取这些措施的目的主要在于限制房地产投机，抑制房地产泡沫。

(4) 优惠利率政策。优惠利率政策是指中央银行对国家拟重点发展的某些部门、行业和产品规定较低的利率，以鼓励其发展。这有利于国民经济产业结构和产品结构的调整和升级换代。优惠利率主要配合国民经济产业政策使用。实行优惠利率有低贷款利率和低再贴现率两种方式。

(5) 预缴进口保证金政策。中央银行要求进口商预交进口商品总值的一定比率的外汇存入中央银行，以防止外汇流失。

3) 其他货币政策工具

(1) 利率最高限政策，是指央行依据法令规定商业银行的定期及储蓄存款所能支付的最高利率的措施。

(2) 信用配额政策，是指央行根据金融市场状况及客观经济需要，权衡轻重缓急后对商业银行的信用规模加以合理分配与限制的措施。

(3) 流动性比率政策，是指央行规定商业银行的全部资产中流动性资产的比重，借以限制商业银行信用扩张的直接控制的措施。

(4) 直接干预政策，是指央行直接对商业银行的信贷业务、放款范围等加以干预的措施。

(5) 道义劝导政策，是指央行利用其权威地位，对商业银行和其他金融机构以发出书面通告，甚至与金融机构负责人面谈等形式向商业银行通报经济形势，劝其遵守法规，采取配合中央银行货币政策的措施。

(6) 窗口指导政策，是指央行根据产业行情、物价趋势和金融市场动向，借用中央银行的地位与威望，通过非强制性手段规定商业银行贷款的重点投向和变动数量的行为。

经典例题

【例3-2】中国人民银行为执行货币政策，可运用的货币政策工具包括(　　)。
A. 确定商业银行的业务规模
B. 向商业银行提供贷款
C. 在公开市场上买卖国债、其他政府债券和金融债券及外汇
D. 要求银行业金融机构按照规定的比例交存存款准备金
E. 确定中央银行基准利率

【答案】BCDE

【解析】中国人民银行的货币政策包括法定存款准备金政策、再贴现政策、公开市场业务、消费者信用控制政策、证券市场信用控制政策、不动产信用控制政策、优惠利率政策、预缴进口保证金政策、利率最高限、信用配额、流动性比率政策、直接干预政策、道义劝导政策、窗口指导政策。

4. 货币政策效果分析

货币政策效果分析包括货币政策传导机制分析、货币政策效应分析、货币政策监测分析三个方面。

(1) 传导机制分析。中央银行确定货币政策之后,从选用一定的货币政策工具,现实地进行操作开始,到实现其预期目的之间,要经过各种中间环节相互之间的有机联系及因果联动。

(2) 货币政策效应分析。货币政策实施后社会经济运行所做的现实反应。

(3) 货币政策监测分析。货币政策在实施过程中的偏差及效果的测定、分析、评估,并做出预测。

5. 货币政策目标

《中国人民银行法》确定了我国的货币政策目标是保持货币币值的稳定,并以此促进经济增长。

3.1.4 人民币

1. 人民币的法律地位与现钞概况

1) 人民币的法律地位

《中国人民银行法》第十六条规定:"中华人民共和国的法定货币是人民币。"法定货币是指由政府用行政命令强制的方式发行的,以法律赋予其具有购买与支付能力的,在商品交换中必须接受的货币。人民币作为我国的法定货币,具有以下几点基本特征。

(1) 法定唯一性。人民币是我国的法定货币,也就是说,人民币是中华人民共和国唯一合法货币,即在我国国内市场上人民币是一种等价物,只准人民币流通。

(2) 法偿性。凡在中华人民共和国境内的一切公私债务,均以人民币进行支付,任何债权人在任何时候均不得以任何理由拒绝接收。

(3) 相对稳定性。人民币能够保持相对稳定的购买力。从根本上说,国家政局的安定和社会经济的健康发展是人民币币值稳定的坚强后盾。

(4) 信用性。国家发行人民币是通过国家信贷程序发行的。同时,人民币的发行是以国家信用和相应的商品物资做保证的。

(5) 独立自主性。人民币是独立自主的货币,是国家主权的象征,禁止人民币出入国境或限量出入国境,不准在国外流通,也禁止金银和外币在国内自由流通,即国内一切货币收付、计价单位和汇价的确定都由人民币承担。

2) 现钞概况

1948年12月1日,中国人民银行成立时,开始发行第一套人民币;1955年3月1日,中国人民银行开始发行第二套人民币;1962年4月15日,中国人民银行开始发行第三套人民币;1987年4月27日,中国人民银行开始发行第四套人民币;1999年10月1日,中国人民银行开始发行第五套人民币。目前,市场上流通的人民币以第五套为主。

人民币的单位为元(圆)(简写"RMB",以"¥"为代号)。人民币辅币单位为角和分。人民币没有规定法定含金量,它执行价值尺度、流通手段、支付手段等职能。

2. 人民币的发行

1) 人民币的发行管理

我国的货币发行权属于国家,国家授权中国人民银行具体掌握全国货币的发行工作,并集中管理货币的发行基金。中国人民银行是我国的货币发行机关,而且是唯一的货币发行机关,任何单位和个人无权发行货币或发行变相货币。

2) 人民币发行的原则

货币发行是指中国人民银行向流通中投放现金的行为。我国人民币的发行遵循经济发行、计划发行和集中统一发行的原则。

(1) 经济发行,也称信用发行原则,是财政发行的对称,是指根据国民经济发展情况,按照商品流通的实际需要而进行货币发行。这种发行是在经济增长的基础上增加货币投放,为了适应和满足商品生产和商品流通对货币的客观需要,而不会引起物价波动和通货膨胀。

(2) 计划发行,是指货币的发行必须纳入整个国家的计划体系之中,按计划办理,以保证币值和物价的稳定。具体货币发行计划由中国人民银行总行提出,报国务院批准后实施。

(3) 集中统一发行。集中是指人民币的发行权集中于代表国家的中央政府——国务院;统一是指国家授权中国人民银行统一垄断货币发行。除中国人民银行外,任何地区、任何单位和个人都无权发行货币或发行变相货币。

3) 人民币的发行程序

人民币的具体发行由人民币发行库来办理。人民币发行库是中国人民银行为保管货币发行基金而设置的金库,由中国人民银行根据经济发展和业务需要决定设置。发行库依法办理发行基金、金银和其他有价证券的保管、调运,负责损伤、残缺人民币的兑换和销毁等工作。业务库是各银行基层分、支行和处、所为办理日常现金收付而设置的金库,称为业务库。业务库保管的货币是流通中的货币,处于周转状态。

发行基金是指中国人民银行为国家保管的、准备向市场发行的人民币票券,是调节市场货币流通的准备基金。发行基金和现金既有联系,又有区别。它们的联系表现在发行基金从发行库进入业务库时,发行基金就变成了现金;而当现金从业务库缴存到发行库时,现金就成了发行基金。因此,二者在一定条件下是可以相互转化的。它们的区别主要表现为以下几点:①性质不同。发行基金是国家未发行的货币,从本质上说只能算是存放于库内的,印成钞票模样的印刷品;而现金则是国家以法律赋予强制通用的现实货币。②管理主体不同。发行基金的管理主体只能由国家授权,中国人民银行是我国唯一的货币的发行机关;而现金的管理主体则没有限制,任何单位和个人都可以成为现金的管理主体。③价值形态不同。发行基金的价值体现在印制费用、调拨费用及管理费用三方面;而现金的价值则是以其购买力体现出其代表的社会一般劳动。④流通形式不同。发行基金的流通是通过上级行的调拨命令来实现的,没有上级行的调拨命令,任何单位和个人都无权动用;而现金持有者所持有的现金只要不是非法收入,就可以随意支用。

人民币发行主要由人民币出库和人民币回笼来实现。

① 人民币出库。人民币出库是指人民币从发行库到业务库的过程。中国人民银行不能将已经公告发行的人民币直接投放社会，而只能将其支付给金融机构，使人民币从发行基金转化为现实货币，即各金融机构将人民币发行库的发行基金调入业务库。然后，金融机构将已经进入自己业务库的人民币现金通过一定方式支付给各单位和个人，人民币就如此进入了市场。

② 人民币回笼。人民币回笼是指人民币从业务库到发行库的过程，也叫入库。各金融机构依法将每日收回的现金放入业务库，当业务库的库存货币超过规定的限额时，超出部分要送交发行库保管，实现货币回笼。

3. 人民币的法律保护

人民币是中国的法定货币，严格维护人民币的法律地位，对于稳定币值具有非常重要的意义。《中国人民银行法》规定了对人民币的法律保护，具体如下所述。

(1) 禁止各种变相货币的发行与流通。变相货币是指没有法定货币发行权的单位或个人签发的、以货币单位标示面值并在世面流通转让的各种有价证券和凭证。例如有的单位发行"代金券""购物券""礼品券"等就属于变相发行货币的行为。

(2) 禁止伪造、变造人民币和禁止出售、购买伪造、变造的人民币。伪造人民币是指仿照中国人民银行发行的现行流通的纸币或铸币的形状、颜色、图案以制造伪币，冒充真币的行为；变造人民币是指用剪贴、挖补、拼凑、涂改、正背两面撕开等方法增大人民币票面额或增多票张数的行为。由于伪造、变造人民币和贩运伪造、变造的人民币的行为严重扰乱金融秩序，对国家、集体以及个人利益均会造成严重侵害，所以为保护国家货币、巩固国家金融，法律对此种行为予以禁止。

《中国人民银行法》第四十二条规定："伪造、变造人民币，出售伪造、变造的人民币，或者明知是伪造、变造的人民币而运输，构成犯罪的，依法追究刑事责任；尚不构成犯罪的，由公安机关处十五日以下拘留、一万元以下罚款。"《中国人民银行法》第四十三条规定："购买伪造、变造的人民币或者明知是伪造、变造的人民币而持有、使用，构成犯罪的，依法追究刑事责任；尚不构成犯罪的，由公安机关处十五日以下拘留、一万元以下罚款。"

(3) 禁止运输、持有、使用伪造、变造的人民币。对明知是伪造、变造的人民币而加以运输、持有、使用的，也是法律所禁止的行为。

(4) 禁止故意毁损人民币。人民币是国家金融制度的体现，是国家保证市场流通的一种手段。人民币作为支付手段，承担着商品交换的流通作用。对人民币的毁损，势必增加人民币的不必要发行，加大发行成本，给国家带来损失，所以禁止故意毁损人民币。

(5) 禁止在宣传品、出版物或者其他商品上非法使用人民币图样。禁止非法使用人民币图样，是为了保证国家货币的严肃性，也防止有人利用印有人民币图样的纸张冒充人民币，欺骗他人。

《中国人民银行法》第四十四条规定："在宣传品、出版物或者其他商品上非法使用人民币图样的，中国人民银行应当责令改正，并销毁非法使用的人民币图样，没收违法所得，并处五万元以下罚款。"

经典例题

【例3-3】《中国人民银行法》第四十三条规定："购买伪造、变造的人民币或者明知是伪造、变造的人民币而持有、使用，构成犯罪的，依法追究刑事责任；尚不构成犯罪的，由公安机关处(　　)日以下拘留、一万元以下罚款。"

A. 10　　　　　B. 15　　　　　C. 20　　　　　D. 30

【答案】B

案例分析3-2

工商人员在小商品市场上发现一种叫作"滑滑蛋"的儿童食品。该食品外包装是用与人民币图案一模一样的塑胶纸拼合成的，分贰角、伍角、壹元、贰元四种，色彩、尺寸与等额人民币的票面相同，与此同时等额人民币上的号码也一样。该食品生产厂家、生产日期、保质期等全无。之后，工商所对有关经营户进行了查处，对出售"滑滑蛋"的市场进行了专项检查，没收了千余袋用"人民币"包装的"滑滑蛋"。工商所称"滑滑蛋"是用"人民币"作为包装的三无产品，其生产者违反了我国有关法律，性质非常恶劣，将对有关人员严肃进行查处。

【问题】
(1) 在商品上使用人民币图案属于什么性质的行为？
(2) 非法使用人民币图案要承担什么法律责任？

【解析】
(1) 在商品上使用人民币图案违反《中国人民银行法》第十九条规定："禁止在宣传品、出版物或者其他商品上非法使用人民币图样。"禁止非法使用人民币图样，是为了保证国家货币的严肃性，也防止有人利用印有人民币图样的纸张冒充人民币，欺骗他人。

(2) 在宣传品、出版物或者其他商品上非法使用人民币图样的，中国人民银行应当责令改正，并销毁非法使用的人民币图样，没收违法所得，并处五万元以下罚款。

资料来源：http://www.docin.com/app/p?id=1520481897。

3.1.5 征信制度

1. 信用与市场的关系

1) 信用是维系市场交易的基本链条

在市场经济中，信用关系是人与人之间最根本的经济关系，是整个社会赖以生存和发展的基础。随着交易的普遍发展，无论是商品交换、劳务交换，还是信息、服务交换，其交换的完成或实现，都存在一个时间和空间的差距，这个过程要靠一定的制度规范来保障，否则，交换就无法稳健进行。信用有利于维护和促进各类经济主体之间长期的和较为稳定的经济关系，使经济主体能够实现对市场行为的预测以及预期的交易目标。

2) 信用能够实现交易成本的最低化

在市场经济中，提高经济运行的效率，通常有两个基础：一是硬件基础，即物质技术基础；二是软件基础，即法律设施、伦理道德、信用制度、守信意识等思想文化基础。在软件基础中，良好的信用机制会使交易乃至整个经济运行的成本降低。

3) 信用交易能够不断实现市场的扩展

在市场经济条件下，信用交易的范围越来越扩大，并渗透到社会生活的每一个方面。随着经济的发展，人们的经济交往也越来越扩大，在不断扩大的经济关系中，当人情式的特殊信用难以满足人们多种利益所需的新交换及复杂交换时，人们就选择了以契约为基础的普遍化信用来扩展分工合作，使交易深度和广度有了更大的进步，导致了市场的扩展。所以，信用交易是扩大人们的相互合作从而满足市场主体理性预期需要的经济纽带。

4) 信用关系最终反映市场的发育程度

在市场经济中，人们的信用关系越是普遍化，则信用行为越是持久和稳定；社会的信用制度越是完善，则市场的信用度越高，市场发育越成熟，反之亦然。所以，信用可以最终反映市场的发育程度和活力状况。

2. 征信内容

征信业务，又称信用信息服务业务，包括信用记录、信用调查、信用评分和信用评级。

1) 信用记录

信用记录，又称信用查询，是指征信机构利用数据库技术采集、汇总企业和个人借、还款历史记录并提供查询服务的业务。

2) 信用调查

信用调查，又称信用咨询，指征信机构接受客户委托，依法通过信息查询、访谈和实地考察等方式，了解和评价被调查对象信用状况的活动。

3) 信用评分

信用评分是利用数学和统计方法、根据中小企业和个人的还款记录等信息对其信用状况进行的量化评价。

4) 信用评级

信用评级，又称资信评估、信用评估，是指征信机构通过定量、定性的分析，以简单、直观的符号标示对大中型企业主体和企业债务未来偿还能力的评价。

3.2 银行业监督管理法律制度

3.2.1 银行业监督管理法概述

1. 银行业监督管理法的概念

银行业监督管理，是指银行业监管机关依法对银行业金融机构及其经营活动和风险状况进行监测、评估、检查、稽核等活动的总称。银行业监督管理是防范和化解系统性金融风险，维护银行业体系稳健有效运行的重要法律制度。目前，中国银监会是我国专门的银行业监管机关，负责对银行、信托业实施监督管理。

银行监管法于2003年12月27日第十届全国人民代表大会常务委员会第六次会议通过，2006年10月31日第十届全国人民代表大会常务委员会第二十四次会议修正了《中华人民共和国银行业监督管理法》(以下简称《银行业监督管理法》)。该法是我国银行业监管的专门性立法，调整银保监会对银行业金融机构及其业务经营的监管活动。这里的银行业金融机构包括中华人民共和国境内设立的商业银行、城市信用合作社、农村信用合作社等吸收公众存款的金融机构、政策性银行、金融资产管理公司、信托投资公司、财务公司、金融租赁公司以及经银监会批准设立的其他金融机构，也包括在境外设立的中资金融机构。

2. 银行业监督管理的目标

我国银行业监督管理的目标是促进银行业的合法、稳健运行，维护公众对银行业的信心，保护银行业公平竞争，提高其竞争能力。

3. 银行业监督管理的原则

1) 独立监管原则

独立监管原则是指银保监会及其从事监管工作的人员依法独立履行监管职责，地方政府及职能部门、社会团体和个人不得干涉。

2) 依法监管原则

依法监管是指银行业的监督管理权应当法定，监督管理行为不仅应当依法而为进行，而且还应当受到法律的约束。

依法监管包含以下三层含义：一是监管主体法定，银行监督法明确了国务院银行业监督管理机构是对银行业实施监督管理的法定监管主体；二是监管权力法定，明确了国务院银行业监督管理机构的监督管理职责；三是实施监管行为必须依法进行，既不能违反实体法的规定，也不能违反程序法的规定。

3) 公开原则

公开原则要求政府机关在行使行政权力的过程中，应当依法将行政权力运行的依据和过程向行政相对人和社会公开，目的是满足公民的知情权、参与权和监督权。银行业监管遵循公开原则的具体含义主要包括两个方面：一是监管政策及其相关调整应当公开，未公开的规定，不能作为监督管理的依据；二是实施监督管理的过程要公开，银行业监督管理机构进行现场检查时，检查人员应当出示合法证件和检查通知书。

4) 公正原则

公正原则要求政府机关及其工作人员办事公道，不徇私情，不受各种利益或者偏私的影响，平等对待行政管理相对人，即对相同情况给予相同的对待，对不同情况给予不同的对待。银行业监督管理遵循公正原则，要求监管机关在监督管理活动中对所有监管对象都要一视同仁。

5) 效率原则

银行业监管的效率原则表现在以下两个方面。

(1) 监管者要用负担最小的方式达到监管目标，最大限度地降低监管成本。如果从银行监管所维护的安全保障体系中获得的收益超过因监管而造成的损失，那么银行就是政府净资助的接受人，这意味着银行比其他非银行竞争者更具有竞争优势；相反，如果监管成本超过从银行监管所维护的安全保障体系中获取的利益，那么监管行为就成为行业竞争的阻碍。这就要求对银行业监管机构的实施进行成本效益分析，要降低监管成本，减少社会支出，增加社会净收益。

(2) 银行监管不是压制竞争，而是要为银行业金融机构创造公平竞争的外部市场环境，规范竞争，鼓励竞争，防止出现过度竞争、破坏性竞争，从而提高银行业的整体效率，促进银行业在稳定安全有序的基础上高效发展。

独立、依法、公开、公正以及效率的原则，共同构成了我国银行业监督管理的大原则，它们之间是相互联系、相互制约、浑然一体、相辅相成的有机整体，真实、客观、深刻地反映了我国银行业监督管理的需要。

4. 监督管理机构

监督管理机构是根据法律规定或授权，负责对全国银行业金融机构及其业务活动进行监督管理的机构。

国务院银行业监督管理机构在国务院的领导下，统一监督管理全国银行业金融机构及其业务活动。国务院银行业监督管理机构根据履行职责的需要设立派出机构，派出机构根据国务院银行业监督管理机构的授权，履行监督管理职责。

国务院银行业监督管理机构应当与中国人民银行、国务院其他金融监督管理机构建立监督管理信息共享机制；还可以与其他国家或者地区的银行业监督管理机构建立监督管理合作机制，实施跨境监督管理。在处置银行业金融机构风险、查处有关金融违法行为等监督管理活动中，地方政府、各级有关部门应当予以配合和协助。国务院银行业监督管理机构应当公开监督管理程序，建立管理责任制度和内部监督制度，并接受国务院审计、监察等机关对其活动进行的监督。

5. 监管对象

《银行业监督管理法》第二条规定："国务院银行业监督管理机构负责对全国银行

业金融机构及其业务活动监督管理的工作。"所谓银行业金融机构，是指在中华人民共和国境内设立的商业银行、城市信用合作社、农村信用合作社等吸收公众存款的金融机构以及政策性银行，也包括中华人民共和国境内设立的金融资产管理公司、信托投资公司、财务公司、金融租赁公司以及经国务院银行业监督管理机构批准设立的其他金融机构。国务院银行业监督管理机构还依法对经其批准在境外设立的金融机构以及上述金融机构在境外的业务活动实施监督管理。

对在中华人民共和国境内设立的政策性银行、金融资产管理公司，在中华人民共和国境内设立的外资银行业金融机构、中外合资银行业金融机构、外国银行业金融机构的分支机构的监督管理，法律、行政法规另有规定的，依照其规定。

6. 银行业监督管理机构从业人员规范

《银行业监督管理法》对银行业监督管理机构从业人员设立了如下几点基本规范。

(1) 从业人员应当具备与其任职相适应的专业知识和业务工作经验。

(2) 从业人员要忠于职守，依法办事，公正廉洁，不得利用职务便利牟取不正当的利益，不得在金融机构等企业中兼任职务。

(3) 从业人员要保守国家秘密，并有责任为其监督管理的银行业金融机构及当事人保守秘密。

3.2.2 银行业监督管理机构的职责

1. 监管职责的范围

国务院银行业监督管理机构的监督职责包括以下各项内容。

(1) 依照法律、行政法规制定并发布对银行业金融机构及其业务活动监督管理的规章、规则。

(2) 依照法律、行政法规规定的条件和程序，审查批准银行业金融机构的设立、变更、终止以及业务范围。

(3) 在受理申请设立银行业金融机构时，或者银行业金融机构变更持有资本总额或者股份总额达到规定比例以上的股东时，负责对股东的资金来源、财务状况、资本补充能力和诚信状况进行审查。

(4) 对于银行业金融机构业务范围内的业务品种，按照规定进行审查批准或者备案。需要审查批准或者备案的业务品种，由国务院银行业监督管理机构依照法律、行政法规做出规定并公布。

(5) 对银行业市场准入实施管制。未经国务院银行业监督管理机构批准，任何单位或者个人不得设立银行业金融机构或者从事银行业金融机构的业务活动。

(6) 对银行业金融机构的董事和高级管理人员实行任职资格管理。

(7) 依照法律、行政法规制定银行业金融机构的审慎经营规则。审慎经营规则是银行业金融机构必须严格遵守的行为准则，包括风险管理、内部控制、资本充足率、资产质量、损失准备金、风险集中、关联交易、资产流动性等内容。

(8) 对银行业自律组织的活动进行指导和监督。银行业自律组织的章程应当报国务院银行业监督管理机构备案。

(9) 开展与银行业监督管理有关的国际交流、合作活动。

2. 监管职责的履行

国务院银行业监督管理机构在履行监管职责时，应当遵循以下几条规定。

1) 审批时限规定

国务院银行业监督管理机构应当在规定的期限内，对申请事项做出批准或者不批准的书面决定；决定不批准的，应当说明理由。具体的期限规定包括以下几点：①银行业金融机构的设立，自收到申请文件之日起6个月内；②银行业金融机构的变更、终止，以及业务范围和增加业务范围内的业务品种，自收到申请文件之日起3个月内；③审查董事和高级管理人员的任职资格，自收到申请文件之日起30日内。

经典例题

【例3-4】申请银行业金融机构的变更、终止，银监会应当自收到申请文件之日起( )个月内做出批准或者不批准的书面决定。

A. 1 B. 2 C. 3 D. 6

【答案】C

2) 非现场监督规定

国务院银行业监督管理机构应当对银行业金融机构的业务活动及其风险状况进行非现场监管，建立银行业金融机构监督管理信息系统，分析、评价其风险状况。

3) 现场检查规定

国务院银行业监督管理机构应当对银行业金融机构的业务活动及其风险状况进行现场检查。为此，国务院银行业监督管理机构应当制定现场检查程序，规范现场检查行为。

4) 并表监管规定

国务院银行业监督管理机构应当对银行业金融机构实行并表监督管理。

5) 接受中国人民银行建议

国务院银行业监督管理机构对中国人民银行提出的检查银行业金融机构的建议，应当自收到建议之日起30日内予以回复。

6) 金融监管评级体系和风险预警机制

国务院银行业监督管理机构应当建立银行业金融机构监督管理评级体系和风险预警机制，根据银行业金融机构的评级情况和风险状况，确定对其现场检查的频率、范围和需要采取的其他措施。

7) 突发事件报告责任制度

国务院银行业监督管理机构应当建立银行业突发事件的发现、报告岗位责任制度。

各级银监机构一旦发现可能引发系统性银行业风险、严重影响社会稳定的突发事件,应当立即向国务院银行业监督管理机构负责人报告;国务院银行业监督管理机构负责人认为需要向国务院报告的,应当立即向国务院报告,并告知中国人民银行、国务院财政部门等有关部门。

8) 突发事件处置制度

国务院银行业监督管理机构应当会同中国人民银行、国务院财政部门等有关部门建立银行业突发事件处置制度,制定银行业突发事件处置预案,明确处置机构和人员及其职责、处置措施和处置程序,及时、有效地处置银行业突发事件。

9) 统一的统计制度

国务院银行业监督管理机构负责统一编制全国银行业金融机构的统计数据、报表,并按照国家有关规定予以公布。

3.2.3　银行业监督管理机构的监督管理措施

1. 强制信息披露

保持金融机构的充分信息披露是实现银行业有效监督管理的关键环节。为此,《银行业监督管理法》规定了以下几种强制信息披露的措施。

1) 获取财务资料

国务院银行业监督管理机构根据履行职责的需要,有权要求银行业金融机构按照规定报送资产负债表、利润表和其他财务会计、统计报表、经营管理资料以及注册会计师出具的审计报告。

2) 现场检查

《银行业监督管理法》第四十二条规定:"银行业监督管理机构依法对银行业金融机构进行检查时,经设区的市一级以上银行业监督管理机构负责人批准,可以对与涉嫌违法事项有关的单位和个人采取下列措施:①询问有关单位或者个人,要求其对有关情况做出说明;②查阅、复制有关财务会计、财产权登记等文件、资料;③对可能被转移、隐匿、毁损或者伪造的文件、资料,予以先行登记保存。"

为了规范现场检查行为,《银行业监督管理法》规定,银行业监督管理机构采取上述规定措施,调查人员不得少于两人,并应当出示合法证件和调查通知书;调查人员少于两人或者未出示合法证件和调查通知书的,有关单位或者个人有权拒绝。对依法采取的措施,有关单位和个人应当配合,如实说明有关情况并提供有关文件、资料,不得拒绝、阻碍和隐瞒。

经典例题

【例3-5】银行业监督机构实施现场检查措施时,检查人员不得少于(　　)人,并应当出示合法证件和检查通知书。

A. 2	B. 3
C. 5	D. 10

【答案】A

3) 询问企业高层人员

国务院银行业监督管理机构根据履行职责的需要，可以与银行业金融机构董事、高级管理人员进行监督管理谈话，要求银行业金融机构董事、高级管理人员就银行业金融机构的业务活动和风险管理的重大事项做出说明。

4) 向公众披露信息

国务院银行业监督管理机构应当责令银行业金融机构按照规定，如实向社会公众披露财务会计报告、风险管理状况、董事和高级管理人员变更以及其他重大事项等信息。

经典例题

【例3-6】《银行业监督管理法》规定，银行业金融机构应当按照规定如实向社会公众披露(　　)。

A. 财务会计报告	B. 风险管理状况
C. 董事和高级管理人员变更	D. 员工中所有的违法违规处理结果
E. 客户交易数据

【答案】ABC

2. 强制整改

《银行业监督管理法》第三十七条规定："银行业金融机构违反审慎经营规则的，国务院银行业监督管理机构或者其省一级派出机构应当责令限期改正；逾期未改正的，或者其行为严重危及该银行业金融机构的稳健运行、损害存款人和其他客户合法权益的，经国务院银行业监督管理机构或者其省一级派出机构负责人批准，可以区别情形，采取下列措施：①责令暂停部分业务、停止批准开办新业务；②限制分配红利和其他收入；③限制资产转让；④责令控股股东转让股权或者限制有关股东的权利；⑤责令调整董事、高级管理人员或者限制其权利；⑥停止批准增设分支机构。银行业金融机构整改后，应当向国务院银行业监督管理机构或者其省一级派出机构提交报告。国务院银行业监督管理机构或者其省一级派出机构经验收，符合有关审慎经营规则的，应当自验收完毕之日起3日内解除对其采取的前款规定的有关措施。"

3. 接管、重组与撤销

1) 接管、重组与撤销的事由

银行业金融机构已经或者可能发生信用危机，严重影响存款人和其他客户合法权益的，国务院银行业监督管理机构可以依法对该银行业金融机构实行接管或者促成机构重组，接管和机构重组依照有关法律和国务院的规定执行。银行业金融机构有违法经营、经营管理不善等情形，不予撤销将严重危害金融秩序、损害公众利益的，国务院银行业监督管理机构有权予以撤销。

2) 接管、重组与撤销的措施

银行业金融机构被接管、重组或者被撤销的，国务院银行业监督管理机构有权要求该银行业金融机构的董事、高级管理人员和其他工作人员，按照国务院银行业监督管理机构的要求履行职责。

在接管、机构重组或者撤销清算期间，经国务院银行业监督管理机构负责人批准，对直接负责的董事、高级管理人员和其他直接责任人员，可以采取下列措施：①直接负责的董事、高级管理人员和其他直接责任人员出境将对国家利益造成重大损失的，通知出境管理机关依法阻止其出境；②申请司法机关禁止其转移、转让财产或者对其财产设定其他权利。

经典例题

【例3-7】(　　)是国务院银行业监督管理机构依法保护银行业金融机构经营安全、合法的一项预防性拯救措施。

A. 接管　　　　B. 撤销　　　　C. 重组　　　　D. 依法宣告破产

【答案】A

【解析】接管是银监会依法保护银行业金融机构经营安全、合法的一项预防性拯救措施。

【例3-8】下列关于银监会对银行业金融机构的监管措施的说法，正确的是(　　)。

A. 接管的目的是使出现风险或可能出现风险的银行业金融机构退出市场

B. 银行业金融机构重组失败的，银监会可以宣告其破产

C. 银监会有权强制撤销严重危害金融秩序的银行业金融机构

D. 接管会改变问题银行金融机构的资本结构，以帮助其合理解决债务

【答案】C

【解析】A选项，接管的目的是对被接管银行业金融机构采取必要措施，以保护存款人的利益，恢复银行金融机构的正常经营能力；B选项，银行业金融机构重组失败的，国务院银行业监督管理机构可以终止重组，而由人民法院按照法律规定的程序依法宣告破产；D选项，接管不会改变问题银行金融机构的资本结构，重组会改变问题银行金融机构的资本机构。

【例3-9】银行业金融机构有违法经营、经营管理不善等情形,不予撤销将严重危害金融秩序、损害公众利益的,银监会有权予以(   )。

A. 接管　　　　　B. 重组　　　　　C. 撤销　　　　　D. 依法宣告破产

【答案】C

【解析】银行业金融机构有违法经营、经营管理不善等情形,不予撤销将严重危害金融秩序、损害公众利益的,银监会有权予以撤销。

4. 冻结账户

经国务院银行业监督管理机构或者其省一级派出机构负责人批准,国务院银行业监督管理机构有权查询涉嫌金融违法的银行业金融机构及其工作人员以及关联行为人的账户;对涉嫌转移或者隐匿违法资金的,经国务院银行业监督管理机构负责人批准,可以申请司法机关予以冻结。

经典例题

【例3-10】对涉嫌金融违法的银行业金融机构及其工作人员以及关联行为人的账户,经(   )批准,可以申请司法机关予以冻结。

A. 中国人民银行　　　　　　　　B. 地方政府

C. 纪检部门　　　　　　　　　　D. 银监会及其派出机构负责人

【答案】D

【例3-11】下列不属于银监会的其他监督管理措施的是(   )。

A. 审慎性监督管理谈话　　　　　B. 强制披露

C. 延伸调查　　　　　　　　　　D. 直接冻结有关涉嫌违法资金

【答案】D

【解析】银监会的其他监督管理措施包括延伸调查、审慎性监督管理谈话、强制披露、查询涉嫌违法账户和申请冻结涉嫌违法资金。

案例分析3-3

中国银保监会云南监管局于2019年6月17日公布的行政处罚信息公开表(云银保监罚决字〔2019〕33号)显示,昆明官渡农村合作银行(以下简称"官渡农合行")党委书记、董事长杨诚对官渡农合行"内部控制失效,柜面业务管理失控,违规操作套取空白存单"以及"内部控制薄弱,违规办理密码挂失重置及存取款业务,形成资金损失"负有领导管理的直接责任。行政处罚决定:取消党委书记、董事长杨诚5年的银行董事、高级管理人员任职资格。

【问题】

结合《银行业监督管理法》分析此案例。

【解析】

《银行业监督管理法》第四十八条规定:"银行业金融机构违反法律、行政法规以及国家有关银行业监督管理规定的,银行业监督管理机构除依照本法第四十四条至第四十七条规定处罚外,还可以区别不同情形,采取下列措施:①责令银行业金融机构对直接负责的董事、高级管理人员和其他直接责任人员给予纪律处分;②银行业金融机构的行为尚不构成犯罪的,对直接负责的董事、高级管理人员和其他直接责任人员给予警告,处五万元以上五十万元以下罚款;③取消直接负责的董事、高级管理人员一定期限直至终身的任职资格,禁止直接负责的董事、高级管理人员和其他直接责任人员一定期限直至终身从事银行业工作。"因此,取消杨诚的董事、高级管理人员的任职资格。

资料来源:www.cbrc.gov.cn/chinese/home/docView.

3.3 违反银行业监管的法律责任

3.3.1 违反《中国人民银行法》的法律责任

1. 违反人民币发行及流通管理规定行为人的法律责任

(1) 对伪造和变造货币等违法行为人员的处罚。伪造人民币,出售伪造的人民币或者明知是伪造的人民币而运输构成犯罪的,依法追究刑事责任;变造人民币,出售变造人民币,或者明知是变造的人民币而运输构成犯罪的,依法追究刑事责任;购买伪造、变造的人民币,或者明知是伪造、变造的人民币而使用构成犯罪的,依法追究刑事责任;实施上述行为,不构成犯罪的,由中国人银行或其他相关部门予以处罚。

(2) 对非法使用人民币图样的人员的处罚。在宣传品、出版物或其他商品上非法使用人民币图样的,中国人民银行应当责令改正,并销毁非法使用的人民币图样,没收违法所得,并处5万元以下罚款。

(3) 对印制、发售代币票券代替人民币流通的人员的处罚。印制、发售代币票券,以代替人民币在市场上流通的,中国人民银行应当责令停止违法行为,并处20万元以下的罚款。

2. 金融机构的法律责任

金融机构违反《中国人民银行法》的规定,须承担相应的法律责任。中国人民银行拥有金融调控权,金融机构要接受并积极配合中国人民银行依法履行金融调控行为,对于不积极配合提供报表和资料,或报表及资料虚假,不按规定办理金融机构设置等行为，中国人民银行可以做出行政处罚，责令其停止违法行为并对其罚款。金融机构如对处罚不服，可以提起行政诉讼。

3. 中国人民银行及其工作人员违法行为的法律责任

(1) 中国人民银行有以下行为之一，对直接责任人员依法给予行政处分，构成犯罪的依法追究刑事责任：①违反银行法规定提供贷款的；②对单位和个人提供贷款担保的；③擅自动用发行基金的。

(2) 中国人民银行工作人员泄露国家秘密的法律责任。《中国人民银行法》第五十条规定："中国人民银行的工作人员泄露国家秘密或者所知悉的商业秘密，构成犯罪的，依法追究刑事责任；尚不构成犯罪的，依法给予行政处分。"

(3) 中国人民银行工作人员贪污受贿、徇私舞弊、滥用职权、疏忽职守的法律责任。《中国人民银行法》第五十一条规定："中国人民银行工作人员贪污受贿、徇私舞弊、滥用职权、玩忽职守，构成犯罪的，依法追究其刑事责任；尚不构成犯罪的，依法给予行政处分。"

4. 其他组织和个人违法行为的法律责任

地方政府、各级政府部门、社会团体和个人强令中国人民银行及其工作人员违反《中国人民银行法》的规定提供贷款或者担保的，对负有直接责任的主管人员和其他直接责任人员，依法给予行政处分；构成犯罪的，依法追究刑事责任；造成损失的，应当承担部分或者全部赔偿责任。

3.3.2 违反《银行业监督管理法》的法律责任

1. 银行业监督管理机构工作人员的法律责任

银行业监督管理机构从事监督管理工作的人员有下列情形之一的，依法给予行政处分；构成犯罪的，依法追究刑事责任：①违反规定审查批准银行业金融机构的设立、变更、终止，以及业务范围和业务范围内的业务品种的；②违反规定对银行业金融机构进行现场检查的；③未依照《银行业监督管理法》第二十八条规定报告突发事件的；④违反规定查询账户或者申请冻结资金的；⑤违反规定对银行业金融机构采取措施或者处罚的；⑥违反《银行业监督管理法》第四十二条规定对有关单位或者个人进行调查的；⑦滥用职权、玩忽职守的其他行为。

银行业监督管理机构从事监督管理工作的人员贪污受贿，泄露国家秘密、商业秘密和个人隐私，构成犯罪的，依法追究刑事责任；尚不构成犯罪的，依法给予行政处分。

2. 银行业金融机构的法律责任

1) 违反市场准入规定的法律责任

擅自设立银行业金融机构或者非法从事银行业金融机构的业务活动的，由国务院银行业监督管理机构予以取缔；构成犯罪的，依法追究刑事责任；尚不构成犯罪的，由国务院银行业监督管理机构没收违法所得，违法所得50万元以上的，并处违法所得1倍以上5倍以下罚款；没有违法所得或者违法所得不足50万元的，处50万元以上200万元以下罚款。

> **经典例题**

【例3-12】对于非法从事银行业金融机构的业务活动的，国务院银行业监督管理机构可以(　　)。

A. 予以取缔

B. 构成犯罪的，依法追究刑事责任

C. 没收违反所得

D. 违法所得50万元以上的，处以违法所得3倍以上5倍以下罚款

E. 没收违法所得的，处以50万元以下罚款

【答案】ABC

2) 违反经营管制规定的法律责任

银行业金融机构有下列情形之一，由国务院银行业监督管理机构责令改正，有违法所得的，没收违法所得，违法所得50万元以上的，并处违法所得1倍以上5倍以下罚款；没有违法所得或者违法所得不足50万元的，处50万元以上200万元以下罚款；情节特别严重或者逾期不改正的，可以责令停业整顿或者吊销其经营许可证；构成犯罪的，依法追究刑事责任：①未经批准设立分支机构的；②未经批准变更、终止的；③违反规定从事未经批准或者未备案的业务活动的；④违反规定提高或者降低存款利率、贷款利率的。

3) 违反诚实经营和审慎经营义务的法律责任

银行业金融机构有下列情形之一，由国务院银行业监督管理机构责令改正，并处20万元以上50万元以下罚款；情节特别严重或者逾期不改正的，可以责令停业整顿或者吊销其经营许可证；构成犯罪的，依法追究刑事责任：①未经任职资格审查任命董事、高级管理人员的；②拒绝或者阻碍非现场监管或者现场检查的；③提供虚假的或者隐瞒重要事实的报表、报告等文件、资料的；④未按照规定进行信息披露的；⑤严重违反审慎经营规则的；⑥拒绝执行《银行业监督管理法》第三十七条规定的强制整改措施的。

> **经典例题**

【例3-13】下列关于严重违反审慎经营原则的说法中，错误的是(　　)。

A. 由国务院银行业监督管理机构责令改正，并处20万元以上50万元以下罚款

B. 构成犯罪的，依法追究刑事责任

C. 逾期不改正的，可以吊销其经营许可证

D. 情节特别严重的，可以责令停业整顿

【答案】A

案例分析3-4

兴业银行股份有限公司上海分行向某资本管理有限公司出具说明函，为该公司信托计划的2笔基础资产提供流动性支持，由该分行承担这两笔资产的最终风险，而该分行表内外均未记账，未做到会计记录、账务处理的合法、真实、完整和准确。严重违反内部控制审慎经营规则。银行业监督管理委员会责令改正，并处罚款50万元。

【问题】
结合《银行业监督管理法》分析此案例。

【解析】
根据《银行业监督管理法》第二十一条规定："银行业金融机构的审慎经营规则，由法律、行政法规规定，也可以由国务院银行业监督管理机构依照法律、行政法规制定。前款规定的审慎经营规则，包括风险管理、内部控制、资本充足率、资产质量、损失准备金、风险集中、关联交易、资产流动性等内容。银行业金融机构应当严格遵守审慎经营规则。"

《商业银行内部控制指引》第一百一十四条规定："银行应当做到会计记录、账务处理的合法、真实、完整和准确，严禁伪造、变造会计凭证、会计账簿和其他会计资料，严禁提供虚假财务会计报告。"

资料来源：https://max.book118.com/html/2018/0621/173975879.shtm.

4) 违反提交财务资料义务的法律责任

银行业金融机构不按照规定提供报表、报告等文件、资料的，由银行业监督管理机构责令改正，逾期不改正的，处10万元以上30万元以下罚款。所谓"不按照规定提供"是指实践中包括拒绝提供、迟延提供、提供不完全和提供不真实等情形。

经典例题

【例3-14】《银行业监督管理法》规定，银行业金融机构不按照规定提供报表、报告等文件、资料的，由(　　)责令改正，逾期不改正的，处10万元以上30万元以下罚款。

A. 银监会　　　　　　　　　　B. 中国人民银行
C. 国务院　　　　　　　　　　D. 国务院财政部门

【答案】A

5) 补充性制裁措施

《银行业监督管理法》第四十八条规定："银行业金融机构违反法律、行政法规以及国家有关银行业监督管理规定的，银行业监督管理机构除依照本法第四十四条至第四十七条规定处罚外，还可以区别不同情形，采取下列措施：①责令银行业金融机构对直接负责的董事、高级管理人员和其他直接责任人员给予纪律处分；②银行业金融机构的行为尚不构成犯罪的，对直接负责的董事、高级管理人员和其他直接责任人员给予警告，处5万元以上50万元以下罚款；③取消直接负责的董事、高级管理人员一定期限直至终身的任职资格，禁止直接负责的董事、高级管理人员和其他直接责任人员一定期限直至终身从事银行业工作。"

另外，《银行业监督管理法》第四十九条规定："阻碍银行业监督管理机构工作人员依法执行检查、调查职务的，由公安机关依法给予治安管理处罚；构成犯罪的，依法追究刑事责任。"

【课后思考题】

1. 中国人民银行具有哪些职责？指出中国人民银行对金融机构的哪些行为具有检查监督权。

2. 中国人民银行不能从事哪些业务？

3. 中国银行业监督管理机构具有哪些职责？其对与涉嫌违法事项有关的单位和个人采取哪些措施？

第4章 反洗钱法律制度

▶学习目标

本章分为3节：反洗钱法律制度概述；金融机构客户身份识别、客户身份资料及交易记录保存制度；金融机构大额交易和可疑交易报告制度。

1. 了解洗钱的过程和洗钱的方式；区分中国人民银行、反洗钱监测中心、中国银行业监督管理委员会反洗钱的职责；了解金融机构反洗钱的职责。

2. 掌握客户身份识别制度的范围及具体要求；理解金融机构重新识别客户的情形和金融机构委托第三方识别客户身份的要求；掌握客户身份资料和交易记录的范围、期限；了解违反《金融机构客户身份识别和客户身份资料及交易记录保存管理办法》承担的法律责任。

3. 掌握人民币大额交易的认定标准、金融机构可以不报告的大额交易的情形；了解人民币可疑交易的交易监测标准因素；掌握人民币大额交易和可疑交易报告的主体、时间，人民币大额交易和可疑交易报告的保存时间。

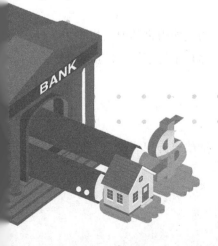

4.1 反洗钱法律制度概述

4.1.1 反洗钱法概述

洗钱，是指将毒品犯罪、黑社会性质的组织犯罪、恐怖活动犯罪、走私犯罪或者其他犯罪的违法所得及其产生的收益，通过各种手段掩饰、隐瞒其来源和性质，使其在形式上合法化的行为。

反洗钱，是指为了预防通过各种方式掩饰、隐瞒毒品犯罪、黑社会性质的组织犯罪、恐怖活动犯罪、走私犯罪、贪污贿赂犯罪、破坏金融管理秩序犯罪、金融诈骗犯罪等犯罪所得及其收益的来源和性质的洗钱活动，依照《中华人民共和国反洗钱法》(以下简称《反洗钱法》)采取相关措施的行为。

《反洗钱法》由中华人民共和国第十届全国人民代表大会常务委员会第二十四次会议于2006年10月31日通过，自2007年1月1日起施行。随着《反洗钱法》的出台，立法机关相继制定反洗钱法的实施细则，如《金融机构反洗钱规定》《金融机构客户身份识别和客户身份资料及交易记录保存管理办法》《金融机构大额交易和可疑交易报告管理办法》。

1. 洗钱的过程

洗钱的过程通常被分为三个阶段。

1) 处置阶段

处置阶段是指将犯罪收益投入清洗系统的过程。这是最易被侦察到的阶段。

2) 培植阶段

培植阶段，即通过复杂的多种、多层的金融交易，将犯罪收益与其来源分开，并进行最大限度地分散，以掩饰线索和隐藏身份。

3) 融合阶段

融合阶段被形象地描述为"甩干"，即使非法变为合法，为犯罪得来的财富提供表面的合法掩盖，在犯罪收益披上合法外衣后，犯罪收益人就能够自由地享用这些肮脏的犯罪收益，将清洗后的钱集中起来使用。

2. 洗钱的方式

1) 借用金融机构

洗钱者借用金融机构洗钱的方式包括匿名存储、利用银行贷款掩饰犯罪收益、控制银行和其他金融机构。

2) 藏身于"保密天堂"

被称为保密天堂的国家和地区具有的特征如下：①有严格的银行保密法，除了例外的情况，银行披露客户的账户构成刑事犯罪；②有宽松的金融规则，建立金融机构没有太多的限制；③有自由的公司法和严格的公司保密法。

保密天堂较为典型的国家和地区有瑞士、巴拿马、巴哈马、开曼以及太平洋上的一些岛国。

经典例题

【例4-1】被称为"保密天堂"的国家和地区所具有的特征有（　　）。
A. 银行业监管有严格的法律制度
B. 有严格的银行保密法
C. 有宽松的金融规则
D. 有自由的公司法和严格的公司保密法
E. 没有严格的银行保密法
【答案】BCD

3) 使用空壳公司

空壳公司一般是指为匿名的公司所有权人提供的一种公司结构，这种公司是被提名董事和持票人所享有的所有权结合的产物。被提名人往往是为收取一定管理费而根据外国律师的指令登记成立公司的当地人。被提名人对公司的真实所有人一无所知。

4) 利用现金密集行业

洗钱者往往利用现金密集行业进行洗钱，他们利用赌场、酒吧、娱乐场所、金银首饰店作为掩护，通过虚假交易将犯罪收益演变为经营者的合法收入。

5) 伪造商业票据

洗钱者首先将犯罪收益存入A国银行，并用其购买信用证，该信用证用于某项虚构的从B国的商品进行交易，然后用伪造的提货单在B国银行兑现。犯罪者利用一些真实的商业交易来隐瞒或掩饰犯罪收益，但在数量和价格上做文章。

6) 走私

洗钱者将现金通过某些方式偷运到其他国家，由其他洗钱者对偷运的现金进行处理。另外，洗钱者还通过艺术品或者贵金属的走私来清洗犯罪收益。

7) 利用犯罪所得直接购置不动产和动产

洗钱者直接购买房产、飞机、金融债券等，然后在转卖中套取货币现金存入银行，使其成为合法收入。

8) 通过证券业和保险业洗钱

洗钱者利用证券市场股价变化较大且交易难以被调查的特点，在国际证券市场中进行洗钱。除此之外，洗钱者在保险市场购买高额保险，然后利用这种方式低价赎回，中间的差额通过保险公司净化为合法的货币。

经典例题

【例4-2】常见的洗钱方式包括(   )。
A. 借用金融机构　　　　　　　　B. 使用空壳公司
C. 伪造商业票据　　　　　　　　D. 利用犯罪所得直接购置不动产和动产
E. 通过证券业和保险业洗钱
【答案】ABCDE

4.1.2 反洗钱的监督管理机构及其职责

中国人民银行是国务院反洗钱行政主管部门，依法对金融机构的反洗钱工作进行监督管理，组织协调全国的反洗钱工作、负责反洗钱资金监测。中国银行业监督管理委员会、中国证券监督管理委员会、中国保险监督管理委员会在各自的职责范围内履行反洗钱监督管理职责。

1. 中国人民银行反洗钱职责

(1) 制定或者会同中国银行业监督管理委员会、中国证券监督管理委员会和中国保险监督管理委员会制定金融机构反洗钱规章。

(2) 负责人民币和外币反洗钱的资金监测。

(3) 监督、检查金融机构履行反洗钱义务的情况。

(4) 在职责范围内调查可疑交易活动。

(5) 向侦查机关报告涉嫌洗钱犯罪的交易活动。

(6) 按照有关法律、行政法规的规定，与境外反洗钱机构交换与反洗钱有关的信息和资料。

(7) 国务院规定的其他有关职责。

2. 中国反洗钱监测中心的职责

中国人民银行设立中国反洗钱监测分析中心，依法履行下列几项职责。

(1) 接收并分析人民币、外币大额交易和可疑交易报告。

(2) 建立国家反洗钱数据库，妥善保存金融机构提交的大额交易和可疑交易报告信息。

(3) 按照规定向中国人民银行报告分析结果。

(4) 要求金融机构及时补正人民币、外币大额交易和可疑交易报告。

(5) 经中国人民银行批准，与境外有关机构交换信息、资料。

(6) 中国人民银行规定的其他职责。中国人民银行及其工作人员应当对依法履行反洗钱职责获得的信息予以保密，不得违反规定对外提供。中国反洗钱监测分析中心及其工作人员应当对依法履行反洗钱职责获得的客户身份资料、大额交易和可疑交易信息予以保密；非依法律规定，不得向任何单位和个人提供。

3. 中国银行业监督管理委员会的职责

(1) 参与制定所监督管理的金融机构反洗钱规章。

(2) 对所监督管理的金融机构提出按照规定建立健全反洗钱内部控制制度的要求。

(3) 发现涉嫌洗钱犯罪的交易活动及时向公安机关报告。

(4) 审查新设金融机构或金融机构增设分支机构的反洗钱内部控制制度方案，对不符合《反洗钱法》规定的设立申请，不予批准；法律和国务院规定的有关反洗钱的其他职责。

经典例题

【例4-3】下列关于反洗钱的说法中，不正确的是(　　)。

A. 《中华人民共和国反洗钱法》自2007年1月1日起实施

B. 各地银行业协会负责各地的反洗钱监督管理工作

C. 中国人民银行可以在职责范围内调查交易活动

D. 银监会可以参与制定银行业金融机构反洗钱规章

【答案】B

【解析】B选项，国务院反洗钱行政主管部门负责全国的反洗钱监督管理工作。

4.1.3　金融机构的反洗钱职责

1. 金融机构的反洗钱制度

1) 金融机构建立反洗钱内部控制制度

金融机构及其分支机构应当依法建立健全反洗钱内部控制制度，设立反洗钱专门机构或者指定内设机构负责反洗钱工作，制定反洗钱内部操作规程和控制措施，对工作人员进行反洗钱培训，增强反洗钱工作能力。

2) 金融机构建立客户身份识别制度

(1) 金融机构应当按照规定，建立客户身份识别制度。金融机构在与客户建立业务关系或者为客户提供规定金额以上的现金汇款、现钞兑换、票据兑付等一次性金融服务时，应当要求客户出示真实有效的身份证件或者其他身份证明文件，进行核对并登记。

客户由他人代理办理业务的，金融机构应当同时对代理人和被代理人的身份证件或者其他身份证明文件进行核对并登记。与客户建立人身保险、信托等业务关系，合同的受益人不是客户本人的，金融机构还应当对受益人的身份证件或者其他身份证明文件进行核对并登记。金融机构不得为身份不明的客户提供服务或者与其进行交易，不得为客户开立匿名账户或者假名账户。金融机构对先前获得的客户身份资料的真实性、有效性或者完整性有疑问的，应当重新识别客户身份。任何单位和个人在与金融机构建立业务关系或者要求金融机构为其提供一次性金融服务时，都应当提供真实有效的身份证件或者其他身份证明文件。

(2) 金融机构通过第三方识别客户身份的，应当确保第三方已经采取符合本法要求的客户身份识别措施；第三方未采取符合本法要求的客户身份识别措施的，由该金融机构承担未履行客户身份识别义务的责任。

(3) 金融机构进行客户身份识别，认为必要时，可以向公安、工商行政管理等部门核实客户的有关身份信息。

3) 金融机构建立大额交易和可疑交易报告制度

金融机构应当按照规定执行大额交易和可疑交易报告制度。金融机构办理的单笔交易或者在规定期限内的累计交易超过规定金额或者发现可疑交易的，应当及时向反洗钱信息中心报告。

4) 金融机构建立客户身份资料和交易记录保存制度

金融机构应当按照规定建立客户身份资料和交易记录保存制度。在业务关系存续期间，客户身份资料发生变更的，应当及时更新客户身份资料。客户身份资料在业务关系结束后、客户交易信息在交易结束后，应当至少保存5年。金融机构破产和解散时，应当将客户身份资料和客户交易信息移交国务院有关部门指定的机构。

5) 金融机构反洗钱的其他义务

(1) 金融机构应当按照规定向中国反洗钱监测分析中心报告人民币、外币大额交易和可疑交易。

(2) 金融机构在履行反洗钱义务过程中，发现涉嫌犯罪的，应当及时以书面形式向中国人民银行当地分支机构和当地公安机关报告。

(3) 金融机构及其工作人员应当依法协助、配合司法机关和行政执法机关打击洗钱活动。金融机构的境外分支机构应当遵循驻在国家或者地区反洗钱方面的法律规定，协助配合驻在国家或者地区反洗钱机构的工作。

(4) 金融机构应当按照反洗钱预防、监控制度的要求，开展反洗钱培训和宣传工作。

(5) 国务院反洗钱行政主管部门或者其省一级派出机构发现可疑交易活动，需要调查核实的，可以向金融机构进行调查，金融机构应当予以配合，如实提供有关文件和资料。调查可疑交易活动时，调查人员不得少于二人，并出示合法证件和国务院反洗钱行政主管部门或者其省一级派出机构出具的调查通知书。调查人员少于二人或者未出示合法证件和调查通知书的，金融机构有权拒绝调查。

2. 反洗钱法的法律责任

1) 行政处分

金融机构有下列行为之一的，由国务院反洗钱行政主管部门或者其授权的设区的市一级以上派出机构责令限期改正；情节严重的，建议有关金融监督管理机构依法责令金融机构对直接负责的董事、高级管理人员和其他直接责任人员给予纪律处分：①未按照规定建立反洗钱内部控制制度的；②未按照规定设立反洗钱专门机构或者指定内设机构负责反洗钱工作的；③未按照规定对职工进行反洗钱培训的。

反洗钱行政主管部门和其他依法负有反洗钱监督管理职责的部门、机构从事反洗钱工作的人员有下列行为之一的，依法给予行政处分：①违反规定进行检查、调查或者采取临时冻结措施的；②泄露因反洗钱知悉的国家秘密、商业秘密或者个人隐私的；③违反规定对有关机构和人员实施行政处罚的；④其他不依法履行职责的行为。

2) 行政处罚

金融机构有下列行为之一的，由国务院反洗钱行政主管部门或者其授权的设区的市一级以上派出机构责令限期改正；情节严重的，处20万元以上50万元以下罚款，并对直接负责的董事、高级管理人员和其他直接责任人员，处1万元以上5万元以下罚款：①未按照规定履行客户身份识别义务的；②未按照规定保存客户身份资料和交易记录的；③未按照规定报送大额交易报告或者可疑交易报告的；④与身份不明的客户进行交易或者为客户开立匿名账户、假名账户的；⑤违反保密规定，泄露有关信息的；⑥拒绝、阻碍反洗钱检查、调查的；⑦拒绝提供调查材料或者故意提供虚假材料的。

金融机构有前款行为，致使洗钱后果发生的，处50万元以上500万元以下罚款，并对直接负责的董事、高级管理人员和其他直接责任人员处5万元以上50万元以下罚款；情节特别严重的，反洗钱行政主管部门可以建议有关金融监督管理机构责令停业整顿或者吊销其经营许可证。对有前两款规定情形的金融机构直接负责的董事、高级管理人员和其他直接责任人员，反洗钱行政主管部门可以建议有关金融监督管理机构依法责令金融机构给予纪律处分，或者建议依法取消其任职资格、禁止其从事有关金融行业工作。

4.2 金融机构客户身份识别、客户身份资料及交易记录保存制度

根据《反洗钱法》等法律规定，中国人民银行、中国银行业监督管理委员会、中国证券监督管理委员会和中国保险监督管理委员会制定了《金融机构客户身份识别和客户身份资料及交易记录保存管理办法》，自2007年8月1日起施行。

4.2.1 金融机构客户身份识别制度

金融机构的客户身份识别，是指金融机构在与客户建立业务关系或与其进行交易时，不仅需要了解客户的真实身份，还需要根据交易的需要了解客户的职业或经营背景、履约能力、交易目的、交易性质以及资金来源等有关情况。金融机构在与客户建立业务关系或与其进行交易时，应当根据法定的有效身份证件或其他可靠的身份识别资料，确定和记录其客户的身份。

1. 金融机构的界定

客户身份识别、客户身份资料及交易记录保存中的金融机构包括以下几种。

(1) 政策性银行、商业银行、农村合作银行、城市信用合作社、农村信用合作社。

(2) 证券公司、期货公司、基金管理公司。

(3) 保险公司、保险资产管理公司。

(4) 信托公司、金融资产管理公司、财务公司、金融租赁公司、汽车金融公司、货币经纪公司。

(5) 从事汇兑业务、支付清算业务和基金销售业务的机构。

(6) 中国人民银行确定并公布的其他金融机构。

2. 识别客户身份的范围

(1) 政策性银行、商业银行、农村合作银行、城市信用合作社、农村信用合作社等金融机构和从事汇兑业务的机构,在以开立账户等方式与客户建立业务关系,为不在本机构开立账户的客户提供现金汇款、现钞兑换、票据兑付等一次性金融服务且交易金额单笔人民币1万元以上或者外币等值1000美元以上的,应当识别客户身份。

(2) 商业银行、农村合作银行、城市信用合作社、农村信用合作社等金融机构为自然人客户办理人民币单笔5万元以上或者外币等值1万美元以上现金存取业务的,应当核对客户的有效身份证件或者其他身份证明文件。

(3) 政策性银行、商业银行、农村合作银行、城市信用合作社、农村信用合作社等金融机构和从事汇兑业务的机构为客户向境外汇出资金时,应当识别客户身份。

(4) 证券公司、期货公司、基金管理公司以及其他从事基金销售业务的机构在办理资金账户开户、销户、变更,资金存取等;开立基金账户;代办证券账户的开户、挂失、销户或者期货客户交易编码的申请、挂失、销户;与客户签订期货经纪合同;为客户办理代理授权或者取消代理授权;转托管,指定交易、撤销指定交易;代办股份确认;交易密码挂失;修改客户身份基本信息等资料;开通网上交易、电话交易等非柜面交易方式;与客户签订融资融券等信用交易合同等业务时,应当识别客户身份。

(5) 对于保险费金额人民币1万元以上或者外币等值1000美元以上且以现金形式缴纳的财产保险合同,单个被保险人保险费金额人民币2万元以上或者外币等值2000美元以上且以现金形式缴纳的人身保险合同,保险费金额人民币20万元以上或者外币等值2万美元以上且以转账形式缴纳的保险合同,保险公司在订立保险合同时,应确认投保人与被保险人的关系,核对投保人和人身保险被保险人、法定继承人以外的指定受益人的有效身份证件或者其他身份证明文件,登记投保人、被保险人、法定继承人以外的指定受益人的身份基本信息,并留存有效身份证件或者其他身份证明文件的复印件或者影印件。

(6) 在客户申请解除保险合同时,如退还的保险费或者退还的保险单的现金价值金额为人民币1万元以上或者外币等值1000美元以上的,保险公司应当要求退保申请人出示保险合同原件或者保险凭证原件,核对退保申请人的有效身份证件或者其他身份证明文件，确认申请人的身份。

(7) 在被保险人或者受益人请求保险公司赔偿或者给付保险金时，如金额为人民币1万元以上或者外币等值1000美元以上，保险公司应当核对被保险人或者受益人的有效身份证件或者其他身份证明文件，确认被保险人、受益人与投保人之间的关系，登记被保险人、受益人身份基本信息，并留存有效身份证件或者其他身份证明文件的复印件或者影印件。

(8) 信托公司在设立信托时，应当核对委托人的有效身份证件或者其他身份证明文件，了解信托财产的来源，登记委托人、受益人的身份基本信息，并留存委托人的有效身份证件或者其他身份证明文件的复印件或者影印件。

(9) 金融资产管理公司、财务公司、金融租赁公司、汽车金融公司、货币经纪公司、保险资产管理公司以及中国人民银行确定的其他金融机构在与客户签订金融业务合同时，应当核对客户的有效身份证件或者其他身份证明文件，登记客户身份基本信息，并留存有效身份证件或者其他身份证明文件的复印件或者影印件。

(10) 金融机构利用电话、网络、自动柜员机以及其他方式为客户提供非柜台方式的服务时，应实行严格的身份认证措施，采取相应的技术保障手段，强化内部管理程序，识别客户身份。

3. 客户身份识别的要求

1) 金融机构为个人客户开立存款账户、办理结算等业务的

(1) 要求出示本人身份证件，进行核对，并登记其身份证件上的姓名和号码。

(2) 代理他人在金融机构开立个人存款账户的，金融机构应当要求其出示被代理人和代理人的身份证件，进行核对，并登记被代理人和代理人的身份证件上的姓名和号码。要求对被代理人采取客户身份识别措施时，应当核对代理人的有效身份证件或者身份证明文件，登记代理人的姓名或者名称、联系方式、身份证件或者身份证明文件的种类、号码。

2) 金融机构为单位客户办理开户、存款、结算等业务的

(1) 按照中国人民银行有关规定要求其提供有效证明文件和资料，进行核对并登记。

(2) 对未按照规定提供本单位有效证明文件和资料的，金融机构不得为其办理存款、结算等业务。

3) 其他情况

在与客户的业务关系存续期间，金融机构应当采取持续的客户身份识别措施，关注客户及其日常经营活动、金融交易情况，及时提示客户更新资料信息。

对于高风险客户或者高风险账户持有人，金融机构应当了解其资金来源、资金用途、经济状况或者经营状况等信息，加强对其金融交易活动的监测分析。客户为外国政要的，金融机构应采取合理措施了解其资金来源和用途。

客户先前提交的身份证件或者身份证明文件已过有效期，没有在合理期限内更新且

没有提出正当理由的，金融机构应中止为客户办理业务。

4. 金融机构重新识别客户的情形

金融机构对先前获得的客户身份资料的真实性、有效性、完整性有疑问的，应当重新识别客户身份，重新识别客户身份的具体情形包括以下几种。

(1) 客户要求变更姓名或者名称、身份证件或者身份证明文件种类、身份证件号码、注册资本、经营范围、法定代表人或者负责人的。

(2) 客户行为或者交易情况出现异常的。

(3) 客户姓名或者名称与国务院有关部门、机构和司法机关依法要求金融机构协查或者关注的犯罪嫌疑人、洗钱和恐怖融资分子的姓名或者名称相同的。

(4) 客户有洗钱、恐怖融资活动嫌疑的。

(5) 金融机构获得的客户信息与先前已经掌握的相关信息存在不一致或者相互矛盾的。

(6) 先前获得的客户身份资料的真实性、有效性、完整性存在疑点的。

(7) 金融机构认为应重新识别客户身份的其他情形。

金融机构除核对有效身份证件或者其他身份证明文件外，可以采取以下的一种或者几种措施，识别或者重新识别客户身份：①要求客户补充其他身份资料或者身份证明文件；②回访客户；③实地查访；④向公安、工商行政管理等部门核实；⑤其他可依法采取的措施。

5. 金融机构委托第三方识别客户身份的要求

金融机构通过第三方识别客户身份的，应当确保第三方已经采取符合法律要求的客户身份识别措施；第三方未采取符合法律要求的客户身份识别措施的，该金融机构承担未履行客户身份识别义务的责任。

金融机构委托金融机构以外的第三方识别客户身份的，应当符合下列要求：①能够证明第三方按反洗钱法律、行政法规和本办法的要求，采取了客户身份识别和身份资料保存的必要措施；②第三方为本金融机构提供客户信息，不存在法律制度、技术等方面的障碍；③本金融机构在办理业务时，能立即获得第三方提供的客户信息，还可在必要时从第三方获得客户的有效身份证件、身份证明文件的原件、复印件或者影印件。

金融机构在履行客户身份识别义务时，应当向中国反洗钱监测分析中心和中国人民银行当地分支机构报告以下可疑行为：①客户拒绝提供有效身份证件或者其他身份证明文件的；②对向境内汇入资金的境外机构提出要求后，仍无法完整获得汇款人姓名或者名称、汇款人账号和汇款人住所及其他相关替代性信息的；③客户无正当理由拒绝更新客户基本信息的；④采取必要措施后，仍怀疑先前获得的客户身份资料的真实性、有效性、完整性的；⑤履行客户身份识别义务时发现的其他可疑行为。

4.2.2 金融机构客户身份资料及交易记录保存制度

金融机构应当按照法律法规的规定建立客户身份资料和交易记录保存制度，应采取必要管理措施和技术措施，防止客户身份资料和交易记录的缺失、损毁，防止泄露客户身份信息和交易信息；在业务存续期间，客户身份资料发生变更的，应当及时更新客户身份资料。金融机构应采取切实可行的措施保存客户身份资料和交易记录，便于反洗钱调查和监督管理。

1. 客户身份资料和交易记录的范围

金融机构应当保存的客户身份资料包括记载客户身份信息、资料以及反映金融机构开展客户身份识别工作情况的各种记录和资料。金融机构应当保存的交易记录包括关于每笔交易的数据信息、业务凭证、账簿，以及有关规定要求的反映交易真实情况的合同、业务凭证、单据、业务函件和其他资料。

自然人客户的身份基本信息包括客户的姓名、性别、国籍、职业、住所地或者工作单位地址、联系方式，身份证件或者身份证明文件的种类、号码和有效期限。客户的住所地与经常居住地不一致的，登记客户的经常居住地。

法人、其他组织和个体工商户客户的身份基本信息包括客户的名称、住所、经营范围、组织机构代码、税务登记证号码；可证明该客户依法设立或者可依法开展经营、社会活动的执照、证件或者文件的名称、号码和有效期限；控股股东或者实际控制人、法定代表人、负责人和授权办理业务人员的姓名、身份证件或者身份证明文件的种类、号码、有效期限。

2. 保存客户身份资料和交易记录的期限

金融机构应当按照下列期限保存客户身份资料和交易记录。

(1) 客户身份资料，自业务关系结束当年或者一次性交易记账当年计起至少保存5年。

(2) 交易记录，自交易记账当年计起至少保存5年。

(3) 法律、行政法规和其他规章对客户身份资料和交易记录有更长保存期限要求的，遵守其规定。

客户身份资料和交易记录涉及正在被反洗钱调查的可疑交易活动，且反洗钱调查工作在前款规定的最低保存期届满时仍未结束的，金融机构应将其保存至反洗钱调查工作结束。

同一介质上存有不同保存期限客户身份资料或者交易记录的，应当按最长期限保存。同一客户身份资料或者交易记录采用不同介质保存的，至少应当按照上述期限要求保存一种介质的客户身份资料或者交易记录。

金融机构破产或者解散时，应当将客户身份资料和交易记录移交中国银行业监督管理委员会、中国证券监督管理委员会或者中国保险监督管理委员会指定的机构。

> 经典例题

【例4-4】客户身份资料在业务关系结束后、客户交易信息在交易结束后,金融机构应当至少保持( )年。

A. 5　　　　　　B. 10　　　　　　C. 15　　　　　　D. 20

【答案】 A

【解析】 客户身份资料,自业务关系结束当年或者一次性交易记账当年计起至少保存5年。

4.2.3　违反《金融机构客户身份识别和客户身份资料及交易记录保存管理办法》法律责任的承担

金融机构违反《金融机构客户身份识别和客户身份资料及交易记录保存管理办法》的,由中国人民银行按照《中华人民共和国反洗钱法》的规定予以处罚;区别不同情形,向中国银行业监督管理委员会、中国证券监督管理委员会或者中国保险监督管理委员会建议采取下列措施:①责令金融机构停业整顿或者吊销其经营许可证;②取消金融机构直接负责的董事、高级管理人员和其他直接责任人员的任职资格、禁止其从事有关金融行业的工作;③责令金融机构对直接负责的董事、高级管理人员和其他直接责任人员给予纪律处分。

中国人民银行县(市)支行发现金融机构违反《金融机构客户身份识别和客户身份资料及交易记录保存管理办法》的,应当报告上一级中国人民银行分支机构,由上一级分支机构按照前款规定进行处罚或者提出建议。

4.3　金融机构大额交易和可疑交易报告制度

《金融机构大额交易和可疑交易报告管理办法》经2016年12月9日中国人民银行第9次行长办公会议通过,2016年12月28日中国人民银行令〔2016〕第3号发布,自2017年7月1日起施行。

4.3.1　人民币大额交易管理制度

1. 人民币大额交易的含义

人民币支付交易,是指单位、个人在社会经济活动中通过票据、银行卡、汇兑、托收承付、委托收款、网上支付和现金等方式进行的以人民币计价的货币给付及资金清算的交易。人民币大额支付交易是指规定金额以上的人民币支付交易。

2. 人民币大额交易认定标准

(1) 当日单笔或者累计交易人民币5万元以上(含5万元)、外币等值1万美元以上(含1万美元)的现金缴存、现金支取、现金结售汇、现钞兑换、现金汇款、现金票据解付及其他形式的现金收支。

(2) 非自然人客户银行账户与其他的银行账户发生当日单笔或者累计交易人民币200万元以上(含200万元)、外币等值20万美元以上(含20万美元)的款项划转。

(3) 自然人客户银行账户与其他的银行账户发生当日单笔或者累计交易人民币50万元以上(含50万元)、外币等值10万美元以上(含10万美元)的境内款项划转。

(4) 自然人客户银行账户与其他的银行账户发生当日单笔或者累计交易人民币20万元以上(含20万元)、外币等值1万美元以上(含1万美元)的跨境款项划转。

累计交易金额以客户为单位,按资金收入或者支出单边累计计算并报告。中国人民银行另有规定的除外。

金融机构与客户进行金融交易并通过银行账户划转款项的,由银行机构提交大额交易报告,这类金融机构具体包括以下几种:①证券公司、期货公司、基金管理公司;②保险公司、保险资产管理公司、保险专业代理公司、保险经纪公司;③信托公司、金融资产管理公司、企业集团财务公司、金融租赁公司、汽车金融公司、消费金融公司、货币经纪公司、贷款公司。

对符合人民币大额交易认定标准之一的,金融机构应当向中国人民银行报告大额交易。对同时符合两项以上大额交易标准的交易,金融机构应当分别提交大额交易报告。

3. 金融机构可以不报告大额交易的情形

对符合下列条件之一的大额交易,如未发现交易或行为可疑的,金融机构可以不报告。

(1) 定期存款到期后,不直接提取或者划转,而是本金或者本金加全部或者部分利息续存入在同一金融机构开立的同一户名下的另一账户。

活期存款的本金或者本金加全部或者部分利息转为在同一金融机构开立的同一户名下的另一账户内的定期存款。

定期存款的本金或者本金加全部或者部分利息转为在同一金融机构开立的同一户名下的另一账户内的活期存款。

(2) 自然人实盘外汇买卖交易过程中不同外币币种间的转换。

(3) 交易一方为各级党的机关、国家权力机关、行政机关、司法机关、军事机关、人民政协机关和人民解放军、武警部队,但不包含其下属的各类企事业单位。

(4) 金融机构同业拆借、在银行间债券市场进行的债券交易。

(5) 金融机构在黄金交易所进行的黄金交易。

(6) 金融机构内部调拨资金。

(7) 国际金融组织和外国政府贷款转贷业务项下的交易。

(8) 国际金融组织和外国政府贷款项下的债务掉期交易。

(9) 政策性银行、商业银行、农村合作银行、农村信用社、村镇银行办理的税收、错账冲正、利息支付。

(10) 中国人民银行确定的其他情形。

4.3.2 人民币可疑交易管理制度

金融机构发现或者有合理理由怀疑客户、客户的资金或者其他资产、客户的交易或者试图进行的交易与洗钱、恐怖融资等犯罪活动相关的，不论所涉资金金额或者资产价值大小，都应当提交可疑交易报告。

1. 人民币可疑交易的交易监测标准因素

金融机构应当制定本机构的交易监测标准，并对其有效性负责。交易监测标准包括并不限于客户的身份、行为，交易的资金来源、金额、频率、流向、性质等存在异常的情形，并应当参考以下因素。

(1) 中国人民银行及其分支机构发布的反洗钱、反恐怖融资规定及指引、风险提示、洗钱类型分析报告和风险评估报告。

(2) 公安机关、司法机关发布的犯罪形势分析、风险提示、犯罪类型报告和工作报告。

(3) 本机构的资产规模、地域分布、业务特点、客户群体、交易特征，洗钱和恐怖融资风险评估结论。

(4) 中国人民银行及其分支机构出具的反洗钱监管意见。

(5) 中国人民银行要求关注的其他因素。

金融机构应当定期对交易监测标准进行评估，并根据评估结果完善交易监测标准，如果发生突发情况或者应当关注的情况的，金融机构应当及时评估和完善交易监测标准。与此同时，金融机构应当对通过交易监测标准筛选出的交易进行人工分析、识别，并记录分析过程；不作为可疑交易报告的，应当记录分析排除的合理理由；确认为可疑交易的，应当在可疑交易报告理由中完整记录对客户身份特征、交易特征或行为特征的分析过程。

2. 金融机构发现可疑交易需配合中国人民银行反洗钱调查的情形

可疑交易符合下列情形之一的，金融机构应当在向中国反洗钱监测分析中心提交可疑交易报告的同时，以电子形式或书面形式向所在地中国人民银行或者其分支机构报告，并配合反洗钱调查：①明显涉嫌洗钱、恐怖融资等犯罪活动的；②严重危害国家安全或者影响社会稳定的；③其他情节严重或者情况紧急的情形。

金融机构应当对下列恐怖活动组织及恐怖活动人员名单开展实时监测，有合理理由怀疑客户或者其交易对手、资金或者其他资产与名单相关的，应当在立即向中国反洗钱监测分析中心提交可疑交易报告的同时，以电子形式或书面形式向所在地中国人民银行或者其分支机构报告，并按照相关主管部门的要求依法采取措施：①中国政府发布的或者要求执行的恐怖活动组织及恐怖活动人员名单；②联合国安理会决议中所列的恐怖活动组织及恐怖活动人员名单；③中国人民银行要求关注的其他涉嫌恐怖活动的组织及人员名单。恐怖活动组织及恐怖活动人员名单调整的，金融机构应当立即开展回溯性调查，并按前款规定提交可疑交易报告。

> **案例分析4-1**
>
> 某银行发现，有一个账户近4年不动，近期突然活跃起来，资金收付非常频繁，银行人员觉得此账户很可疑，进行了相应的核查。经查，该账户所有人是一位失业者，其妻子是一位家庭帮工。银行员工认为这个客户的资金来源和交易比较可疑，立即向反洗钱当局进行了报告。经调查，该客户的亲属是一名毒贩交易犯，利用他的账户进行洗钱活动。
>
> 【问题】
> 结合《反洗钱法》评析此案例。
> 【解析】
> (1) 长期闲置的账户原因不明地突然启用，且短期内出现大量资金收付，这是可疑交易的重要表现形式。
> (2) 此案例中账户资金规模与账户所有人的身份不符，因此，对于此类案件关键要弄清楚账户突然启用的原因和账户所有人的真实身份。因此，银行应当建立长期不动户的监督管理体制。
>
> 资料来源：https://wenku.baidu.com/view/6935f60326284b73f242336c1eb91a37f11132cb.html。

4.3.3 人民币大额交易和可疑交易程序的具体法律规则

1. 人民大额交易和可疑交易报告主体、时间

金融机构应当通过其总部或者总部指定的一个机构履行大额交易和可疑交易报告义务，向中国反洗钱监测分析中心报送大额交易和可疑交易报告，接受中国人民银行及其分支机构的监督、检查。金融机构应当在大额交易发生之日起5个工作日内以电子方式提交大额交易报告。

金融机构应当设立专职的反洗钱岗位，配备专职人员负责大额交易和可疑交易报告工作，并提供必要的资源保障和信息支持。金融机构应当将大额交易和可疑交易报告制度向中国人民银行或其总部所在地的中国人民银行分支机构报备。

金融机构应当建立健全大额交易和可疑交易监测系统，以客户为基本单位开展资金交易的监测分析，全面、完整、准确地采集各业务系统的客户身份信息和交易信息，保障大额交易和可疑交易监测分析的数据需求。

2. 人民币大额交易和可疑交易报告的保存时间

金融机构应当按照完整准确、安全保密的原则，将大额交易和可疑交易报告、反映交易分析和内部处理情况的工作记录等资料自生成之日起至少保存5年。保存的信息资料涉及正在被反洗钱调查的可疑交易活动，且反洗钱调查工作在《金融机构大额交易和可疑交易报告管理办法》规定的最低保存期届满时仍未结束的，金融机构应将其保存至反洗钱调查工作结束。

金融机构及其工作人员应当对依法履行大额交易和可疑交易报告义务获得的客户身份资料和交易信息，对依法监测、分析、报告可疑交易的有关情况予以保密，不得违反规定向任何单位和个人提供。

案例分析4-2

某银行会计营业部储蓄专柜接待了一男一女两位年轻客户，为其办理240万元巨额现金存款业务。经办员经过清点汇总后，发现实际现金额仅为230万元，比客户声称的金额短缺10万元，双方发生争执。经客户调看现场监控录像后，最后确认为存款现金为230万元。办理存款时，经办员为其办理了全部存款手续，并预留了对方手机号码。

半月后，该银行对此笔交易进行了分析，认为该笔交易存在较多疑点，要求核查存款人相关证件资料，发现对方提供手机号码为空号，于是向中国人民银行报告。

存在主要疑点有以下三点。

第一，客户受委托为他人存入巨款却不能提供本人有效身份证件。

第二，客户不能提供大额存款合法来源的有效资料。

第三，对于10万元差额没有进一步提出疑议，却顺利接收银行清点结果。

当地人民银行向公安机关报案，但某银行分行未将报告转给负债反洗钱的职能部门，没有要求和监督支行按大额和可以支付交易报告程序进行报告，也没有向某银行的更高层银行(省级分行)及当地中国人民银行中心支行报告。当地公安机关接到报案后果断采取措施，冻结了该客户可疑存款，并派人秘密调查取证。调查证实，同一期间，该客户还在另一家银行以类似方式存入两笔人民币，合计200万元。但另一家银行未引起警觉，没有将存款作为大额存款上报。在该笔存款被监察机关冻结以后，仍未采取任何报告措施。

【问题】金融机构的违规之处有哪些？为什么？

【解析】

(1) 客户受委托为他人存入巨款却不能提供本人有效身份证件，属于违规行为。《个人存款账户实名制规定》第七条规定："代理他人在金融机构开立个人存款账户的，金融机构应当要求其出示被代理人和代理人的身份证件，进行核对，并登记被代理人和代理人的身份证件上的姓名和号码。"要求对被代理人采取客户身份识别措施时，应当核对代理人的有效身份证件或者身份证明文件，登记代理人的姓名或者名称、联系方式、身份证件或者身份证明文件的种类、号码。

(2) 金融机构在履行反洗钱义务过程中的违规行为。当日单笔或者累计交易人民币5万元以上(含5万元)、外币等值1万美元以上(含1万美元)的现金缴存、现金支取、现金结售汇、现钞兑换、现金汇款、现金票据解付及其他形式的现金收支。本案例当日金额为230万元，符合大额交易的认定标准。金融机构应当通过其总部或者总部指定的一个机构履行大额交易和可疑交易报告义务，向中国反洗钱监测分析中心报送大额交易和可疑交易报告，接受中国人民银行及其分支机构的监督、检查。金融机构应当在大额交易发生之日起5个工作日内以电子方式提交大额交易报告。本案是在半个月后报告的，是错误的。

资料来源：https://wenku.baidu.com/view/9e6bef3759fb770bf78a6529647d27284b733769.html.

【课后思考题】

1. 出现哪些情况时，金融机构应当重新识别客户？

2. 商业银行、城市信用合作社、农村信用合作社、邮政储蓄机构等应当将哪些交易或者行为作为可疑交易进行报告？

3. 中国人民银行、中国反洗钱监测中心、中国银行业监督管理委员会的反洗钱职责有哪些？

第5章　商业银行法律制度

▶ 学习目标

本章分为4节：商业银行法、商业银行的业务、商业银行的存款法律制度、商业银行的贷款法律制度。

1. 理解商业银行的概念与性质；掌握商业银行的设立条件；了解商业银行、组织机构、接管、解散、破产、终止。能够按照《中国人民银行法》和《商业银行法》的规定，区分中国人民银行与商业银行的法律性质，能够正确认识商业银行与其他金融机构的区别。能够按照《商业银行法》的规定，书写商业银行设立、变更、终止过程中的法律文书。

2. 了解商业银行的经营原则；掌握商业银行经营的业务范围，商业银行不能从事的业务范围。能够根据《商业银行法》的规定，区分商业银行和其他金融机构在经营原则、业务范围上的不同。

3. 熟知存款利率、存单纠纷、存款实名制、单位存款、存款挂失等存款法律规则。了解取款原则；掌握取款方面的法律规则。能够按照《商业银行法》和《合同法》的规定，理解存款法律关系。能够按照《商业银行法》和《储蓄管理条例》的规定，掌握存款方面的业务规则。

4. 了解贷款的种类、贷款合同中借款人、贷款人的权利与义务；掌握借款人的借款条件、借款人的限制等法律规则；掌握贷款的资产负债比率、对关系人发放贷款的限制、贷款审查等法律规则。能够按照《商业银行法》《民法总则》《合同法》的规定，理解贷款法律关系。能够按照《商业银行法》和《贷款通则》的规定，掌握贷款方面的业务规则；熟知申请贷款的程序。

5.1 商业银行法

商业银行是指依据《中华人民共和国商业银行法》和《中华人民共和国公司法》设立的吸收公众存款、发放贷款、办理结算等业务的企业法人。

1995年5月10日,第八届全国人民代表大会常务委员会第十三次会议通过《中华人民共和国商业银行法》(以下简称《商业银行法》);根据2003年12月27日第十届全国人民代表大会常务委员会第六次会议《关于修改〈中华人民共和国商业银行法〉的决定》修正;《全国人民代表大会常务委员会关于修改〈中华人民共和国商业银行法〉的决定》已由中华人民共和国第十二届全国人民代表大会常务委员会第十六次会议于2015年8月29日通过,现予公布,自2015年10月1日起施行。

5.1.1 商业银行法概述

1. 商业银行的法律性质

1) 商业银行是企业

商业银行与一般工商企业一样,是以盈利为目的的企业,具有从事业务所需要的自有资本。它实行自主经营、自担风险、自负盈亏、自我约束,商业银行以利润最大化为自己的经营目的。

2) 商业银行是金融企业

商业银行是不同于一般工商企业的特殊企业——金融企业。工商企业经营具有一定使用价值的商品,从事商品生产的流通,而商业银行是以经营金融资产和金融负债等特殊的借贷资本为主的特殊企业,并为客户提供多种金融服务。

3) 商业银行是一种特殊的金融企业

现代金融机构包含多种形式,如保险公司、财务公司、融资租赁公司、证券公司等等,但与这些金融机构相比,商业银行又具有自己的特点,其主要业务是吸收存款、发放贷款和办理结算业务等,其业务更广泛,功能更全面,为顾客提供几乎所有的金融服务。而其他金融机构的业务范围则较为狭窄,业务方式较为单一。

2. 商业银行的职能

1) 信用中介职能

信用中介职能是商业银行的最基本职能。信用中介是指商业银行充当将经济活动中的赤字单位盈余单位联系起来的中介人的角色。信用中介是商业银行的基本功能,商业银行在国民经济中发挥着多层次的调节作用：将闲散货币转化为资本；使闲置资本得到充分利用；将短期资金转化为长期资金。

2) 支付中介职能

商业银行通过客户在银行开立的存款账户，代理客户办理货币兑换、货币结算、货币收付等业务，成为工商企业、团体和个人的货币保管者、出纳者和收付代理人，这是商业银行吸引客户和提供服务的主要方式。

3) 信用创造职能

商业银行首先在吸收存款的基础上发放贷款，在支票流通和转账结算的基础上，将贷款又转化为存款，在这种存款不提取的情况下，自然增加了商业银行的资金来源，最后，整个银行体系形成了超过原始存款的派生存款，这就是信用创造职能。

4) 金融服务职能

现代商业银行以其设施先进、联系面广、信息灵通和专业知识丰富等优势，为客户提供各种金融服务，如信息服务、咨询服务、现金管理、提供保管箱、提供商业信用证、银行承兑汇票、备用信用证、代收代付各种行政收费和事业性收费以及代发工资、代理融资等。

3. 我国商业银行的组织体制

1) 商业银行组织体制的分类

商业银行在组织体制上，主要有分支银行制、单元银行制、银行控股公司制三种形式。分支银行制是在总行或总管理处之外，在国内外广泛设立分支机构的银行体制。单元银行制又称独家银行制，是只能以单个机构从事经营，不准设立分支机构的银行体制。银行控股公司，又称银行持股公司，一般是指专为控制或收购两家或两家以上银行的股份而成立的公司。

根据《商业银行法》规定，按照商业银行的业务活动范围不同，我国境内商业银行分为全国性商业银行和区域性商业银行两类。全国性商业银行包括国有控股大型商业银行、股份制商业银行和中国邮政储蓄银行等。区域性商业银行包括城市商业银行、农村商业银行、村镇银行、农村信用社等。

2) 商业银行的分支机构

我国商业银行组织体制是分支银行制。商业银行根据自身业务需要可以在中华人民共和国境内外设立分支机构。

设立分支机构必须经国务院银行业监督管理机构审查批准；在中华人民共和国境内的分支机构，不按行政区划设立。商业银行在中华人民共和国境内设立分支机构，应当按照规定拨付与其经营规模相适应的营运资金额。拨付各分支机构营运资金额的总和，不得超过总行资本金总额的60%。

经批准设立的商业银行分支机构，由国务院银行业监督管理机构颁发经营许可证，并凭该许可证向工商行政管理部门办理登记，领取营业执照。商业银行对其分支机构实行全行统一核算，统一调度资金，分级管理的财务制度。商业银行分支机构不具有法人资格,在总行授权范围内依法开展业务,其民事责任由总行承担。

经批准设立的商业银行及其分支机构,由国务院银行业监督管理机构予以公告。商业银行及其分支机构自取得营业执照之日起无正当理由超过6个月未开业的,或者开业后自行停业连续6个月以上的,由国务院银行业监督管理机构吊销其经营许可证,并予以公告。

4. 商业银行的组织形式

按照出资人数及法律责任承担形式,商业银行分为独资银行、合伙银行、股份制银行三种组织形式。目前,独资银行和合伙银行在德国还有少量存在,股份制商业银行是世界各国商业银行采取的主要形式。我国商业银行的组织形式为有限责任公司和股份有限公司两种。

5. 商业银行的治理结构

商业银行的治理结构是指商业银行为保证其正常经营,并执行其意志而设立的有关机构。作为公司法人,我国商业银行的组织机构包括股东大会、董事会、监事会及经理,上市的商业银行还须有独立董事。国有独资商业银行设立监事会。监事会的产生办法由国务院规定。监事会对国有独资商业银行的信贷资产质量、资产负债比例、国有资产保值增值等情况以及高级管理人员违反法律、行政法规或者章程的行为和损害银行利益的行为进行监督。

5.1.2 商业银行的设立、变更

1. 商业银行的设立条件

根据《商业银行法》的规定,设立商业银行应当具备以下几个条件。

1) 有符合《商业银行法》和《公司法》规定的章程

章程是商业银行用以规定其组织形式、注册资本、业务范围、组织机构、内部管理以及其他重要事项的书面法律文件。《公司法》第十一条规定:"设立公司必须依法制定公司章程。公司章程对公司、股东、董事、监事、高级管理人员具有约束力。"有限责任商业银行,由股东共同制定;股份有限商业银行的章程,由发起人制订并经创立大会通过。国有独资商业银行的章程,由国有资产监督管理机构制定,或者由董事会制订报国有资产监督管理机构批准。章程的内容应当符合《商业银行法》和《公司法》的规定。

2) 有符合《商业银行法》规定的最低限额以上的注册资本

注册资本为商业银行在公司登记机关登记的全体股东实缴的出资额。资本是商业银行从事经营活动的物质基础,起着信用保证、风险缓冲、亏损弥补的关键作用。考虑到商业银行的经营特性和在国民经济中的特殊地位,各国对商业银行规定了比普通公司高得多的资本要求。我国《商业银行法》第十三条规定:"设立全国性商业银行的注册资本最低限额为 10 亿元人民币。设立城市商业银行的注册资本最低限额为1亿元人民币。设立农村合作商业银行的注册资本最低限额为 5000 万元人民币。注册资本应当是实缴资本。国务院银行业监督管理机构根据审慎监管的要求可以调整注册资本最低限额，但不得少于前款规定的限额。"

3) 有具备任职专业知识和业务工作经验的董事、高级管理人员

商业银行董事、高级管理人员的任职资格，由国务院银行业监督管理机构负责审查、认定。《商业银行法》第二十七条规定："有下列情形之一的，不得担任商业银行的董事、高级管理人员：①因犯有贪污、贿赂、侵占财产、挪用财产罪或者破坏社会经济秩序罪，被判处刑罚，或者因犯罪被剥夺政治权利的；②担任因经营不善破产清算的公司、企业的董事或者厂长、经理，并对该公司、企业的破产负有个人责任的；③担任因违法被吊销营业执照的公司、企业的法定代表人，并负有个人责任的；④个人所负数额较大的债务到期未清偿的。"另外，商业银行董事、高级管理人员的任职资格管理，还适用中国人民银行 2000 年 3 月发布的《金融机构高级管理人员任职资格管理办法》。

4) 有健全的组织机构和管理制度

健全的组织机构和管理制度是商业银行有效经营的组织保证。商业银行必须有健全的组织机构，并建立起各项管理制度，包括人事管理制度、风险管理制度(如授权授信制度、资产负债比例管理制度)、内部控制制度、结算管理制度、财务管理制度等。商业银行的组织形式不同，其组织机构也不一样。健全的组织机构应包括决策机构、执行机构和监督机构，即股东大会(股东会)、董事会和监事会，但国有独资商业银行按规定不设股东会，只设董事会和监事会。

5) 有符合要求的营业场所、安全防范措施和与业务有关的其他设施

营业场所是商业银行开展业务必备的物质条件；安全防范措施主要包括配备保安人员和防盗、报警、消防等设备；与业务有关的其他设施，一般应包括金库、通信设备、电脑、运钞车、点钞机、验钞机、保险箱等。商业银行的营业场所、安全防范措施和与业务有关的其他设施，应符合国务院银行业监督管理机构、公安部门、消防部门的有关规定。

6) 应当符合其他审慎性条件

上述五项条件，只是设立商业银行的必要条件，而不是充分条件。设立商业银行，还应当符合其他审慎性条件，如国务院银行业监督管理机构在审查设立外资独资商业银行、中外合资商业银行、外国商业银行分行的申请时，如查实申请人或外方合资者所在国家在此方面歧视中国国民，可以适用国际法上的对等原则驳回其申请。

2. 商业银行的设立程序

《商业银行法》将设立程序分为筹建和开业两个阶段以及申请、审批、登记、公告四个环节。

1) 筹建

(1) 申请。设立商业银行应向国务院银行业监督管理机构提出申请。申请书应当载明拟设立商业银行的名称、所在地、注册资本、申请经营的业务范围等，同时还需递交设立商业银行的可行性研究报告。申请人应当填写正式申请表，并向国务院银行业监督

管理机构提交下列文件、资料：章程草案；拟任职的董事、高级管理人员的资格证明；法定验资机构出具的验资证明；股东名册及其出资额、股份；持有注册资本5%以上的股东的资信证明和有关资料；经营方针和计划；营业场所、安全防范措施和与业务有关的其他设施的资料；国务院银行业监督管理机构规定的其他文件、资料。

(2) 审批。对符合《商业银行法》《公司法》等法律法规规定的设立条件的商业银行，国务院银行业监督管理机构颁发经营许可证。

2) 开业

(1) 登记。经批准设立的商业银行，应当在批准后30天内，凭国务院银行业监督管理机构颁发的经营许可证向工商行政管理部门提出登记申请。工商行政管理部门应当受理申请后30天内做出核准登记或者不准予登记的决定。商业银行只有在设立登记后，才具有法人资格，才可在法律许可的范围内开展经营活动。领取营业执照的日期是银行成立之日。

(2) 公告。经批准设立的商业银行，由国务院银行业监督管理机构予以公告。商业银行自取得营业执照之日起无正当理由超过6个月未开业的，或者开业后自行停业连续6个月以上的，由国务院银行业监督管理机构吊销其经营许可证，并予以公告。

3. 商业银行的变更

商业银行设立后，在经营过程中，由于各种原因，可能需要在某些方面进行变更。《商业银行法》第二十四条规定："商业银行有下列变更事项之一的，应当经国务院银行业监督管理机构批准：①变更名称；②变更注册资本；③变更总行或者分支行所在地；④调整业务范围；⑤变更持有资本总额或者股份总额5%以上的股东；⑥修改章程；⑦国务院银行业监督管理机构规定的其他变更事项。"

商业银行更换董事、高级管理人员，虽然无须国务院银行业监督管理机构批准，但应当报经国务院银行业监督管理机构审查其任职资格。商业银行在报请国务院银行业监督管理机构批准其变更以前，应依《公司法》和章程的规定完成内部批准程序；变更以后，则应当依法向工商行政管理部门办理变更登记和予以公告。

5.1.3 商业银行的接管、解散、破产、终止

1. 商业银行的接管

1) 接管的前提和目的

国务院银行业监督管理机构对商业银行实行接管的前提是商业银行已经或者可能发生信用危机，严重影响到存款人的利益。此种情形的出现，可能是由于商业银行经营不善，严重亏损，以致无力偿债，也可能是由于商业银行严重违法违规经营，出现偿债困难或者经营上的严重混乱。

接管的目的是对被接管的商业银行采取必要措施，以保护存款人的利益，恢复商业银行的正常经营能力。但是，接管并不是法律对国务院银行业监督管理机构规定的强

制义务,国务院银行业监督管理机构有权根据具体情况,决定对商业银行接管或者不接管。另外,接管也不是商业银行破产前的必经程序。

2) 接管的性质

接管是国务院银行业监督管理机构对特定商业银行采取的一种短期的、强制性的监管补救措施。国务院银行业监督管理机构对其是否接管,并不取决于被接管商业银行的意志。当商业银行被接管后,国务院银行业监督管理机构派遣人员进驻被接管的商业银行,在接管期限内行使其经营管理权。被接管的商业银行的债权债务关系不因接管而变化。

3) 接管的程序

(1) 接管的决定。国务院银行业监督管理机构认为商业银行出现危机时,可以决定对其接管,并组织实施。接管决定由国务院银行业监督管理机构在公开的媒介上予以公告,该公告宣布某商业银行因不能清偿到期债务,为了保护债权人的合法权益,由国务院银行业监督管理机构指定某商业银行对其进行接管。公告应载明下列主要内容:被接管的商业银行的名称、接管的理由、接管组织、接管期限。

(2) 接管期限。接管自接管决定实施之日起开始。自接管之日起,由接管组织行使商业银行的经营管理权。接管期限届满,国务院银行业监督管理机构可以决定延期,但接管期限最长不得超过2年。

(3) 接管的法律后果。自接管开始之日起,由接管组织行使商业银行的经营管理权力,接管组织的组成人员由国务院银行业监督管理机构指定。被接管的商业银行的债权债务关系不因接管而发生变化。

(4) 接管终止。有下列情形之一的,接管终止:①接管决定规定的期限届满或者国务院银行业监督管理机构决定的接管延期届满;②接管期限届满前,被接管的商业银行已恢复正常经营能力;③接管期限届满前,被接管的商业银行被合并或者被依法宣告破产。

2. 商业银行的解散

1) 商业银行解散的条件

商业银行因分立、合并或者出现公司章程规定的解散事由需要解散的,应当向国务院银行业监督管理机构提出申请,并附申请解散的理由和支付存款人本金和利息等债权债务清偿计划,经过银监会批准后解散。

2) 商业银行解散程序

国务院银行业监督管理机构批准商业银行解散的,应当依法成立清算组,清算组成员由国务院银行业监督管理机构指定。清算组对商业银行进行清算,按照既定的清算计划及时偿还个人存款本金和利息债务,然后再偿还银行其他的债务。国务院银行业监督管理机构在监督清算过程中,对清算的重大事项有否决权。

3. 商业银行的破产

1) 商业银行破产的条件

商业银行不能支付到期债务,经国务院银行业监督管理机构同意,由人民法院宣告破产。商业银行被宣告破产的,由人民法院组织国务院银行业监督管理机构等部门和有关人员成立清算组,进行清算。商业银行破产的条件有以下三个:不能支付到期债务;经营状况持续恶化;债权人或银行自己申请,并经国务院银行业监督管理机构同意。这三个条件缺一不可。

2) 商业银行破产清算支付顺序

商业银行破产清算时,在支付清算费用、所欠职工工资和劳动保险费用后,应当优先支付个人储蓄存款的本金和利息。然后,剩余的破产财产按顺序支付国家的税款,之后剩余的财产才能清偿普通的债权,包括其他银行、单位、机构在银行的存款、拆出资金和破产银行所欠他人债务。在对所有的债权人清偿完毕后,尚余的财产就是银行股东权益,由各股东按拥有股份比例分配。

4. 商业银行的终止

商业银行的终止又称为商业银行的消灭,是指商业银行因出现法律规定的或者章程约定的情形,其主体资格归于消灭的法律行为。能够引起商业银行终止的法定原因有以下三种情形。

(1) 商业银行的解散,即依法已经设立的商业银行由于出现了法律规定或者商业银行章程规定的特定事由,停止对外经营活动,清算尚未了结的债权债务,而使商业银行的法人资格归于消灭的法律行为和法律事实。

(2) 商业银行的撤销,即已经依法成立的商业银行因在经营活动中出现违反法律、法规的,有关国家机关吊销其经营许可证,使其丧失法人资格的状态。依法撤销违法经营的商业银行是国务院银行业监督管理机构对金融机构依法进行监督和管理的方式之一。

(3) 商业银行破产,即商业银行因不能支付到期债务,发生了信用危机,而依法被人民法院宣告破产、终止其法人资格的情况。

商业银行的终止是重大的金融市场活动,必须先经国务院银行业监督管理机构的批准,再按照《商业银行法》和《公司法》《公司登记条例》等法律法规的规定办理。

5.2 商业银行的业务

5.2.1 商业银行的经营规则

商业银行的经营原则是由《商业银行法》规定的,是商业银行从事经营活动必须遵循的基本准则。

1. 守法经营的原则

商业银行开展一切经营活动,必须遵守法律、行政法规和国务院银行业监督管理机构等监管部门发布的行政规章,不得损害国家利益、社会公共利益。这一原则是商业银行必须遵循的根本性原则。

2. 效益性、安全性、流动性原则

商业银行作为企业法人,盈利是其首要目的。但是,效益要以资产的安全性和流动性为前提。安全性又集中体现在流动性方面,而流动性则以效益性为物质基础。商业银行在经营过程中,必须在三者之间寻求有效的平衡。

3. 依法独立自主经营的原则

这是商业银行作为企业法人的具体体现,也是市场经济机制运行的必然要求。商业银行依法开展业务,不受任何单位和个人的干涉。作为独立的市场主体,有权依法处理其一切经营管理事务,自主参与民事活动,并以其全部法人财产独立承担民事责任。

4. 保护存款人利益原则

存款是商业银行的主要资金来源,存款人是商业银行的基本客户。商业银行作为债务人,是否充分尊重存款人的利益,严格履行自己的债务,切实承担保护存款人利益的责任,直接关系到银行自身的经营。如果存款人的合法权益得不到有效的保护,他们就会选择其他银行或退出市场。

5. 自愿、平等、诚实信用原则

商业银行与客户之间是平等主体之间的民事法律关系。因此,商业银行与客户之间的业务往来,应以平等自愿为基础,公平交易,不得强迫,不得附加不合理的条件,双方均应善意、全面地履行各自的义务。

6. 公平竞争的原则

公平竞争是提高市场效率的前提。商业银行在处理与其他商业银行以及非银行金融机构的关系上,应当坚持公平竞争的原则,不得从事不正当竞争行为,如不得违反规定提高或者降低利率以及采取其他不正当手段,吸收存款,发放贷款。

经典例题

【例5-1】商业银行的"三性"原则包括(   )。
A. 公益性原则   B. 安全性原则   C. 效益性原则   D. 流动性原则
【答案】BCD
【解析】商业银行的"三性"原则是指安全性原则、效益性原则、流动性原则;"四自"原则是指自主经营、自担风险、自负盈亏、自我约束。

5.2.2 商业银行经营业务

1. 负债业务

负债业务是商业银行筹措资金以形成其经营资产的业务。它主要包括以下几项

内容。

1) 吸收公众存款

吸收公众存款是指商业银行收受客户(不特定的社会多数人，包括单位和个人)的货币资金，对客户负有即期或定期偿付的义务。存款构成商业银行主要的资金来源。商业银行可以吸收的存款种类，既包括单位存款，也包括个人储蓄存款；既包括活期存款，也包括定期存款、定活两便存款，还包括经国务院银行业监督管理机构批准的其他种类的存款。商业银行吸收的财政性存款，应按规定划转中国人民银行。

2) 发行金融债券

金融债券是金融机构为了筹集中长期信贷资金而发行的、证明认购人或持有人债权的一种有价证券。商业银行发行金融债券，应当依照法律、行政法规的规定报经批准。

2. 资产业务

资产业务是商业银行运用自己的资产获得利润的业务。它主要包括以下几项内容。

1) 发放短期、中期、长期贷款

发放贷款是指商业银行处于债权人的地位，在借款人应定期或随时偿还本息的条件下，将货币资金(现金或现金请求权)贷给借款人。贷款是商业银行资金运用的主要形式。短期贷款指贷款期限在1年以内(含1年)的贷款；中期贷款指贷款期限在1年以上(不含1年)5年以下(含5年)的贷款；长期贷款是贷款期限在5年以上(不含5年)的贷款。

2) 办理票据承兑与贴现

承兑是指汇票付款人承诺在汇票到期日支付汇票金额的票据行为。根据我国有关规定，不同汇票的承兑期限是不同的。贴现是指商业银行以折扣方式预收利息购入未到期的商业票据，向票据持有人提供短期的资金融通活动。贴现期限(从贴现之日起到票据到期日止)最长不得超过6个月。

3) 买卖政府债券、金融债券

商业银行为取得利息收入或市场差价收益，以自己的名义，自担风险，买入或者卖出政府债券、金融债券。买卖政府债券、金融债券是商业银行调整资产结构、保持资产流动性的重要手段。

4) 从事同业拆借

同业拆借是金融机构之间融通短期资金的行为。通过同业拆借，商业银行可以及时对其资金头寸进行余缺调剂。拆出资金限于交足存款准备金、留足备付金和归还中国人民银行到期贷款之后的闲置资金。拆入资金用于弥补票据结算、联合汇差头寸的不足和解决临时性周转资金的需要。

5) 买卖、代理买卖外汇

买卖外汇是指商业银行在外汇市场上，卖出人民币资金，买入外汇资金，或者卖出外汇资金，买入人民币资金，以赚取利润、规避汇率风险、调整资产结构的业务活动。代理买卖外汇是指商业银行接受客户的委托，在外汇市场上买卖外汇以赚取手续费的业务。

> 经典例题

【例5-2】根据《商业银行法》中的相关规定,商业银行的同业拆出资金限于(　　)之后的闲置资金。

A. 交足存款准备金　　　　　　B. 留足备付金
C. 归还中国人民银行到期贷款　　D. 对股东发完红利
E. 弥补票据结算

【答案】ABC

【解析】拆出资金限于交足存款准备金、留足备付金和归还中国人民银行到期贷款之后的闲置资金。

3. 中间业务

中间业务是商业银行不动用自己的资产,而是凭借自己的业务条件经营的金融服务,收取服务费的业务。它主要包括以下几项内容。

1) 办理国内外结算

结算是单位或个人基于商品交易、劳务供应以及其他原因进行的货币收付活动。办理国内外结算是指商业银行基于客户的结算存款账户,接受客户的委托,通过转账划拨代为办理货币收付的服务。

2) 代理发行、代理兑付、承销政府债券

商业银行以取得手续费收入为目的,接受政府或财政部的委托,以代理人的身份,向规定的对象销售政府债券,或者向政府债券的持有人支付到期的本息。

3) 从事银行卡业务

银行卡是指由商业银行向社会发行的具有消费信用、转账结算、存取现金等全部或部分功能的信用支付工具。所谓银行卡业务是指商业银行发行银行卡,并以发行的银行卡为基础为持卡人提供消费信用、转账结算、存取现金等金融服务。

4) 提供信用证服务及担保

信用证是银行根据客户的申请开具的,承诺在信用证规定的条件得到满足时,由银行向信用证的受益人承担付款责任的信用函件。提供信用证的实质是银行以自身信用补充其客户(开证申请人)信用之不足,并为此取得相应的收入。商业银行提供信用证服务,应不限于开立信用证,而应当还包括以信用证通知行、议付行、保兑行的身份提供与信用证相关的服务。所谓担保是指商业银行应客户的请求向客户的债权人承诺,当客户(主债务人)不履行债务时,由其按照约定履行债务或者承担责任的行为。商业银行提供担保,按规定向客户收取担保费。

5) 代理收付款项及代理保险业务

代理收付款项业务是指商业银行利用自身的结算便利,接受客户的委托,代为办理指定款项的收付,如代发工资、代收水电费等。代理保险业务是指商业银行根据保险公司的委托，向保险公司收取代理手续费，并在保险公司授权的范围内代为办理保险业务。

6) 提供保管箱服务

保管箱业务是指商业银行出租保管箱供客户保管法律文书、储蓄存单(折)、有价证券、贵重金属、珠宝首饰、古玩文物等贵重物品，取得租金收入的一种服务性业务。保管箱业务在方便群众的同时，完善了商业银行的服务功能，增加了商业银行收入。

7) 经中国人民银行批准的结汇、售汇业务

结汇、售汇业务是指商业银行经中国人民银行批准，作为外汇指定银行办理与客户之间的结汇、售汇业务以及自身结汇、售汇业务。与客户之间的结汇、售汇业务是指客户办理人民币与可自由兑换货币之间兑换的业务；自身结汇、售汇业务是指因其自身经营活动需求而产生的人民币与可自由兑换货币之间进行兑换的业务。

4. 经国务院银行业监督管理机构批准的其他业务

负债业务、资产业务和中间业务只是法定的允许商业银行经营的业务种类，具体到特定的商业银行，其经营范围由章程规定，并须报国务院银行业监督管理机构批准。

经典例题

【例5-3】商业银行的业务范围包括(　　)。

A. 吸收公众存款　　B. 发放短期贷款　　C. 办理国内外结算　　D. 经理国库

E. 监督管理黄金市场

【答案】ABC

【解析】商业银行可以经营下列部分或者全部业务：①吸收公众存款；②发放短期、中期和长期贷款；③办理国内外结算；④办理票据承兑与贴现；⑤发行金融债券；⑥代理发行、代理兑付、承销政府债券；⑦买卖政府债券、金融债券；⑧从事同业拆借；⑨买卖、代理买卖外汇；⑩从事银行卡业务；⑪提供信用证服务及担保；⑫代理收付款项及代理保险业务；⑬提供保管箱服务；⑭经国务院银行业监督管理机构批准的其他业务。经营范围由商业银行章程规定，报国务院银行业监督管理机构批准。商业银行经中国人民银行批准，可以经营结汇、售汇业务。

5.2.3 商业银行不得从事的业务

根据《商业银行法》的规定，商业银行可以从事的一般业务和不得经营的业务有明确的法律规定。为了进一步理顺分业经营的体制，规范商业银行的经营行为，《商业银行法》规定了商业银行不得经营的业务有以下几种。

1. 信托投资业务

信托本质上是一种为他人利益管理财产的制度，即财产所有人将自己的财产委托他人(即受托人)为自己或者第三人的利益进行保管或处分。所谓商业银行不得经营信托投

资业务,即是指商业银行不得作为受托人经营信托投资业务。

2. 证券经营业务

所谓商业银行不得从事证券经营业务,主要是指商业银行不得承销证券发行,不得自营买卖证券,不得代理他人买卖证券。为了防止商业银行变相投资股票,《商业银行法》规定,商业银行因行使质权而取得的股权,应当自取得之日起2年内予以处分。

3. 向非自用不动产投资

不动产是指土地以及房屋等地上定着物。对商业银行而言,自用不动产是指其经营业务所必需的房屋、场地等不动产。除自用目的以外,商业银行不得以任何理由从事房地产的开发或买卖业务。禁止商业银行向非自用不动产投资,主要目的是控制固定资产投资规模,保证商业银行资产的流动性,杜绝商业银行的房地产投机活动。为了防止商业银行变相投资非自用不动产,《商业银行法》规定,商业银行因行使抵押权而取得的不动产,应当自取得之日起2年内予以处分。

4. 向非银行金融机构投资

非银行金融机构是指各类银行以外,经批准从事非银行类金融业务的金融机构,如保险公司、信托投资公司、企业集团财务公司、证券公司、金融租赁公司、城市信用合作社、农村信用合作社等。商业银行不得向非银行金融机构投资,是指商业银行不得向非银行金融机构投资入股,包括投资或参与投资设立非银行金融机构,受让非银行金融机构的股份。此项禁止性规定的目的,一是防止风险在金融机构之间转移和扩散,避免酿成系统性风险;二是防止商业银行变相从事混业经营。

5. 向企业投资

商业银行不得向企业投资,是指商业银行不得向非金融企业投资入股,包括投资或参与投资设立非金融企业,受让非金融企业的股份。此项禁止性规定的主要是为了有效控制投资规模,维护商业银行资产的流动性,避免商业银行因企业的经营不善而受到不利影响。

需要注意两点,一是,商业银行仅在中华人民共和国境内不得从事上述业务,至于在境外从事则未予禁止;二是国家另有规定的,即使在境内,商业银行亦可从事。

案例分析5-1

2016年2月,某商业银行与某房地产开发公司共同开发某经济特区的房地产项目,并成立项目公司,因该行副行长兼任房地产公司副董事长,商业银行向该项目公司投资1亿元人民币。同年6月房地产开发公司以该公司的房地产作抵押,向商业银行提出贷款申请,商业银行经审核后,向其发放了2亿元人民币抵押贷款。该银行当月资本余额为17.9亿元人民币。2017年7月房地产开发公司因经营亏损濒临破产,商业银行的贷款已无法收回。2017年底该商业银行被中国人民银行决定接管。

【问题】

(1) 商业银行能否向项目公司投资?为什么?

(2) 商业银行能否向房地产开发公司发放抵押贷款？为什么？

(3) 商业银行向房地产开发公司发放2亿元人民币贷款是否合法？为什么？

(4) 中国人民银行对该商业银行的接管决定是否正确？为什么？

【解析】

(1) 商业银行不能向项目公司投资。商业银行不得向企业投资，是指商业银行不得向非金融企业投资入股，包括投资或参与投资设立非金融企业，受让非金融企业的股份。

(2) 可以发放抵押贷款。商业银行不得向关系人发放信用贷款，但可以发放抵押贷款。

(3) 违法。对同一借款人的贷款余额与商业银行资本余额的比例不得超过10%。

(4) 不正确。商业银行已经或者可能发生信用危机，严重影响存款人的利益时，国务院银行业监督管理机构可以对该银行实行接管，而不是中国人民银行对其接管。

资料来源：https://zhidao.baidu.com/question.

5.3 商业银行存款的法律制度

5.3.1 存款

1. 存款法律关系

存款是金融机构开展各项业务的基础，吸收公众存款是存款类金融机构主要的负债业务，约占金融机构总负债的80%。所谓的存款法律关系是指存款类金融机构因吸收公众存款而与存款客户之间形成的法律关系，是民事法律关系的一种。存款法律关系的主体包括存款类金融机构、存款人；存款人为债权人，存款类金融机构为债务人。存款法律关系的客体为存款货币资金。存款法律关系的内容包括存款人享有要求吸收其存款资金的金融机构还本付息的权利，存款类金融机构依照存款人的请求偿付其相应本金和利息的义务。

2. 存款的法律特征

1) 存款合同的当事人特定

在存款合同中，一方当事人为存款类金融机构，另一方当事人为存款客户即为存款人。存款合同中，两方当事人是特定的。

2) 存款合同是实践性合同

商业银行和客户之间的法律关系是合同关系。这一关系的达成须当存款人将一定数量的货币资金实际交付给存款类金融机构，该金融机构向存款人出具存单等凭证并在凭证上盖章后成立。这种关系的形成并不以存款人取得存折为必要条件，因此，存款合同为实践性合同。

3) 吸收公众存款的金融机构需要经过相关部门的特许后，方可经营

根据我国《商业银行法》第十一条第二款的规定："未经国务院银行业监督管理机构批准，任何单位和个人不得从事吸收公众存款等商业银行业务，任何单位不得在名称中使用'银行'字样。"我国吸收公众存款业务实行特许制，需要经过中国银监会审核批准后，金融机构才能够从事该项业务。

3. 存款的类型

1) 按照存款的期限分为定期存款、活期存款和定活两便存款

定期存款是指客户事先约定有偿还期的存款。定期存款的期限越长其利率越高，但其流动性较差，是银行稳定资金的来源。活期存款是指客户可以随时存取，不限定存期的存款。活期存款要比定期存款的利率低、波动性较大，但是其存期方便、运用灵活。定活两便存款是指客户事先不约定期限，可随时提取和续存的存款，其流动性介于活期存款和定期存款之间。

2) 按照存款人主体不同分为居民储蓄存款和单位存款

居民储蓄存款是指城乡居民货币收入的结余款或生活待用款，可分为活期储蓄存款、定期储蓄存款和定活两便储蓄存款。定期储蓄存款又包括零存整取、整存整取、存本取息等种类。单位存款是指企事业单位、国家机关、社会团体、军队等单位在存款类金融机构的存款。

5.3.2 商业银行的存款业务规则

根据《商业银行法》《民法总则》《储蓄管理条例》《中国人民银行关于执行〈储蓄管理条例〉的若干规定》《最高人民法院关于审理存单纠纷案件的若干规定》《人民币单位存款管理办法》《个人存款账户实名制》等相关法律规定，知悉商业银行的存款业务规则。

1. 存款业务的基本原则

商业银行办理个人储蓄存款业务，应当遵循存款自愿、取款自由、存款有息、为存款人保密的原则。

商业银行应当保障存款人的合法权益不受任何单位和个人的侵犯。商业银行应当保证存款本金和利息的支付，不得拖延、拒绝支付存款本金和利息。商业银行开展业务，应当遵守公平竞争的原则，不得从事不正当竞争。储蓄机构以发展我国的储蓄事业，为储户提供优质服务为宗旨。下列做法属于"使用不正当手段吸收存款"：①以散发有价馈赠品为条件吸收储蓄存款；②发放各种名目的揽储费；③利用不确切的广告宣传；④利用汇款、贷款或其他业务手段强迫储户存款；⑤利用各种名目多付利息、奖品或其他费用。

2. 存款利率的法律规则

商业银行应当按照中国人民银行规定的存款利率上下限，确定存款利率，并予以公告。我国行使管理利率权限的机关是中国人民银行，中国人民银行制定的各种利率是法定利率。

储蓄存款利率由中国人民银行统一拟定，报经国务院批准后公布或由国务院授权中国人民银行制定、公布，各储蓄机构必须挂牌公告，并严格执行国家规定的统一利率标准，不得以任何形式自行变动。储蓄机构因擅自提高或变相提高利率的，由当地中国中国人民银行责令其纠正，并予以通报批评；由于提高利率而吸收的存款，缴存当地中国人民银行专户管理，不付利息，到存款期满止，这部分利息仍由该储蓄机构支付给储户。对吸收公款的储蓄机构，由当地中国人民银行责令限期清理。未按期清理的按吸收存款额每天处以万分之五的罚息；储蓄代办点吸收的公款，除按吸收存款额每天处以万分之五的罚息外，还要追回向银行收取的利息或代办费。凡未经批准而开办业务的储蓄机构，一经查出，要责令其限期关闭，其吸收的储蓄存款由当地中国人民银行指定转存就近储蓄机构。

利率违规行为包括以下几种：①擅自提高或降低存、贷款利率的；②变相提高或降低存、贷款利率的；③擅自或变相以高利率发行债券的；④其他违反本规定和国家利率政策的。商业银行违反国家利率政策提高或降低利率以及采用其他不正当手段吸收存款，或者超范围吸收单位存款的，按照《商业银行法》第七十五条、第七十六条及《中国人民银行利率管理规定》的有关条款予以处罚。

3. 存单纠纷的法律规则

1) 存单纠纷的范围

(1) 存单持有人以存单为重要证据向人民法院提起诉讼的纠纷案件。

(2) 当事人以进账单、对账单、存款合同等凭证为主要证据向人民法院提起诉讼的纠纷案件。

(3) 金融机构向人民法院起诉要求确认存单、进账单、对账单、存款合同等凭证无效的纠纷案件。

(4) 以存单为表现形式的借贷纠纷案件。

2) 存单纠纷的处理

(1) 对一般存单纠纷案件的认定和处理。

人民法院在审理一般存单纠纷案件中，除应审查存单、进账单、对账单、存款合同等凭证的真实性外，还应审查持有人与金融机构间存款关系的真实性，并以存单、进账单、对账单、存款合同等凭证的真实性以及存款关系的真实性为依据，做出正确处理。

① 持有人以上述真实凭证为证据提起诉讼的，金融机构应当对持有人与金融机构间是否存在存款关系负举证责任。如金融机构有充分证据证明持有人未向金融机构交付上述凭证所记载的款项的，人民法院应当认定持有人与金融机构间不存在存款关系，并判决驳回原告的诉讼请求。

② 持有人以上述真实凭证为证据提起诉讼的，如金融机构不能提供证明存款关系不真实的证据，或仅以金融机构底单的记载内容与上述凭证记载内容不符为由进行抗辩的，人民法院应认定持有人与金融机构间存款关系成立，金融机构应当承担兑付款项的义务。

③ 持有人以在样式、印鉴、记载事项上有别于真实凭证，但无充分证据证明系伪造或变造的瑕疵凭证提起诉讼的，持有人应对瑕疵凭证的取得提供合理的陈述。如持有人对瑕疵凭证的取得提供了合理陈述，而金融机构否认存款关系存在的，金融机构应当对持有人与金融机构间是否存在存款关系负举证责任。如金融机构有充分证据证明持有人未向金融机构交付上述凭证所记载的款项的，人民法院应当认定持有人与金融机构间不存在存款关系，判决驳回原告的诉讼请求；如金融机构不能提供证明存款关系不真实的证据，或仅以金融机构底单的记载内容与上述凭证记载内容不符为由进行抗辩的，人民法院应认定持有人与金融机构间存款关系成立，金融机构应当承担兑付款项的义务。

④ 存单纠纷案件的审理中，如有充足证据证明存单、进账单、对账单、存款合同等凭证系伪造、变造，人民法院应在查明案件事实的基础上，依法确认上述凭证无效，并可驳回持上述凭证起诉的原告的诉讼请求或根据实际存款数额进行判决。如有《最高人民法院关于审理存单纠纷案件的若干规定》第三条中止审理情形的，人民法院应当中止审理。

(2) 对以存单为表现形式的借贷纠纷案件的认定和处理。

在出资人直接将款项交与用资人使用，或通过金融机构将款项交与用资人使用，金融机构向出资人出具存单或进账单、对账单或与出资人签订存款合同，出资人从用资人或从金融机构取得或约定取得高额利差的行为中发生的存单纠纷案件，为以存单为表现形式的借贷纠纷案件。但符合《最高人民法院关于审理存单纠纷案件的若干规定》第七条所列委托贷款和信托贷款的除外。

以存单为表现形式的借贷，属于违法借贷，出资人收取的高额利差应充抵本金，出资人、金融机构与用资人因参与违法借贷均应当承担相应的民事责任。可分以下几种情况处理。

① 出资人将款项或票据(以下统称"资金")交付给金融机构，金融机构给出资人出具存单或进账单、对账单或与出资人签订存款合同，并将资金自行转给用资人的，金融机构与用资人对偿还出资人本金及利息承担连带责任；利息按中国人民银行同期存款利率计算至给付之日。

② 出资人未将资金交付给金融机构，而是依照金融机构的指定将资金直接转给用资人，金融机构给出资人出具存单或进账单、对账单或与出资人签订存款合同的，首先由用资人偿还出资人本金及利息，金融机构对用资人不能偿还出资人本金及利息部分承担补充赔偿责任；利息按中国人民银行同期存款利率计算至给付之日。

③ 出资人将资金交付给金融机构，金融机构给出资人出具存单或进账单、对账单或与出资人签订存款合同，出资人再指定金融机构将资金转给用资人的，首先由用资人返还出资人本金和利息。利息按中国人民银行同期存款利率计算至给付之日。金融机构因

其帮助违法借贷的过错，应当对用资人不能偿还出资人本金部分承担赔偿责任，但不超过不能偿还本金部分的40%。

④ 出资人未将资金交付给金融机构，而是自行将资金直接转给用资人，金融机构给出资人出具存单或进账单、对账单或与出资人签订存款合同的，首先由用资人返还出资人本金和利息。利息按中国人民银行同期存款利率计算至给付之日。金融机构因其帮助违法借贷的过错，应当对用资人不能偿还出资人本金部分承担赔偿责任，但不超过不能偿还本金部分的20%。所谓交付，指出资人向金融机构转移现金的占有或出资人向金融机构交付注明出资人或金融机构(包括金融机构的下属部门)为收款人的票据。出资人向金融机构交付有资金数额但未注明收款人的票据的，亦属于这里所称的交付。

如果以存单为表现形式的借贷行为确已发生，即使金融机构向出资人出具的存单、进账单、对账单或与出资人签订的存款合同存在虚假、瑕疵，或金融机构工作人员超越权限出具上述凭证等情形，亦不影响人民法院按以上规定对案件进行处理。

出资人起诉金融机构的，人民法院应通知用资人作为第三人参加诉讼；出资人起诉用资人的，人民法院应通知金融机构作为第三人参加诉讼；公款私存的，人民法院在查明款项的真实所有人基础上，应通知款项的真实所有人为权利人参加诉讼，与存单记载的个人为共同诉讼人。该个人申请退出诉讼的，人民法院可予准许。

(3) 对存单纠纷案件中存在的委托贷款关系和信托贷款关系的认定和纠纷的处理。

① 认定。存单纠纷案件中，出资人与金融机构、用资人之间按有关委托贷款的要求签订有委托贷款协议的，人民法院应认定出资人与金融机构间成立委托贷款关系。金融机构向出资人出具的存单或进账单、对账单或与出资人签订的存款合同，均不影响金融机构与出资人间委托贷款关系的成立。出资人与金融机构间签订委托贷款协议后，由金融机构自行确定用资人的，人民法院应认定出资人与金融机构间成立信托贷款关系。

② 处理。委托贷款协议和信托贷款协议应当用书面形式。口头委托贷款或信托贷款，当事人无异议的，人民法院可予以认定；有其他证据能够证明金融机构与出资人之间确系委托贷款或信托贷款关系的，人民法院亦予以认定。

构成委托贷款的，金融机构出具的存单或进账单、对账单或与出资人签订的存款合同不作为存款关系的证明，借款方不能偿还贷款的风险应当由委托人承担。如有证据证明金融机构出具上述凭证是对委托贷款进行担保的，金融机构对偿还贷款承担连带担保责任。委托贷款中约定的利率超过中国人民银行规定的部分无效。构成信托贷款的，按中国人民银行有关信托贷款的规定处理。

(4) 对存单质押的认定和处理。

存单可以质押。存单持有人以伪造、变造的虚假存单质押的，质押合同无效。接受虚假存单质押的当事人如以该存单质押为由起诉金融机构，要求兑付存款优先受偿的，人民法院应当判决驳回其诉讼请求，并告知其可另案起诉出质人。

存单持有人以金融机构开具的、未有实际存款或与实际存款不符的存单进行质押，以骗取或占用他人财产的，该质押关系无效。接受存单质押的人起诉的，该存单持有人与开具存单的金融机构为共同被告。利用存单骗取或占用他人财产的存单持有人对侵犯他人财产权承担赔偿责任，开具存单的金融机构因其过错致他人财产权受损，对所造成的损失承担连带赔偿责任。接受存单质押的人在审查存单的真实性上有重大过失的，开具存单的金融机构仅对所造成的损失承担补充赔偿责任。明知存单虚假而接受存单质押的，开具存单的金融机构不承担民事赔偿责任。

以金融机构质押的存单出质的，即便存单系伪造、变造、虚开，质押合同均为有效，金融机构应当依法向质权人兑付存单所记载的款项。

4. 存款实名的法律规则

1) 存款实名的含义

凡在中华人民共和国境内的金融机构和在金融机构开立个人存款账户的个人，都应当实行个人存款账户实名制。金融机构是指在境内依法设立和经营个人存款业务的机构。个人存款账户是指个人在金融机构开立的人民币、外币存款账户，包括活期存款账户、定期存款账户、定活两便存款账户、通知存款账户以及其他形式的个人存款账户。

实名是指符合法律、行政法规和国家有关规定的身份证件上使用的姓名。以下身份证件为实名证件：①居住在境内的中国公民，为居民身份证或者临时居民身份证；②居住在境内的16周岁以下的中国公民，为户口簿；③中国人民解放军军人，为军人身份证件；中国人民武装警察，为武装警察身份证件；④香港、澳门居民，为港澳居民往来内地通行证；台湾居民，为台湾居民来往大陆通行证或者其他有效旅行证件；⑤外国公民，为护照。

2) 存款实名制度的具体规定

(1) 个人在金融机构开立个人存款账户时，应当出示本人身份证件，使用实名。代理他人在金融机构开立个人存款账户的，代理人应当出示被代理人和代理人的身份证件。

(2) 在金融机构开立个人存款账户的，金融机构应当要求其出示本人身份证件，进行核对，并登记其身份证件上的姓名和号码。代理他人在金融机构开立个人存款账户的，金融机构应当要求其出示被代理人和代理人的身份证件，进行核对，并登记被代理人和代理人的身份证件上的姓名和号码。不出示本人身份证件或者不使用本人身份证件上的姓名的，金融机构不得为其开立个人存款账户。

(3) 金融机构及其工作人员负有为个人存款账户的情况保守秘密的责任。金融机构不得向任何单位或者个人提供有关个人存款账户的情况，并有权拒绝任何单位或者个人查询、冻结、扣划个人在金融机构的款项；但是，法律另有规定的除外。

(4) 金融机构违反规定的，由中国人民银行给予警告，可以处1000元以上5000元以下的罚款；情节严重的，可以并处责令停业整顿，对直接负责的主管人员和其他直接责任人员依法给予纪律处分；构成犯罪的，依法追究刑事责任。

5. 单位存款的法律规则

1) 单位存款的含义

单位存款是指企业、事业、机关、部队和社会团体等单位在金融机构办理的人民币存款，包括定期存款、活期存款、通知存款、协定存款及经中国人民银行批准的其他存款。中国人民银行负责金融机构单位存款业务的管理、监督和稽核工作，协调存款单位与金融机构的争议。

2) 单位存款制度的具体规定

(1) 任何单位和个人不得将公款以个人名义转为储蓄存款。任何个人不得将私款以单位名义存入金融机构；任何单位不得将个人或其他单位的款项以本单位名义存入金融机构。除经中国人民银行批准办理单位存款业务的金融机构外，其他任何单位和个人不得办理此项业务。经批准的金融机构吸收单位存款应不超过中国人民银行核定的范围，同时遵守《人民币单位存款管理办法》的有关规定。财政拨款、预算内资金及银行贷款不得作为单位定期存款存入金融机构。

(2) 金融机构对单位定期存款实行账户管理(大额可转让定期存款除外)。存款时单位须提交开户申请书、营业执照正本等，并预留印鉴。印鉴应包括单位财务专用章、单位法定代表人章(或主要负责人印章)和财会人员章。由接受存款的金融机构给存款单位开出"单位定期存款开户证实书"(以下简称"证实书")，证实书仅对存款单位开户证实，不得作为质押的权利凭证。

(3) 存款单位支取定期存款只能以转账方式将存款转入其基本存款账户，不得将定期存款用于结算或从定期存款账户中提取现金。支取定期存款时，须出具证实书并提供预留印鉴，存款所在金融机构审核无误后为其办理支取手续，同时收回证实书。

(4) 单位定期存款可以全部或部分提前支取，但只能提前支取一次。全部提前支取的，按支取日挂牌公告的活期存款利率计息；部分提前支取的，提前支取的部分按支取日挂牌公告的活期存款利率计息，其余部分如不低于起存金额由金融机构按原存期开具新的证实书，按原存款开户日挂牌公告的同档次定期存款利率计息；不足起存金额则予以清户。

(5) 因存款单位人事变动，需要更换单位法定代表人章(或单位负责人章)或财会人员印章时，必须持单位公函及经办人身份证件向存款所在金融机构办理更换印鉴手续，如为单位定期存款，应同时出示金融机构为其开具的证实书。

(6) 因存款单位机构合并或分立，其定期存款需要过户或分户，必须持原单位公函、工商部门的变更、注销或设立登记证明及新印鉴(分户时还须提供双方同意的存款分户协定)等有关证件向存款所在金融机构办理过户或分户手续，由金融机构换发新证实书。

6. 存款挂失业务的法律规则

1) 单位存款挂失业务的法律规则

存款单位的密码失密或印鉴遗失、损毁，必须持单位公函，向存款所在金融机构申请挂失。金融机构受理挂失后，挂失生效。如果客户的存款在挂失生效前已被人按规定手续支取，金融机构不负赔偿责任。

2) 个人存款挂失业务的法律规则

储户的存单、存折如有遗失，必须立即持本人居民身份证明，并提供姓名、存款时间、种类、金额、账号及住址等有关情况，书面向原储蓄机构正式声明挂失止付。储蓄机构在确认该笔存款未被支取的前提下，方可受理挂失手续，挂失7天后，储户需与储蓄机构约定时间，办理补领新存单(折)或支取存款手续。如果储户本人不能前往办理，可委托他人代为办理挂失手续，但被委托人要出示其身份证明。如果储户不能办理书面挂失手续，而用电话、电报、信函挂失，则必须在挂失五天之内补办书面挂失手续，否则挂失不再有效。若存款在挂失前或挂失失效后已被他人支取，储蓄机构不负责任。储户的存单(折)分为记名式和不记名式，记名式的存单(折)可挂失，不记名式的存单(折)不可以挂失。

案例分析5-2

原告：彭西东，被告：中国建设银行股份有限公司周口文明路支行。

原告于2006年4月27日，在被告处办理龙卡通(储蓄卡)一张，卡号为62×××9281。在此期间，原告的银行卡一直在身边存放，也没有告诉过任何人密码。2017年4月4日23时36分左右，原告在周口市财政局家属小区的家中，收到建设银行95533的7条短信提醒，尾号为9281的账户共支出人民币20 214.00元(手续费214元，ATM取出现金20 000元)。原告为减少损失，立即赶到最近的建行自助取款ATM机，连续输错三次密码的方法用来冻结银行卡。随后去七一路派出所报案，4月5日零点27分又拨打了110报警，并向警察出示了原告的尾号为7013的工资卡(该卡与尾号9281的存折是折卡合一(原告关联手机信息时用的存折号)。经查证，该卡在开封市××县固阳镇被盗取。

【问题】

(1) 原告与被告之间是否存在储蓄合同关系？为什么？

(2) 被告是否应当向原告承担赔偿损失的责任？为什么？

【解析】

(1) 原告与被告之间构成储蓄合同关系。原告在被告处办理了龙卡借记卡，即与被告建立了储蓄合同关系。根据储蓄合同的性质，被告作为发卡银行，有义务实现对银行卡信息防盗技术以及承担识别伪卡的责任；保证银行卡的唯一性和不可复制性；负有按照原告的指示，将存款支付给原告或者原告指定的代理人，并保证原告借记卡内存款安全的义务。

(2) 《中华人民共和国商业银行法》第二十九条第一款规定："商业银行办理个人储蓄存款业务，应当遵循存款自愿、取款自由、存款有息、为存款人保密的原则。"可见，为存款人保密，保障存款人的合法权益不受任何单位和个人的侵犯，是商业银行的法定义务。商业银行的保密义务不仅是指银行对储户已经提供的个人信息保密，也包括为到银行办理交易的储户提供必要的安全、保密的环境。商业银行设置自助银行柜员机，是一项既能方便储户取款，又能提高自身工作效率并增加市场竞争力的重要举措，银行亦能从中获取经营收益。对自助银行柜员机进行日常维护、管理，为在自助银行柜员机办理交易的储户提供必要的安全、保密环境,也是银行安全、保密义务的一项重要内容,这项义务应当设置自助银行柜员机的银行承担。《商业银行法》第三十三条规定:"商业银行应当保证存款本金和利息的支付,不得拖延、拒绝支付存款本金和利息。"该条规定明确了商业银行的保证支付义务,被告错误的将原告借记卡账户内的存款交付给异地伪卡持有者,未适当完成自己的支付义务,故原告要求中国建设银行股份有限公司周口文明路支行支付相应存款及相应利息的主张合法,应予以支持。

综上所述,本案被告中国建设银行股份有限公司周口文明路支行为原告提供银行卡服务,就应确保银行卡内的数据信息不被非法窃取并加以使用。首先,被告作为银行借记卡的发卡行及相关技术、设备和操作平台的提供者,理当承担伪卡的识别义务,故被告应当承担由此造成的损失。其次,被告对原告负有全面履行储蓄存款合同的义务。根据储蓄存款合同的性质,被告负有按照原告的指示,将存款按约支付给原告或者原告指定的代理人,并保证原告银行卡内存款安全的义务。原告提起本案诉讼的请求权基础是储蓄存款合同关系,合同具有相对性,故即使案外人存在刑事犯罪或者民事过错,也应由被告承担违约责任后,依法向刑事犯罪方进行追偿。因此,原告要求被告赔偿被盗刷的人民币20 214元及利息的诉讼请求,法院予以支持。

资料来源:〔2017〕豫1602民初3419号.

5.3.3 取款业务的法律规则

1. 取款业务的基本原则

商业银行办理个人储蓄存款业务,应当遵循存款自愿、取款自由、存款有息、为存款人保密的原则。对个人储蓄存款,商业银行有权拒绝任何单位或者个人查询、冻结、扣划,但法律另有规定的除外。

取款自由主要表现两个方面:一是取款时间自由,即客户可以在正常营业时间中的任何时间点到银行取款;储蓄机构应当按照规定时间营业,不得擅自停业或者缩短营业时间。二是取款数额自由,即客户可以在自己存款余额范围内任意支取其想支取的数额。三是取款地点自由,即客户可以在柜台和自动柜员机任意选择取款。

2. 取款业务的具体法律规则

(1) 储户支取未到期的定期储蓄存款,必须持存单和本人居民身份证明(居民身份证、户口簿、军人证,外籍储户凭护照、居住证)办理。代他人支取未到期定期存款的,代支取人还必须出具其居民身份证明。办理提前支取手续,出具其他身份证明无效,特殊情况的处理,可由储蓄机构业务主管部门自定。

(2) 储蓄机构对于储户要求提前支取定期存款,验证存单开户人姓名与证件姓名一致后,即可支付该笔未到期定期存款。

(3) 存款人死亡后,合法继承人为证明自己的身份和有权提取该项存款,应向储蓄机构所在地的公证处(未设公证处的地方向县、市人民法院)申请办理继承权证明书,储蓄机构凭此办理过户或支付手续。该项存款的继承权发生争执时,由人民法院判处。储蓄机构凭人民法院的判决书、裁定书或调解书办理过户或支付手续。

(4) 存款人已死亡,但存单持有人没有向储蓄机构申明遗产继承过程,也没有持存款所在地法院判决书,直接去储蓄机构支取或转存存款人生前的存款,储蓄机构都视为正常支取或转存,事后而引起的存款继承争执,储蓄机构不负责任。

(5) 在国外的华侨和港澳台同胞等在国内储蓄机构的存款或委托银行代为保管的存款,原存款人死亡,其合法继承人在国内者,凭原存款人的死亡证明向储蓄机构所在地的公证处申请办理继承权证明书,储蓄机构凭此办理存款的过户或支付手续。

(6) 在我国定居的外国公民(包括无国籍者),存入我国储蓄机构的存款,其存款过户或提取手续,与我国公民存款处理手续相同,按照上述规定办理。与我国签订有双边领事协定的外国侨民应按协定的具体规定办理。

(7) 继承人在国外者,可凭原存款人的死亡证明和经我国驻该国使、领馆认证的亲属证明,向我国公证机关申请办理继承权证明书,储蓄机构凭此办理存款的过户或支付手续。继承人所在国如果是禁汇国家,按上述规定办理有困难时,可由当地侨团、友好社团和爱国侨领、友好人士提供证明,并由我国驻所在国使领馆认证后,向我国公证机关申请办理继承权证明书,储蓄机构再凭此办理过户或支付手续。继承人所在国如未与我国建交,应根据特殊情况,特殊处理。居住国外的继承人继承在我国内储蓄机构的存款,能否汇出国外,按我国外汇管理条例的有关规定办理。

(8) 存款人死亡后,无法定继承人又无遗嘱的,经当地公证机关证明,按财政部门规定,全民所有制企事业单位、国家机关、群众团体的职工存款,上缴国库收归国有;集体所有制企事业单位的职工,可转归集体所有。此项上缴国库或转归集体所有的存款都不计利息。

5.4 商业银行的贷款法律制度

5.4.1 贷款

广义的贷款包括客户向商业银行和非银行金融机构借贷的行为,还包括自然人之间、自然人和法人(其他组织)之间、法人(其他组织)之间进行的资金借贷活动,实践中后部分融资活动被称为民间借贷。狭义的贷款仅指商业银行和非银行金融机构向客户贷款的活动。

1. 贷款法律关系

贷款法律关系是指银行和非银行金融机构与客户在货币资金的放贷、使用和偿还过

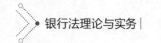

程中所发生的权利义务关系的总和。

1) 贷款法律关系的主体

贷款法律关系包括两方主体，一方为贷出货币资金主体，包括银行和法律、行政法规和规章许可从事贷款活动的非银行金融机构；另一方为客户，包括自然人、法人和非法人组织。

2) 贷款法律关系的客体

贷款法律关系的客体是指一定数量的货币资金。

3) 贷款法律关系的内容

贷款法律关系的内容是指贷款法律关系主体在贷款活动过程中所享有的权利和义务，包括在贷款合同的签订阶段、贷款资金的使用过程中以及贷款资金返还阶段，贷款方和客户均享有相应的权利和义务。

2. 贷款的种类

1) 按照贷款的期限不同，我们把贷款分为短期贷款、中期贷款和长期贷款

(1) 短期贷款，是指贷款期限在1年以内(含1年)的贷款。

(2) 中期贷款，是指贷款期限在1年以上(不含1年)5年以下(含5年)的贷款。

(3) 长期贷款，是指贷款期限在5年以上(不含5年)的贷款。

2) 按照贷款是否有担保，我们把贷款分为信用贷款和担保贷款

信用贷款，是指没有担保，凭借借款人的信誉发放的贷款。担保贷款，是指保证贷款、抵押贷款和质押贷款。根据《商业银行法》规定，商业银行一般发放有担保的贷款。

3) 按照贷款的对象，我们把贷款分为公司贷款、项目贷款、关联企业贷款

(1) 公司贷款，是指贷款人对依照我国《公司法》设立的公司法人所给予的贷款。贷款人在发放公司贷款时，必须严格审查借款人资产负债状况并预测借款人的现金流量。

(2) 项目贷款，是指贷款人对企业投资或经营的某一或某几个项目建设给予的贷款。贷款人实施项目贷款时，必须评估贷款项目未来的现金流量预测情况和质押权、抵押权以及保证或保险等，并严格审查贷款项目是否具备项目建议书和可行性研究报告、国家审批机关的项目建设批文、国家环保部门的环保许可批文等文件。

(3) 关联企业贷款是指贷款人向相互间有某种关联关系的几家企业给予贷款。贷款人为关联企业贷款时，应该统一评估审核所有关联企业的资产负债、财务状况、对外担保以及关联企业相互之间的互保等情况。

3. 发放贷款的程序

贷款包括贷款的申请、取得、发放和归还等一系列的过程。

1) 贷款的申请。借款人需要贷款，可以直接向银行申请贷款，借款人向银行申请贷款应当填写《借款申请书》。

贷款人对借款人的贷款申请进行评估贷款人收到借口人的贷款申请后，需要对借款

人进行资信等级评估,包括对借款人的领导素质、经济实力、资金结构、经营效益、发展前景等方面,进行信用等级评估。

2) 贷款的取得。贷款人对借款人的贷款申请进行调查,贷款人受理借款人申请后,应当对借款人的信用等级以及借款的合法性、安全性、效益性等情况进行调查,核实抵押物、质押物、保证人等情况,测定贷款的风险度。贷款人对借款人的贷款申请进行审批贷款人应当对信贷管理实行审慎有效的授权制度。贷款实行"审贷分离、分级审批"的制度。

签订贷款合同商业银行贷款,应当与借款人订立书面合同。一般情况下,商业银行贷款,借款人应当提供担保,所以,多数情况下,商业银行与借款人签订贷款合同的同时,还要求借款人与提供担保人签订一份单独的贷款担保合同。

3) 贷款的发收。贷款人按照借口合同规定按期发放贷款。贷款人不按照合同约定按期发放贷款的要承担合同的违约责任。贷款人发放贷款后的检查贷款发放后,贷款人应当对借款人执行借款合同情况以及借款人的经营情况进行追踪调查和检查。

4) 贷款的归还。借款人应当按照贷款合同的规定,按期足额归还贷款的本金和利息。

4. 贷款合同

1) 贷款合同的含义及内容

贷款合同,是指以金融机构为贷款人的贷款合同,贷款合同的双方主体分别为贷款人和借款人。贷款合同为诺成性合同,贷款合同采用书面形式。

贷款合同的内容包括借款种类、币种、用途、数额、利率、期限和还款方式等条款。银行应当按照中国人民银行规定的贷款利率的上下限来确定贷款利率,违反利率规定的,应按同期银行贷款利率确定,但不影响整个合同的效力。借款的利息不得预先在本金中扣除,利息预先在本金中扣除的,应当按照实际借款数额返还借款并计算利息。

2) 贷款合同双方当事人的权利和义务

(1) 贷款人的权利。贷款人根据贷款条件和贷款程序自主审查和决定贷款,除国务院批准的特定贷款外,有权拒绝任何单位和个人强令其发放贷款或者提供担保。贷款人的权利主要包括以下几项:①要求借款人提供与借款有关的资料;②根据借款人的条件,决定贷款与不贷、贷款金额、期限和利率等;③了解借款人的生产经营活动和财务活动;④依合同约定从借款人账户上划收贷款本金和利息;⑤借款人未能履行借款合同规定义务的,贷款人有权依合同约定要求借款人提前归还贷款或停止支付借款人尚未使用的贷款;⑥在贷款将受或已受损失时,可依据合同规定,采取使贷款免受损失的措施。

(2) 贷款人的义务主要包括以下几项:①应当公布所经营的贷款的种类、期限和利率,并向借款人提供咨询。②应当公开贷款审查的资信内容和发放贷款的条件。③贷款人应当审议借款人的借款申请,并及时答复贷与不贷。短期贷款答复时间不得超过1个月,中期、长期贷款答复时间不得超过6个月;国家另有规定者除外。④应当对借款人的债务、财务、生产、经营情况保密，但对依法查询者除外。

(3) 借款人的权利主要包括以下几项：①可以自主向主办银行或者其他银行的经办机构申请贷款并依条件取得贷款；②有权按合同约定提取和使用全部贷款；③有权拒绝借款合同以外的附加条件；④有权向贷款人的上级和中国人民银行反映、举报有关情况；⑤在征得贷款人同意后，有权向第三人转让债务。

(4) 借款人的义务主要包括：①应当如实提供贷款人要求的资料(法律规定不能提供者除外)，应当向贷款人如实提供所有开户行、账号及存贷款余额情况，配合贷款人的调查、审查和检查；②应当接受贷款人对其使用信贷资金情况和有关生产经营、财务活动的监督；③应当按借款合同约定用途使用贷款；④应当按借款合同约定及时清偿贷款本息；⑤将债务全部或部分转让给第三人的，应当取得贷款人的同意；⑥有危及贷款人债权安全情况时，应当及时通知贷款人，同时采取保全措施。

5.4.2 商业银行的贷款业务法律规则

贷款是商业银行的资产业务和利润来源，商业银行贷款业务的经营情况，贷款资产的质量高低，直接影响到商业银行的经营业绩和安全。因此，《商业银行法》《贷款通则》对商业银行经营贷款业务做出了原则性规定。

1. 借款人资格的法律规则

1) 借款人贷款应具备的条件

借款人申请贷款，应当具备产品有市场、生产经营有效益、不挤占挪用信贷资金、恪守信用等基本条件，并且应当符合以下几点要求。

(1) 有按期还本付息的能力，原应付贷款利息和到期贷款已清偿；没有清偿的，已经制订了贷款人认可的偿还计划。

(2) 除自然人和不需要经工商部门核准登记的事业法人外，应当经过工商部门办理年检手续。

(3) 已开立基本账户或一般存款账户。

(4) 除国务院规定外，有限责任公司和股份有限公司对外股本权益性投资累计额未超过其净资产总额的50%。

(5) 借款人的资产负债率符合贷款人的要求。

(6) 申请中期、长期贷款的，新建项目的企业法人所有者权益与项目所需总投资的比例不低于国家规定的投资项目的资本金比例。

2) 对借款人的限制

(1) 不得在一个贷款人同一辖区内的两个或两个以上同级分支机构取得贷款。

(2) 不得向贷款人提供虚假的或者隐瞒重要事实的资产负债表、损益表等。

(3) 不得用贷款从事股本权益性投资，国家另有规定的除外。

(4) 不得用贷款在有价证券、期货等方面从事投机经营。

(5) 除依法取得经营房地产资格的借款人以外,不得用贷款经营房地产业务;依法取得经营房地产资格的借款人,不得用贷款从事房地产投机。

(6) 不得套取贷款用于借贷牟取非法收入。

(7) 不得违反国家外汇管理规定使用外币贷款。

(8) 不得采取欺诈手段骗取贷款。

3) 对贷款人的限制

贷款的发放必须严格执行《中华人民共和国商业银行法》第三十九条关于资产负债比例管理的有关规定,第四十条关于不得向关系人发放信用贷款、向关系人发放担保贷款的条件不得优于其他借款人同类贷款条件的规定。

借款人有下列情形之一者,不得对其发放贷款。

(1) 不具备《贷款通则》规定的借款人的资格和条件的。

(2) 生产、经营或投资国家明文禁止的产品、项目的。

(3) 违反国家外汇管理规定的。

(4) 建设项目按国家规定应当报有关部门批准而未取得批准文件的。

(5) 生产经营或投资项目未取得环境保护部门许可的。

(6) 在实行承包、租赁、联营、合并(兼并)、合作、分立、产权有偿转让、股份制改造等体制变更过程中,未清偿原有贷款债务、落实原有贷款债务或提供相应担保的。

(7) 有其他严重违法经营行为的。

2. 贷款的具体法律规则

1) 资产负债比率的规定

商业银行贷款,应当遵守下列资产负债比例管理的规定:①资本充足率不得低于8%;②流动性资产余额与流动性负债余额的比例不得低于25%;③对同一借款人的贷款余额与商业银行资本余额的比例不得超过10%;④国务院银行业监督管理机构对资产负债比例管理的其他规定。

未遵守资本充足率、资产流动性比例、同一借款人贷款比例和国务院银行业监督管理机构有关资产负债比例管理的其他规定的。由国务院银行业监督管理机构责令改正,并处20万元以上50万元以下罚款;情节特别严重或者逾期不改正的,可以责令停业整顿或者吊销其经营许可证;构成犯罪的,依法追究刑事责任。商业银行所进行的民事活动违反资产负债比率的规定,中国人民银行应当进行处罚,不会导致贷款合同的无效,也不影响民事活动的主体资格。

经典例题

【例5-4】下列关于我国商业银行资产负债比例管理的说法,不正确的是( )。

A. 资本充足率不得低于8%

B. 负债余额与资产余额的比例不得超过75%

C. 流动性资产余额与流动性负债余额的比例不得低于25%

D. 对同一借款人的贷款余额与商业银行资本余额的比例不得超过10%

【答案】B

【解析】《商业银行法》没有此规定。

2) 对关系人发放贷款的限制

关系人主要包括两种：一是具有特殊身份的关系人，包括商业银行的董事、监事、管理人员、信贷业务人员及其近亲属；二是与商业银行具有特殊利益关系的关系人，包括商业银行的董事、监事、管理人员、信贷业务人员及其近亲属投资或者担任高级管理职务的公司、企业和其他经济组织。商业银行的关系人，与商业银行有着利害关系的人，他可以凭借这种利害关系或者特殊身份影响商业银行经营或者管理活动。因此，禁止向关系人发放信用贷款，且向关系人发放担保贷款的条件不得优于其他借款人同类贷款的条件。

向关系人发放信用贷款或者发放担保贷款的条件优于其他借款人同类贷款的条件的，由国务院银行业监督管理机构责令改正，有违法所得的，没收违法所得，违法所得50万元以上的，并处违法所得1倍以上5倍以下罚款；没有违法所得或者违法所得不足50万元的，处50万元以上200万元以下罚款；情节特别严重或者逾期不改正的，可以责令停业整顿或者吊销其经营许可证；构成犯罪的，依法追究刑事责任。

经典例题

【例5-5】商业银行不得向关系人发放信用贷款，其中不属于"关系人"的是(   )

A. 商业银行董事　　　　　　B. 商业银行监事及其家属

C. 商业银行管理人员　　　　D. 商业银行会计人员

【答案】D

【解析】关系人主要包括两种：一是具有特殊身份的关系人，包括商业银行的董事、监事、管理人员、信贷业务人员及其近亲属；二是与商业银行具有特殊利益关系的关系人，包括商业银行的董事、监事、管理人员、信贷业务人员及其近亲属投资或者担任高级管理职务的公司、企业和其他经济组织。

3. 贷款的审查

商业银行的贷款实行审贷分离，分级审批制度。审查的内容包括借款用途、偿还能力和还款方式。对贷款项目实行贷前调查，贷时审查和贷后检查。任何单位和个人不得强令商业银行发放贷款或者提供担保。

1) 贷款管理实行行长(经理、主任，下同)负责制

贷款实行分级经营管理，各级行长应当在授权范围内对贷款的发放和收回负全部责任。行长可以授权副行长或贷款管理部门负责审批贷款，副行长或贷款管理部门负责人应当对行长负责。贷款人各级机构应当建立有行长或副行长(经理、主任、下同)和有关部门负责人参加的贷款审查委员会(小组)，负责贷款的审查。

2) 建立审贷分离制

贷款调查评估人员负责贷款调查评估，承担调查失误和评估失准的责任；贷款审查人员负责贷款风险的审查，承担审查失误的责任；贷款发放人员负责贷款的检查和清收，承担检查失误、清收不力的责任。

3) 建立贷款分级审批制

贷款人应当根据业务量大小、管理水平和贷款风险度确定各级分支机构的审批权限，超过审批权限的贷款，应当报上级审批。各级分支机构应当根据贷款种类、借款人的信用等级和抵押物、质物、保证人等情况确定每一笔贷款的风险度。

4) 建立和健全信贷工作岗位责任制

各级贷款管理部门应将贷款管理的每一个环节的管理责任落实到部门、岗位、个人，严格划分各级信贷工作人员的职责。贷款人对大额借款人建立驻厂信贷员制度。

5) 建立离职审计制

贷款管理人员在调离原工作岗位时，应当对其在任职期间和权限内所发放的贷款风险情况进行审计。

4. 其他规定

1) 有担保原则

商业银行贷款，借款人应当提供担保，银行应当对保证人的偿还能力，抵押物、质物的权属和价值以及实现抵押权、质权的可行性进行严格审查。除了资信情况十分良好，确能按时偿还贷款的，所有的贷款均需提供担保。其中对银行的关系人贷款不得采用信用贷款形式。

2) 利率管理

《商业银行法》规定，商业银行不得违反规定提高或者降低利率以及采用其他不正当手段，吸收存款，发放贷款。《贷款通则》对贷款利率也做出了规定，即贷款人应当按照中国人民银行规定的贷款利率的上下限，确定每笔贷款的利率，并在借款合同中记载清楚。

3) 建立贷款主办行制度

借款人应当按中国人民银行的规定，与其开立基本账户的贷款人建立贷款主办行的关系。借款人发生企业分立、股份制改造、重大项目建设等涉及信贷资金使用和安全的重大经济活动，事先应当征求主办行的意见，一个借款人只能有一个主办行，主办行应当随着借款人的基本账户的变更而变更。主办行不包资金，但应当按规定有计划地对借款人提供贷款，为借款人提供必要的信息咨询，以及各种金融代理服务。银团贷款应

当确定一个贷款牵头行，并签署银团贷款协议，明确各贷款人的权利义务，评审贷款项目。牵头行应当按照协议确定的比例监督贷款的偿还。

案例分析5-3

原告重庆农村商业银行股份有限公司石柱支行(以下简称"农商行石柱支行")与被告马某权、陈某美金融借款合同纠纷一案，本院于2019年7月17日立案后，依法适用简易程序公开开庭进行了审理。原告农商行石柱支行的委托诉讼代理人王琳到庭参加诉讼，被告马某权(被告陈世美代理人)到庭参加诉讼。本案现已审理终结。

农商行石柱支行向本院提出如下诉讼请求：

(1) 被告马某权、陈某美偿还原告截至2019年7月15日的贷款本息30037.04元(其中：本金29614.34元，利息422.7元)，以及2019年7月16日起至贷款还清时止的利息(按借款借据约定计算)。

(2) 被告承担本案诉讼费用。事实和理由：被告马某权2016年6月20日向我行申请农户小额信用贷款30000.00元，期限2年。经调查审批，我行于2016年6月29日向被告发放贷款30000.00元，约定到期日2018年6月28日执行月利率4.875‰，逾期罚息月利率50‰。贷款到期系统自动扣还本金765.77元，现欠本金29234.23元，现在贷款已逾期，我行工作人员多次要求被告归还贷款本息，可至今未归还，原告催收未果。综上所述，被告违反合同约定，严重侵犯了原告的合法权益。根据《中华人民共和国民事诉讼法》《中华人民共和国合同法》的有关规定，请求人民法院依法判决。

马某权辩称，对原告主张的事实没有异议，但要求每年还10000.00元。陈某美辩称，对原告主张的事实没有异议，但要求每年还10000.00元。

本院经审理认定事实如下：2016年6月15日，马某权作为家庭户主向农商行石柱支行申请信用贷款30000.00元，期限2年，用于养殖狐狸。陈某美作为家庭成员承诺共同承担偿还贷款本息责任。2016年6月29日，马某权向农商行石柱支行出具《农户小额信用贷款借据》，编号：No.0000348481。约定：马某权向农商行石柱支行申请农户小额信用贷款30000.00元，期限从2016年6月29日至2018年6月28日止。贷款利率为月利率4.875‰，按月结清，从借款人存款账户自动扣息，逾期罚息月利率50‰。被告马某权在领用该笔贷款后，未按期还款。截至2019年7月15日，马某权尚欠本金29614.34元，利息422.7元。

【问题】结合《商业银行法》的规定分析本案例。

【解析】《中华人民共和国商业银行法》第五条规定："商业银行与客户的业务往来，应当遵循平等、自愿、公平和诚实信用的原则。"《商业银行法》第三十七条规定："商业银行贷款，应当与借款人订立书面合同。合同应当约定贷款种类、借款用途、金额、利率、还款期限、还款方式、违约责任和双方认为需要约定的其他事项。"《商业银行法》第四十二条规定："借款人应当按期归还贷款的本金和利息。借款人到期不归还担保贷款的,商业银行依法享有要求保证人归还贷款本金和利息或者就该担保物优先受偿的权利。商业银行因行使抵押权、质权而取得的不动产或者股权,应当自取得之日起二年内予以处分。借款人到期不归还信用贷款的,应当按照合同约定承担责任。"《商业银行法》第五十条规定:"商业银行办理业务,提供服务,按照规定收取手续费。收费项目和标准由国务院银行业监督管理机构、中国人民银行根据职责分工,分别会同国务院价格主管部门制定。"

被告马某权给原告农商行石柱支行出具的《农户小额信用贷款借据》对贷款的期限、利率、违约责任等都做出了明确的约定,原告农商行石柱支行也依据该借据给被告马德权发放了贷款,双方形成合同关系,该合同是双方当事人的真实意思表示,合同内容未违反法律、行政法规的强制性规定,属有效契约。被告马某权领用该笔贷款后,没有依据合同的约定按时向原告履行还款及支付利息,已构成违约。被告要求每年还10000.00元,原告不予同意,双方未就该还款条件形成新的合意。因此,被告应按照原《农户小额信用贷款借据》的约定偿还原告借款及利息、罚息。

综上所述,被告马某权、陈某美于本判决生效后十五日内偿还原告重庆农村商业银行股份有限公司石柱支行贷款本金29614.34元及利息(截至2019年7月15日的利息为422.7元,2019年7月15日后的利息,按照《农户小额信用贷款借据》约定计算);驳回原告重庆农村商业银行股份有限公司石柱支行的其余诉讼请求。如果未按本判决指定的期间履行给付金钱义务,应当依照《中华人民共和国民事诉讼法》第二百五十三条之规定,加倍支付迟延履行期间的债务利息。

资料来源:民事判决书〔2019〕渝0240民初3226号。

【课后思考题】

1. 商业银行的经营原则是什么?
2. 商业银行的主要业务有哪些?
3. 简述商业银行设立的条件。
4. 商业银行存款业务、贷款业务基本规则有哪些?
5. 简述商业银行接管的条件和目的。

第6章 金融犯罪法律制度

▶ 学习目标

本章分为4节：刑法的基本原理、破坏金融管理秩序的常见犯罪、金融诈骗的常见犯罪和银行业相关的职务犯罪。

1. 了解刑法的含义和基本原则；熟知犯罪的构成要件，即犯罪客体、犯罪客观方面、犯罪主体、犯罪主观方面；掌握共同犯罪；理解我国的刑罚体系及追诉时效制度。

2. 理解并掌握伪造货币罪，出售、购买、运输假币罪，持有、使用假币罪，变造假币罪，金融工作人员购买假币、以假币换取货币罪，高利转贷罪，非法吸收公众存款罪，违法发放贷款罪，吸收客户资金不入账罪，伪造、变造金融票证罪，违规出具金融票证罪，对违法票据承兑、付款、保证罪，贪污罪，背信运用受托财产罪的犯罪构成及刑事责任的承担。

3. 理解并掌握集资诈骗罪、贷款诈骗罪、信用证诈骗罪、信用卡诈骗罪、票据诈骗罪、金融凭证诈骗罪的犯罪构成及刑事责任。

4. 理解并掌握职务侵占罪，非国家工作人员受贿罪，挪用资金罪，签订、履行合同失职被骗罪，贪污罪的犯罪构成及刑事责任。

6.1 刑法的基本原理

6.1.1 刑法的含义及刑法的基本原则

1. 刑法的含义

刑法是规定犯罪、刑事责任和刑罚的法律规范的总和。刑法分为广义刑法和狭义刑法。广义刑法是指一切规范犯罪、刑事责任和刑罚的法律规范的总和，包括刑法典、单行刑罚、附属刑法等。

1) 刑法典

刑法典是国家以刑法或刑法典的名称颁布的，系统规范犯罪及其刑事责任和刑罚的法律文件。我国现行刑法典是1997年修订的《中华人民共和国刑法》(以下简称《刑法》)，这也是狭义的刑法。

2) 单行刑法

单行刑法是国家以条例、决定、补充规定等名称颁布的，规定某一类犯罪及其刑事责任和刑罚的法律文件。

3) 附属刑法

附属刑法是指在其他非刑事法律规范中有关犯罪及刑事责任和刑罚的规定。例如在《中华人民共和国会计法》《中华人民共和国兵役法》《中华人民共和国专利法》等法律中有关刑法内容的规定。

2. 刑法的基本原则

我国《刑法》规定了罪刑法定原则、刑法面前人人平等原则、罪刑相适应原则。刑法的基本原则体现我国刑事法治的基本精神。

1) 罪刑法定原则

我国《刑法》第三条规定："法律明文规定为犯罪行为的，依照法律定罪处刑；法律没有明文规定为犯罪行为的，不得定罪处刑。"因此，我国刑事法律制度要求犯罪及其刑法具有法定性，即为什么是犯罪，有哪些犯罪，各种犯罪构成要件是什么，有哪些刑种、各种刑种如何适用，以及各种具体罪的具体量刑幅度如何等，都是由刑法明确规定。同时，罪刑法定原则是对非罪行为自由性的保护，是对国家刑罚权利的限制，保障公民的权利和自由。

罪刑法定原则立法的体现为犯罪的法定化和刑罚的法定化。犯罪的法定化表现在明确规定了犯罪的概念和犯罪的构成要件等。刑罚的法定化表现在明确规定了刑罚的种类、量刑标准以及各种犯罪的法定刑。

2) 刑法面前人人平等原则

我国《刑法》第四条规定:"对任何人犯罪,在适用法律上一律平等。不允许任何人有超越法律的特权。"刑法面前人人平等原则意味着,任何人犯罪,无论其家庭出身、社会地位、财产富有、职业性质、政治面貌等情况如何,都应当追究其刑事责任,依照刑法的规定定罪量刑,不允许任何人有超越法律的特权;任何人受到犯罪的侵害,也会受到刑法的保护。结合我国刑事司法实践,刑法面前人人平等原则,主要体现三个方面,即定罪上一律平等、量刑上一律平等、行刑上一律平等。

3) 罪刑相适应原则

我国《刑法》第五条规定:"刑罚的轻重,应当与犯罪分子所犯罪行和承担的刑事责任相适应。"这一原则意味着,刑罚的性质与轻重应当和犯罪的性质与轻重相适应,即重罪重罚、轻罪轻罚、罪行相称、罚当其罪。因此,在刑事司法实践中,罪刑相适应原则也主要体现在三个方面,即定罪要准确、量刑要适当、执法要平衡。

经典例题

【例6-1】 "刑罚的轻重,应当与犯罪分子所犯罪行和承担的刑事责任相适应。"这体现了我国的刑法的( )。

A. 罪刑法定原则　　　　　　　　B. 罪刑相适应原则
C. 从旧兼从轻原则　　　　　　　D. 刑法面前人人平等原则

【答案】B

案例分析6-1

玉门市人民检察院指控,2013年9月18日18时许,被告人张某某酒后无有效机动车驾驶证驾驶无号牌"重庆100"型两轮摩托车,沿玉门市玉柳路由西向东行使至北门养殖场附近时驶入左道,与迎面驶来的由姚某某骑的自行车相撞,造成张某某、姚某某受伤、车辆受损的交通事故。2013年9月22日,经甘肃科证司法鉴定所检验,被告人张某某血液中的乙醇含量为172.477mg/100mL,属于醉酒驾驶。

法院认为,被告人张某某醉酒驾驶机动车在道路上行驶,侵犯了道路交通安全秩序,其行为构成了危险驾驶罪。公诉机关指控的罪名成立。考虑到其认罪态度较好,可从轻处罚。判决被告人张某某犯危险驾驶罪,判处拘役两个月,缓刑4个月,并处罚金2000元。

【问题】结合刑法的基本原则,分析本案例。

【解析】刑法的基本原则之一就是罪刑法定,即法院在判定一个人是否犯罪以及判处何种刑罚,必须依照法律的明确规定。具体说,只有法律将某一种行为明文规定为犯罪的,才能对这种行为定罪。判断某一行为是否构成犯罪,必须按照法律规定的条件和标准，不符合法律规定的条件和要求的，不能任意解释和推定为有罪，并且在罪名的认定上也要按照法律的规定，法律规定什么罪，就是什么罪。同时，对于犯罪的处罚，判什么刑，也必须严格按照法律规定的量刑标准，轻罪轻判、重罪重判，不能轻罪重判、重罪轻判。

资料来源：中华人民共和国刑法：案例注释版[M]. 4版. 北京：中国法制出版社，2019.

6.1.2 犯罪构成要件

犯罪的构成要件包括犯罪客体、犯罪客观方面、犯罪主体、犯罪主观方面。

1. 犯罪客体

1) 犯罪客体的含义

犯罪客体，是指刑法保护的，为犯罪行为所侵犯的社会关系。犯罪客体是犯罪构成的必备要件之一，任何一种犯罪行为都必然侵犯一定的客体，如果某种行为没有侵犯刑法所保护的社会关系，那么该行为就不可能构成犯罪。

犯罪客体是一定的社会关系，是人们在共同生产和生活中所形成的人与人之间的相互关系，既可以是物质关系，也可以是思想关系。并不是所有的社会关系都可以成为犯罪客体，只有刑法所保护的社会关系才是犯罪客体。犯罪客体是被犯罪行为所侵犯的社会关系，只有当我国刑法所保护的社会关系受到犯罪行为侵犯时，才能成为犯罪客体，因此犯罪客体与犯罪行为紧密相连。

2) 犯罪客体的分类

犯罪客体分为一般客体、同类客体、直接客体。

(1) 犯罪的一般客体，是指一切犯罪行为所共同侵犯的客体，也就是刑法所保护的社会关系的整体。

(2) 犯罪的同类客体，是指某一类犯罪所共同侵犯的客体，也就是刑法所保护的社会关系的某一部分或某一方面。我国刑法分则根据这一同类客体的原理，将犯罪分为十大类，即危害国家安全罪、危害公共安全罪、破坏社会主义市场经济秩序罪、侵犯公民人身权利、民主权利罪、侵犯财产罪、妨害社会管理秩序罪、危害国防利益罪、贪污贿赂罪、渎职罪、军人违反职责罪。

(3) 犯罪的直接客体，是指某一特定犯罪所直接侵犯的客体，即某一特定犯罪所直接侵犯的某种具体的社会关系。例如故意杀人罪所直接危害的是他人的生命权；故意伤害罪所直接危害的是他人的健康权。

3) 犯罪客体与犯罪对象的区别

犯罪对象是指犯罪行为所直接指向、影响、损害并体现刑法所保护的社会关系的人和物。犯罪客体通过一定的犯罪对象表现出来。犯罪客体决定着犯罪性质，而犯罪对象不一定决定着犯罪性质；犯罪客体是任何犯罪构成的必要要件，而犯罪对象则不是；任何犯罪都会侵犯到犯罪客体，犯罪对象不一定受到损害；犯罪客体是犯罪分类的基础，而犯罪对象则不是。犯罪对象是犯罪客体的具体体现。

2. 犯罪客观方面

犯罪客观方面，是指根据我国刑法的规定构成犯罪在客观上必须具备的条件。犯罪客观方面主要包括危害行为、危害结果、危害行为与危害结果直接的因果关系、犯罪时间、地点、方法等。危害行为是必要要件，其他要件为选择要件。犯罪的时间、犯罪地点、犯罪方法是犯罪客观方面的要件，但对于大多数犯罪来讲，刑法并未将时间、犯罪地点、方法作为构成犯罪的必要要件，而将它们作为构成某些犯罪的必备要件。

(1) 危害行为指犯罪构成的客观方面的行为，由行为人的意识、意志支配的违反刑法规定的危害社会的行为。危害行为是犯罪客观方面中居于核心地位。

(2) 危害结果是指危害行为作用于犯罪对象而对犯罪直接客体造成的法定的实际损害或现实的危险状态。

(3) 危害行为与危害结果之间的因果关系，是指犯罪客观方面中的危害行为同危害结果之间存在的引起与被引起的关系。行为人只能对自己的危害行为所引起的危害结果承担刑事责任。

(4) 犯罪时间，就是指行为人实施犯罪行为的时间。如果当法律规定某种行为一定时间内实施才构成犯罪时，犯罪时间就成为构成这种犯罪的必要条件。例如，《刑法》第二百三十六条规定："行为人在公共场所当众强奸妇女的，处10年以上有期徒刑、无期徒刑或者死刑。"

(5) 犯罪地点，就是犯罪行为实施的场所。任何犯罪都是在一定的地点进行的，没有犯罪地点就谈不上犯罪的问题。在法律规定某种行为只有在一定的地点实施才构成犯罪时，犯罪地点就成为构成这种犯罪的必要条件。例如，《刑法》第三百四十条、第三百四十一条第二款的规定，"禁渔区""禁猎区"就分别是构成非法捕捞水产品罪和非法狩猎罪的必要条件。

(6) 犯罪方法，是指实施犯罪的具体手段和措施。在法律将特定的方法作为构成某种犯罪的必要条件时，犯罪方法就是区分罪与非罪、此罪与彼罪的一个重要依据。例如，《刑法》第二百三十六条规定，只有违背妇女意志，以暴力、胁迫或者其他手段强奸妇女的，才构成强奸罪，否则不构成强奸罪。

3. 犯罪主体

任何犯罪都是由犯罪主体实施的，没有犯罪主体就没有犯罪行为。犯罪主体，是指实施危害社会的行为、依法应当负刑事责任的自然人和单位。

1) 自然人犯罪主体

自然人犯罪主体，是指具备刑事责任能力，实施危害社会的行为并且依法应负刑事责任的自然人。

(1) 刑事责任年龄。

我国刑法将刑事责任年龄分为以下三种。

① 完全刑事责任时期。已满16周岁的人犯罪，应当负刑事责任。

② 相对负刑事责任时期。已满14周岁不满16周岁的人，犯故意杀人、故意伤害致人重伤或者死亡、强奸、抢劫、贩卖毒品、放火、爆炸、投放危险物质罪八种严重故意犯罪的，应当负刑事责任。

③ 完全无刑事责任时期。不满14周岁的自然人，对其实施的任何行为都不负刑事责任。

因不满16周岁不予刑事处罚的，责令他的家长或者监护人加以管教；在必要的时候，也可以由政府收容教养。已满75周岁的人故意犯罪的，可以从轻或者减轻处罚；过失犯罪的，应当从轻或者减轻处罚。

(2) 刑事责任能力。

犯罪主体要具有刑事责任能力，刑事责任能力是自然人的辨认和控制自己行为的能力。刑事责任能力不是所有的自然人都具备的，其具备受到年龄、精神状况等多种因素的影响。自然人的刑事责任能力也分为三种，如下所述。

① 完全无刑事责任能力人。不满14周岁的自然人；精神病人在不能辨认或者不能控制自己行为的时候造成危害结果，经法定程序鉴定确认的，不负刑事责任，但是应当责令他的家属或者监护人严加看管；在必要的时候，由政府强制医疗。

② 限制刑事责任能力人。已满14周岁不满18周岁的人犯罪，应当从轻或者减轻处罚并且不能适用死刑(包括死刑缓期两年执行)。尚未完全丧失辨认或者控制自己行为能力的精神病人犯罪的，应当负刑事责任，但是可以从轻或者减轻处罚。又聋又哑的人或者盲人犯罪，可以从轻、减轻或者免除处罚。

③ 完全刑事责任能力人。已满14周岁且能够辨认和控制自己行为的自然人。间歇性的精神病人在精神正常的时候犯罪，应当负刑事责任。醉酒的人犯罪，应当负刑事责任。

案例分析6-2

被告人陈某某故意非法剥夺他人生命，其行为构成故意杀人罪。陈某某虽系聋哑人，案发前也有被他人打骂的情形，但其持刀连续杀死六人，并持刀致两人轻伤，犯罪手段及其残忍，情节特别恶劣，社会危害性极大，故不足以从轻处罚。依照《刑法》第二百三十二条、第五十七条第一款、第十九条、第六十四条的规定，以故意杀人罪，判处被告人陈某某死刑，剥夺政治权利终身。被告人陈某某上诉提出，因被害人对其殴打、体罚，有明显过错，且是聋哑人，原判量刑过重，请求从轻处罚。二审法院认为，被告人陈某某因不满被害人对其体罚等行为，故意非法剥夺他人生命，持刀砍死六人，砍伤两人，其行为已经构成故意杀人罪。陈某某虽是聋哑人，犯罪手段极其残忍，情节特别恶劣，后果特别严重，社会危害极大，对其不予从轻处罚。最后裁定，驳回上诉，维持原判。

【问题】试用刑法相关理论分析此案例。

【解析】 对于案例中身体有缺陷的被告人,除了主观性质极深、人身危险性极大、犯罪行为所造成的社会危害行特别严重,或者的生理缺陷对实施的具体犯罪无直接影响力外,一般均应当体现从宽处罚的刑事政策。身体有缺陷的被告人所犯罪行极其严重的,依法可以适用死刑,但在适用时要特别慎重,应当充分保障身体有缺陷的被告人的诉讼权利。

资料来源:中华人民共和国刑法:案例注释版[M].4版.北京:中国法制出版社,2019.

2) 单位犯罪主体

(1) 单位犯罪的范围。单位犯罪,是相对于自然人犯罪而言,单位犯罪是指公司、企业、事业单位、机关、团体实施的危害社会的行为,法律规定为单位犯罪的,应当负刑事责任。

单位犯罪的主体不仅包括公司、企业、事业单位、机关、团体,也包括依法设立的合资经营企业、合作经营企业和具有法人资格的独资、私营企业等。个人为进行违法犯罪活动而设立的公司、企业、事业单位实施犯罪的,或者公司、企业、事业单位设立后,以实施犯罪为主要活动的,不以单位犯罪论处,依照有关自然人犯罪定罪处罚。单位犯罪的主观方面多为故意,极少数范围为过失犯罪。单位犯罪的客观方面表现为,经单位决策机构决定或者由负责人员决定犯罪的行为。单位犯罪的范围具有法定性,并不是所有的犯罪都能够成为单位犯罪,只有《刑法》明确规定的犯罪,才能够构成单位犯罪。

(2) 对单位犯罪的处罚。根据《刑法》第三十一条规定:"单位犯罪的,对单位判处罚金,并对其直接负责的主管人员和其他直接责任人员判处刑罚。本法分则和其他法律另有规定的,依照规定。"因此,我国单位犯罪实行以双罚制为主,即不仅处罚犯罪的单位,也处罚该单位直接负责的主管人员和其他直接责任人员。但是,刑法和其他法律另有规定的,单位犯罪也可以不需要实行双罚制度,从其法律规定。例如,《刑法》第一百六十二条规定:"公司、企业进行清算时,隐匿财产,对资产负债表或者财产清单作虚伪记载或者在未清偿债务前分配公司、企业财产,严重损害债权人或者其他人利益的,对其直接负责的主管人员和其他直接责任人员,处5年以下有期徒刑或者拘役,并处或者单处2万元以上20万元以下罚金。"

经典例题

【例6-2】 我国刑法在处罚单位犯罪时采用( )为主。
A. 三罚制　　　　　　　　　　B. 双罚制
C. 单罚制　　　　　　　　　　D. 四罚制
【答案】 B
【解析】 根据《刑法》规定,我国对单位犯罪实行以双罚制为主、以单罚制为辅的处罚原则。

4. 犯罪主观方面

犯罪主观方面是指犯罪主体对自己危害社会的行为及其危害社会的结果所抱有的心理态度，包括罪过即犯罪的故意或者犯罪的过失、犯罪目的、犯罪动机等因素。行为人主观方面对其实施的犯罪行为以及该行为所引起的后果持有何种心态，通常从两个因素判断：一方面是认识因素；一方面是意志因素。认识因素是指对该行为以及该行为的后果有没有认识到以及认识的程度；意志因素是指对该行为所导致的后果，是什么样的态度，其意志上能不能控制、有没有控制。只有认识因素和意志因素同时存在，才形成一个基本罪过。罪过分为直接故意、间接故意、过于自信的过失、疏忽大意的过失4种类型。

直接故意是指行为人明知自己的行为必然或可能发生危害社会的结果，并且希望这种危害结果发生的心理态度。间接故意是指行为人明知自己的行为可能发生危害社会的结果，并且放任这种结果发生的心理态度。直接故意与间接故意的区别有两点：一是在认识因素方面不同，即直接故意既可能是认识到这个结果可能会发生，也可能是认识到结果必然会发生；而间接故意只能是认识到这个结果有可能发生。二是在意志因素方面不同，即直接故意对这个结果的发生，是希望的、积极追求的态度；而间接故意是放任的、漠不关心的态度。

过于自信的过失是指行为人预见到自己的行为可能发生危害社会的结果，但轻信能够避免，以致发生了这种结果的心理态度。疏忽大意的过失是指行为人应当预见到自己的行为可能发生危害社会的结果，因为疏忽大意而没有预见，以致发生这种结果的心理态度。过于自信的过失与疏忽大意的过失都属于犯罪过失，两者对危害后果的出现都持反对的、否定的态度，结果出现都是意料之外、没有想到的。两者的关键区别就是在于行为当时是否已经认识到其行为可能会导致某种结果的发生，过于自信的过失在行为当时行为人已经预见到其行为可能导致某种危害结果的发生，但凭借一定的条件而轻信可以避免，而疏忽大意的过失根本没有预见到结果的发生。

经典例题

【例6-3】犯罪构成包括犯罪主体、犯罪客体、犯罪主观方面和犯罪客观方面四个要件。下列说法正确的是(   )。

A. 犯罪主体只能是有生命的、达到法定责任年龄的自然人
B. 犯罪客体是刑法所保护的而为犯罪行为所危害的社会关系
C. 犯罪客观方面包括危害行为、危害结果以及犯罪的目的、动机等因素
D. 犯罪主观方面是犯罪主体实施犯罪行为时所持的直接故意的心理态度

【答案】B

【解析】犯罪主体不仅包括自然人还包括法人。犯罪客观方面主要包括危害行为、危害结果、危害行为与危害结果直接的因果关系，犯罪的时间、地点、方法等。危害行

为是必要要件，其他要件为选择要件。犯罪主观方面包括直接故意、间接故意、过于自信的过失、疏忽大意的过失。

6.1.3 犯罪的预备、未遂和中止

1. 犯罪预备

犯罪预备是指为了犯罪，准备工具、制造条件的，是犯罪预备。对于预备犯，可以比照既遂犯从轻、减轻处罚或者免除处罚。

2. 犯罪未遂

《刑法》第二十三条规定："已经着手实行犯罪，由于犯罪分子意志以外的原因而未得逞的，是犯罪未遂。对于未遂犯，可以比照既遂犯从轻或者减轻处罚。"

犯罪未遂具有三个特征：一是行为人已经着手实施犯罪，已经有了实施行为，这一点正好与犯罪预备相区别；二是犯罪未完成(未得逞)而停止下来，这与犯罪既遂相区别；三是犯罪停止在未完成形态是犯罪分子意志之外的原因所导致的，这与犯罪中止相区别。

3. 犯罪中止

《刑法》第二十四条规定："在犯罪过程中，自动放弃犯罪或者自动有效地防止犯罪结果发生的，是犯罪中止。对于中止犯，没有造成损害的，应当免除处罚；造成损害的，应当减轻处罚。"

犯罪中止分为自动放弃犯罪的犯罪中止和自动有效地防止犯罪结果发生的犯罪中止。

自动放弃犯罪的犯罪中止是指只要行为人消极地放弃正在实施的行为，不再实施，该犯罪行为就不会达到既遂状态。

自动有效地防止犯罪结果发生的犯罪中止是指仅仅以不作为的方式消极地停止犯罪的继续实施还不够，还要求必须采取积极的作为来预防和阻止既遂结果的发生，且这种防止行为要有效，为积极的中止。

经典例题

【例6-4】根据《刑法》的规定，对于预备犯，可以比照(　　)从轻、减轻处罚或者免除处罚。

A. 中止犯　　　　B. 既遂犯　　　　C. 实行犯　　　　D. 未遂犯

【答案】B

【解析】《刑法》第二十二条第二款规定："对于预备犯，可以比照既遂犯从轻、减轻处罚或者免除处罚。"

6.1.4 共同犯罪

共同犯罪是指二人以上共同故意犯罪。二人以上共同过失犯罪，不以共同犯罪论处；应当负刑事责任的，按照他们所犯的罪分别处罚。

1. 共同犯罪的分类

1) 任意共犯与必要共犯

任意共犯是指刑法规定的可以由一个自然人实施的犯罪行为。必要共犯是指刑法规定的只能以两个以上的共同行为作为犯罪构成要件的犯罪，即为该种犯罪的主体必须是两个以上的主体。例如，聚众扰乱社会秩序罪、聚众劫狱罪、组织越狱罪等。

2) 事先共犯与事中共犯

事先共犯是指事前有同谋的共犯，即为共犯人的共同犯罪故意，在着手实施犯罪前形成。事中共犯是指事前无同谋的共犯，共同犯罪人的共犯故意，是在实行着手之际或犯罪过程中形成的。

3) 简单共犯与复杂共犯

简单共犯是指二人以上共同直接实行某一具体犯罪的构成要件的行为，共犯人都是实行犯，不存在组织犯、帮助犯、教唆犯。复杂共犯是指各共同犯罪人之间存在着犯罪分工的共同犯罪，不仅存在直接着手实施共犯行为的实行犯，还有组织犯、教唆犯或者帮助犯的分工。

4) 一般共犯与特殊共犯

一般共犯是指没有特殊组织形式的共同犯罪，共犯人是为了实施某种犯罪而临时结合，一旦犯罪完成，这种结合不复存在。特殊共犯是指有组织的共同犯罪、集团性共犯，也被称为犯罪集团。

2. 共同犯罪的成立条件

1) 主体条件

共同犯罪成立的主体必须是两个及两个以上的人。这里的"人"既包括达到刑事责任年龄、具备刑事责任能力的自然人，也包括法人、单位等主体。

2) 主观条件

共同犯罪人必须有共同的犯罪故意，要求各共同犯罪人通过意思联络，认识到他们的共同犯罪行为会发生社会危害的结果，并决意参加共同犯罪，希望或放任这种结果发生的心理状态。共同犯意只要求在刑法规定的范围内相同，并不要求犯罪故意的具体形式和内容必须完全相同。对于共同犯罪的主观条件，即犯意联络是指共同犯罪人双方在犯罪意思上相互沟通，它可能存在于组织犯与实行犯之间、教唆犯与实行犯之间或者帮助犯与实行犯之间，而并不要求所有共同犯罪人之间都必须存在犯意联络，如组织犯、教唆犯、帮助犯互相间即使没有意思联络，也不影响共犯的成立。

3) 客观条件

各共同犯罪人有共同的犯罪行为，即要求各犯罪人为追求同一危害社会结果、完成同一犯罪而实施的互相联系、彼此配合的犯罪行为，各行为人的行为为一个整体，共同作用于危害结果，各共同犯罪人的行为于危害结果之间都具有因果关系，也就是说，共同行为应当属于同一犯罪构成要件的行为。

需要注意的是，共同过失犯罪行为、一方故意与一方过失的犯罪行为、实施犯罪时故意内容不同的犯罪行为都不能够成立共同犯罪。同时犯也不能够成立共同犯罪。所谓同时犯是指没有共同实行犯罪的意思联络，只是在同一时间同一场所实施同一性质的犯罪行为同时犯应当以单独的犯罪论处，不能作为共同犯罪。实行过限行为也不属于共同犯罪。所谓实行过限，是指超出共同故意范围之外的犯罪行为。这部分过限不属于共犯范畴，所以实行过限行为不属于共同犯罪。事前无通谋的事后帮助行为也不属于共同犯罪。所谓事前无通谋的事后帮助行为主要是指窝藏、包庇、窝赃、销赃等行为。

3. 共同犯罪认定中的几个问题

1) 片面共犯能否成立共同犯罪

片面共犯是指参与同一犯罪的人中，一方认识到故意在同他人共同犯罪，而另一方没有意识到有他人和自己共同犯罪的情形。片面共犯是否成立共同犯罪视具体情况而定：一是片面组织犯不可能发生；二是片面实行犯也不能认定为共同犯罪，因为在共同实行犯罪的情形下，各共同犯罪人必须具有全面的主观联系，才能成立共同犯罪，所以片面实行犯罪不能成立共同犯罪；三是，如果片面共同犯具有共同犯罪的故意支配下实施的教唆行为和帮助行为，则有必要认定其为共同犯罪。

2) 间接正犯的认定

间接正犯是指利用不具有犯罪主体资格的人或者不发生共犯关系的第三人来实行犯罪。

在主观上，间接正犯具有利用他人犯罪的故意，即行为人明知被利用者没有刑事责任能力或者没有犯罪故意而加以利用，希望或者放任通过被利用者的行为达到其所预想的犯罪结果，因此，间接正犯与被利用者之间不存在共同的犯罪故意，我国刑法一般以不作为共犯论处。在客观上，间接正犯具有利用他人犯罪的行为，即行为人不是亲自犯罪，而是利用他人作为犯罪工具而实施的犯罪。

间接正犯主要包括以下几种类型：①利用未达到刑事责任年龄的人实施犯罪；②利用精神病人实施犯罪；③利用他人无罪过行为实施犯罪；④利用他人合法行为实施犯罪；⑤利用他人过失行为实施犯罪；⑥利用有故意的工具实施犯罪。

3) 共同犯罪停止形态的认定

对于共同犯罪的既遂而言，根据"部分实行全部责任"，即只要部分共犯人的行为导致法定结果而出现既遂状态，则对其他共犯人均以既遂论处。在共同犯罪中，如果一人既遂，则整体既遂；如果共同犯罪没有完成属于未完成形态，则可能有的共犯是未遂犯或者预备犯，有的共犯人是中止犯，也有可能均是未遂犯或预备犯或中止犯。在共同犯罪中，一人如果想构成犯罪中止，必须要整个犯罪均中止，否则此人不能够构成犯罪中止。

经典例题

【例6-5】 三人以上为共同实施犯罪而组成的较为固定的犯罪组织，是(   )。
A.犯罪集团   B.黑社会性质组织
C.恐怖组织   D.复杂共同犯罪
【答案】 A
【解析】 一般共犯是指二人以上共同故意犯罪，而三人以上为共同实施犯罪而组成的较为固定的犯罪组织，是犯罪集团。

案例分析6-3

2016年4月17日，王某霖向李甲购买冰毒1500克，并转账支付了部分毒资5.5万元。李甲收款后，从蒋某处购买冰毒2000克，并指使张某用快递将部分毒品邮寄到大连市。4月24日，邮包到达大连后，李甲电话通知王某霖领取邮包，因王某霖不愿亲自领取，李甲遂向杨某打电话请求代为领取邮包并转交给王某霖。杨某明知邮包内藏有毒品，起初不愿代为领取，与其同住的赵某欣得知后，主动提出帮助取货。4月25日11时许，赵某欣取出邮包后被抓获。侦察机关在该邮包内查获冰毒31袋，净重供1525.5克。在赵某欣领取邮包时，杨某也离开其租住处，并电话通知王某霖到花样年华二期取货。16时许，王某霖到达花样年华时被抓获，杨某也在附近被抓获。同日12时许，侦查机关将李甲、张某抓获。

2016年3月，李乙结识毒贩人员郭宪伟(身份不明，未到案)，向其支付毒资约购毒品。嗣后，郭宪伟与李甲商定毒品交易，用网上转账方式向李甲支付毒资，并将收件人李乙的联系方式告知李甲。4月18日前后，李甲把从蒋某处购买的毒品分别约37克，指使张某用快递从四川省成都市邮寄至河北省保定市。4月月20日9时许，李乙取件后被抓获。

综上所述，李甲贩卖、运输冰毒1569.8克、冰毒片剂0.8克，张某贩卖、运输冰毒1559.9克，蒋某贩卖冰毒1559.9克，李乙非法持有冰毒34.4克。

一审法院认定，被告人李甲犯贩卖、运输毒品罪，判处无期徒刑，剥夺政治权利终身，并处没收个人全部财产；被告人蒋某犯贩卖毒品罪，判处无期徒刑，剥夺政治权利终身，并处没收个人全部财产；被告人王某霖犯非法持有毒品罪，判处无期徒刑，剥夺政治权利终身，并处罚金15万元；被告人张某犯贩卖、运输毒品罪，判处有期徒刑13年，并处罚金7万元；被告人杨某犯贩卖毒品罪，判处有期徒刑十一年，并处罚金6万元；被告人赵某欣犯非法持有毒品罪，判处有期徒刑一年十个月，并处罚金2万元。

一审宣判后，被告人蒋某、王某霖、杨某、赵某欣提出上诉。蒋某在二审审理期间申请撤回上诉。

二审法院认为，李甲到案后稳定供述其明确告知杨某邮包内有毒品，杨某也供述其猜测邮包内有毒品，赵某欣供述其根据杨某的话语也已经判断出邮包内有毒品，三人供述吻合，有杨某和李某互发的短信佐证，足以证实杨某、赵某欣领取邮包前已明知内装毒品。李甲在向王某霖贩卖、邮寄毒品的过程中，指使杨某、赵某欣帮其到快递柜领取毒品，并转交王某霖，三人构成共同犯罪。李甲起主要作用，是主犯；杨某、赵某欣起帮助作用，是从犯。根据杨某、赵某欣实施犯罪的主观动机和参与程度，应当对二人减轻处罚。

【问题】运用刑法相关知识分析此案例。

【解析】《刑法》第二十五条规定："共同犯罪是指二人以上共同故意犯罪。二人以上共同过失犯罪，不以共同犯罪论处；应当负刑事责任的，按照他们所犯的罪分别处罚。"《刑法》第二十七条规定："在共同犯罪中起次要或者辅助作用的，是从犯。对于从犯，应当从轻、减轻处罚或者免除处罚。"因此，李甲起主要作用，是主犯；杨某、赵某欣起帮助作用，是从犯。根据杨某、赵某欣实施犯罪的主观动机和参与程度，应当对二人减轻处罚。

资料来源：辽宁省高级人民法院〔2017〕辽刑终322号。

6.1.5 刑罚

刑罚是实现刑事责任的最基本、最重要的方式，但刑罚并非是实现刑事责任的唯一方法，两者并不能完全等同，刑事责任还可以通过非刑罚的处罚方法予以实现。

1. 刑罚的种类

刑罚包括主刑和附加刑。

1) 主刑

(1) 管制。管制就是指对犯罪分子不予关押，但限制其一定自由，由公安机关予以执行的刑罚方法。

管制是我国主刑中最轻的一种刑罚方法，属于限制自由刑。管制的期限为3个月以上2年以下。数罪并罚时，最高不能超过3年。管制的刑期，从判决执行之日起计算；判决执行以前先行羁押的，羁押一日折抵刑期二日。所谓判决执行之日，应当指判决生效之日。所谓羁押，是指在判决以前对犯罪分子的暂时关押，完全限制其人身自由的一种措施。

被判处管制的犯罪分子，在执行期间，应当遵守下列规定：①遵守法律、行政法规，服从监督；②未经执行机关批准，不得行使言论、出版、集会、结社、游行、示威自由的权利；③按照执行机关规定报告自己的活动情况；④遵守执行机关关于会客的规定；⑤离开所居住的市、县或者迁居，应当报经执行机关批准。对于被判处管制的犯罪分子，在劳动中应当同工同酬。

(2) 拘役。拘役就是指短期剥夺犯罪分子的自由，就近执行并实行劳动改造的刑罚方法。

拘役属于短期自由刑，是主刑中介于管制与有期徒刑之间的一种轻刑。拘役的期限为1个月以上6个月以下。数罪并罚时，最高不能超过1年。拘役的刑期从判决执行之日起计算；判决执行以前先行羁押的，羁押一日折抵刑期一日。被判处拘役的犯罪分子，由公安机关就近执行。在执行期间，被判处拘役的犯罪分子每月可以回家一天至两天；参加劳动的，可以酌量发给报酬。

(3) 有期徒刑。有期徒刑就是指剥夺犯罪分子一定期限的人身自由，并强制其进行劳动并接受教育改造的刑罚方法。

有期徒刑的刑期为6个月以上15年以下。数罪并罚时，最高不能超过20年。有期徒刑的刑期，从判决执行之日起计算；判决执行以前先行羁押的，羁押一日折抵刑期一日。被判处有期徒刑的犯罪分子，在监狱或者其他执行场所执行；凡有劳动能力的，都应当参加劳动，接受教育和改造。

(4) 无期徒刑。无期徒刑就是指剥夺犯罪分子的终身自由，强制其参加劳动并接受教育改造的刑罚方法。它是仅次于死刑的一种严厉的刑罚。

被判处无期徒刑的罪犯没有刑期限制，罪犯被剥夺终身自由。在判决执行以前的羁押时间不存在折抵刑期的问题。被判处无期徒刑的犯罪分子，在监狱或者其他执行场所执行；凡有劳动能力的，都应当参加劳动，接受教育和改造。

(5) 死刑。死刑也称生命刑，就是指剥夺犯罪分子生命的刑罚方法。

死刑是对犯罪分子的肉体予以剥夺而不是对犯罪分子的自由予以剥夺，是最严厉的刑罚方法，因此也称为极刑。死刑包括死刑立即执行和死刑缓期两年执行。

死刑只适用于罪行极其严重的犯罪分子；犯罪的时候不满18周岁的人和审判的时候怀孕的妇女，不适用死刑；死刑除依法由最高人民法院判决的以外，都应当报请最高人民法院核准；对于应当判处死刑的犯罪分子，如果不是必须立即执行的，可以判处死刑同时宣告缓期二年执行。死刑缓期执行的期间，从判决确定之日起计算。死刑缓期执行减为有期徒刑的刑期，从死刑缓期执行期满之日起计算。

判处死刑缓期执行的，在死刑缓期执行期间，如果没有故意犯罪，二年期满以后，减为无期徒刑；如果确有重大立功表现，二年期满以后，减为25年有期徒刑；如果故意犯罪，情节恶劣的，报请最高人民法院核准后执行死刑；对于故意犯罪未执行死刑的，死刑缓期执行的期间重新计算，并报最高人民法院备案。对被判处死刑缓期执行的累犯以及因故意杀人、强奸、抢劫、绑架、放火、爆炸、投放危险物质或者有组织的暴力性犯罪被判处死刑缓期执行的犯罪分子，人民法院根据犯罪情节等情况可以同时决定对其限制减刑。

案例分析6-4

2008年3月13日，被告人周甲、陈某某(已判刑)指使，周乙(已判刑)乘坐火车将一件藏有2010.37克毒品冰毒的羽绒马甲从成都市携带至本市后，又指使周乙在本市成山路、西营路路口处将上述马甲交给周丙(已判刑)，并取得毒资50万元。当日下午，公安人员在本市打浦路398弄某号2802室内抓获周丙。同年3月14日上午，被告人周甲、陈某某指使杨某(已判刑)携带藏有2388.35克毒品冰毒的羽绒马甲乘坐火车从成都市抵达本市后，又指使杨某在本市上南路易初莲花超市停车场将该马甲交给周丙。同年3月15日上午，被告人周甲、陈某某指使鲍某某(已判刑)携带一件藏有160余克毒品冰毒的羽绒马甲从成都市乘坐火车前往本市。3月16日，鲍某某到达本市后多次拨打被告人周甲、陈某某的电话仍无法联系上，遂将上述毒品倒入旅馆抽水马桶冲掉后逃离本市。同年3月15日20时许，被告人周甲在四川省被公安机关抓捕，因怀孕被取保候审，后因其取保候审期间违反有关规定，于2010年6月7日在四川省大邑县潘家街被公安机关逮捕。

法院认为，被告人周甲明知是毒品而伙同他人共同贩卖、运输冰毒7500余克，其行为已经构成贩卖、运输毒品罪。公诉机关指控的罪名成立。经查，根据涉案人员陈某某、周乙、杨某、鲍某某的证言以及周甲到案后的数次有罪供述，足以认定被告人周甲明知是毒品仍伙同他人共同贩卖、运输的犯罪事实，且周甲在共同犯罪中行为积极，起主要作用，是主犯，故对被告人周甲关于不明知是毒品的辩护以及周甲是从犯并要求从轻处罚的辩护意见，本院不予采信。鉴于被告人周甲审判时是怀孕的妇女，不适用死刑。判决被告人周甲犯贩卖、运输毒品罪，判处无期徒刑，剥夺政治权利终身，没收个人财产。

【问题】对周甲的判决是否正确？为什么？

【解析】《刑法》第四十九条规定："犯罪的时候不满18周岁的人和审判的时候怀孕的妇女，不适用死刑。"因此，被告人周甲审判时为孕妇，不适用死刑。

资料来源：上海市第二中级人民法院〔2010〕沪二中刑初字第127号。

2) 附加刑

(1) 罚金。罚金就是指人民法院判处犯罪分子或者犯罪单位向国家缴纳一定金钱的刑罚方法。

罚金属于财产刑。罚金在判决指定的期限内一次或者分期缴纳。期满不缴纳的，强制缴纳。对于不能全部缴纳罚金的，人民法院在任何时候发现被执行人有可以执行的财产，应当随时追缴。由于遭遇不能抗拒的灾祸等原因缴纳确实有困难的，经人民法院裁定，可以延期缴纳、酌情减少或者免除。判处罚金，应当根据犯罪情节决定罚金数额。

(2) 剥夺政治权利。剥夺政治权利就是剥夺犯罪分子参加国家管理与政治活动权利的刑罚方法。属于资格刑。

剥夺政治权利是指剥夺下列权利：选举权和被选举权；言论、出版、集会、结社、游行、示威自由的权利；担任国家机关职务的权利；担任国有公司、企业、事业单位和人民团体领导职务的权利。

剥夺政治权利作为一种附加刑适用时，是作为一种严厉的刑罚方法适用于重罪。剥夺政治权利适用于以下三种情况：对于危害国家安全的犯罪分子应当附加剥夺政治权利；对于故意杀人、强奸、放火、爆炸、投毒、抢劫等严重破坏社会秩序的犯罪分子，可以附加剥夺政治权利；对于被判处死刑、无期徒刑的犯罪分子，应当附加剥夺政治权利终身。

剥夺政治权利独立适用时，是作为一种不剥夺人身自由的轻刑而适用于较轻的犯罪。刑法分则条文中没有规定独立适用剥夺政治权利的犯罪，不得独立适用剥夺政治权利。

剥夺政治权利的期限有以下4种情况：独立适用剥夺政治权利或者主刑是有期徒刑、拘役附加剥夺政治权利的，期限为1年以上5年以下；判处管制附加剥夺政治权利的期限与管制的期限相等；判处死刑、无期徒刑的，应当剥夺政治权利终身；死刑缓期执行减为有期徒刑或者无期徒刑减为有期徒刑的时候，应当把附加剥夺政治权利的期限相应地改为3年以上10年以下。

(3) 没收财产。没收财产就是指将犯罪分子个人所有财产的一部或全部强制无偿地收归国有的刑罚方法。没收财产是我国附加刑中较重的一种。

没收全部财产的，应当对犯罪分子个人及其扶养的家属保留必需的生活费用。在判处没收财产的时候，不得没收属于犯罪分子家属所有或者应有的财产。没收财产是没收犯罪分子个人所有财产的一部分或者全部。没收财产以前犯罪分子所负的正当债务，需要以没收的财产偿还的，经债权人请求，应当偿还。

(4) 驱逐出境。驱逐出境就是指强迫犯罪的外国人离开中国国(边)境的刑罚方法。驱逐出境是一种专门适用于犯罪的外国人的特殊的附加刑，既可独立适用，又可附加适用。

驱逐出境的适用对象是特定的，即犯罪的外国人。对于犯罪的外国人，是可以独立适用或者附加适用驱逐出境，而不是必须适用驱逐出境。驱逐出境的执行日期，单独判处驱逐出境的，从判决生效之日起执行；附加判处驱逐出境的，从主刑执行完毕之日起执行。

经典例题

【例6-6】下列刑罚中，适用于罪行较轻、不需关押的犯罪分子的是(   )。
A. 管制   B. 拘役   C. 有期徒刑   D. 无期徒刑
【答案】A
【解析】管制适用的对象主要是罪行较轻、不需要关押的犯罪分子。

2. 刑罚的具体运用
1) 量刑
(1) 量刑的一般原则。对于犯罪分子决定刑罚的时候，应当根据犯罪的事实、犯罪的性质、情节和对于社会的危害程度,依照刑法的有关规定判处。

(2) 从重处罚与从轻处罚。犯罪分子具有刑法规定的从重处罚、从轻处罚情节的,应当在法定刑的限度以内判处刑罚。

(3) 减轻处罚。犯罪分子具有刑法规定的减轻处罚情节的,应当在法定刑以下判处刑罚;刑法规定有数个量刑幅度的,应当在法定量刑幅度的下一个量刑幅度内判处刑罚。犯罪分子虽然不具有刑法规定的减轻处罚情节,但是根据案件的特殊情况,经最高人民法院核准,也可以在法定刑以下判处刑罚。

2) 累犯

累犯是指被判处一定刑罚的犯罪人,在刑罚执行完毕或者赦免以后,在法定期限内又犯一定罪行的情况。

(1) 一般累犯。

《刑法》第六十五条规定:"被判处有期徒刑以上的犯罪分子,刑罚执行完毕或者赦免以后,在5年以内再犯应当判处有期徒刑以上刑罚之罪的,是累犯,应当从重处罚,但是过失犯罪和不满18周岁的人犯罪的除外。"这种累犯称为"一般累犯"。

一般累犯的成立条件有三点:一是前罪与后罪都必须是故意犯罪;二是前罪和后罪都必须是被判处有期徒刑以上刑罚;三是后罪发生的时间,必须是在前罪所判处的刑罚执行完毕或者赦免以后的5年之内。

5年的期限,对于被假释的犯罪人,应从假释期满之日起计算。被假释的犯罪人在假释期内再犯新罪,或者被判处缓刑的犯罪人在缓刑考验期内再犯新罪,或者被判处缓刑的犯罪人在缓刑考验期满后再犯新罪的,都不成立累犯。刑罚执行完毕,是指主刑执行完毕,附加刑是否执行完毕不影响累犯的成立。

犯前罪时未满18周岁的,不成立累犯。

(2) 特殊累犯。

《刑法》第六十六条规定:"危害国家安全犯罪、恐怖活动犯罪、黑社会性质的组织犯罪的犯罪分子,在刑罚执行完毕或者赦免以后,在任何时候再犯上述任一类罪的,都以累犯论处。"

特殊累犯的成立条件有两点:一是前罪与后罪为危害国家安全犯罪或恐怖活动犯罪或黑社会性质的组织犯罪;二是后罪必须发生在前罪刑罚执行完毕或者赦免以后。

案例分析6-5

被告人魏某某,2010年12月因盗窃罪被北京市朝阳区人民法院判处有期徒刑6个月,于2011年2月6日刑满释放。因涉嫌犯盗窃罪于2013年8月1日被羁押,同年9月5日被逮捕。

2013年7月13日20时许,被告人魏某某在本市丰台区芳古园一区3楼3门西侧门外,撬锁盗窃被害人王某的宝岛电动自行车一辆,经定价为人民币1400元,被盗电动自行车未起获。2013年8月1日20时许，被告人魏某某再次到本市丰台区芳古园一区3楼楼下准备偷车被当场抓获。

法院认为，被告人魏某某以非法占有为目的，盗窃公民财物，数额较大，行为构成盗窃罪，应予处罚，是累犯，应当从重处罚。判决：被告人魏某某犯盗窃罪，判处有期徒刑8个月，并处罚金人民币2000元；责令被告人魏某某退赔被害人王某人民币1400元；在案扣押的作案工具扳子一把、钳子三把予以没收。

【问题】试用累犯制度分析此案例。

【解析】《刑法》第六十五条规定："被判处有期徒刑以上刑罚的犯罪分子，刑罚执行完毕或者赦免以后，在5年以内再犯应当判处有期徒刑以上刑罚之罪的，是累犯，应当从重处罚，但是过失犯罪和不满18周岁的人犯罪的除外。"本案中，被告人魏某某构成一般累犯。前罪与后罪都是盗窃罪，为故意犯罪；前罪和后罪都必须是被判处有期徒刑的刑罚；后罪盗窃罪发生的时间，必须是在前罪盗窃罪所判处的刑罚执行完毕的5年之内。因此属于累犯，从重处罚。

资料来源：北京市丰台区人民法院〔2014〕丰刑初字第91号。

3) 自首

自首分为一般自首和特别自首。

(1) 一般自首。

犯罪以后自动投案，如实供述自己罪行的，称为一般自首。一般自首的成立需要2个条件。

第一，犯罪以后自动投案。自动投案是指犯罪事实或者犯罪嫌疑人未被司法机关发觉，或者虽然被发觉但犯罪嫌疑人尚未受到司法机关的讯问、未被采取强制措施、未被群众扭送时，在犯罪人尚未归案之前主动将自己置于公安、检察、审判机关的合法控制下，接受公安、检察、审判机关的审查与裁判的行为。

属于自动投案的常见情形有以下几种：①一般应是犯罪人向公安、检察或者审判机关投案；对于犯罪人向所在单位、城乡基层组织或者其他有关负责人员投案的，也应视为投案。②一般应是犯罪人直接向有关机关投案，但犯罪人因病、因伤或者为了减轻犯罪后果，委托他人先代为投案，或者先以电信投案的，也应视为投案。③在罪行尚未被司法机关发觉，仅因形迹可疑，被有关组织或者司法机关盘问、教育后，主动交代自己的罪行的，也应认为是自动投案。④并非出于犯罪嫌疑人主动，而是经亲友规劝、陪同投案的，应视为自动投案。⑤公安、检察机关通知犯罪嫌疑人的亲友、或者亲友主动报案后，将犯罪嫌疑人送去投案的，同样视为自动投案。⑥"自动投案"不要求出于特定动机与目的。

不属于自动投案的常见情形有以下几种：①一是，犯罪嫌疑人先投案交代罪行后，又潜逃的；②以不署名或者化名将非法所得寄给办案机关或者报社、杂志社的；③犯罪后被群众扭送归案的；④被公安机关逮捕归案的；⑤在追捕过程中走投无路当场被捕的；⑥经司法机关传讯、采用强制措施被动归案的。

第二，如实供述自己的罪行，具体表现为以下几点。

一是，犯罪人自动投案后，如实交代自己的主要犯罪事实。犯有数罪的犯罪嫌疑人，仅如实供述所犯数罪中部分犯罪的，只对如实供述的部分犯罪认定为自首。

二是，如实供述"自己的罪行"，是指主要的客观犯罪事实。对犯罪证据、凶器等拒不交代，对自己责任条件并不如实交代的，都不影响"如实供述自己的罪行"的判断。当案件事实清楚的情形，只要交代是自己实施的犯罪行为，也可以认定"如实供述自己的罪行"。

三是，共同犯罪案件中的犯罪嫌疑人，除了如实供述自己的罪行，还应当供述所知道的同案犯，主犯则应当供述所知道的其他同案犯的共同犯罪实施。否则，不能认定为自首。

四是，犯罪嫌疑人自动投案并如实供述自己的罪行后又翻供的，不能认定为自首；但在一审判决前又能如实供述的，应当认定为自首。

五是，犯罪人自动投案如实供述自己的罪行后，为自己进行辩护，提出上诉，或者更正、补充某些事实的，应当允许，不能将这些行为视为没有如实供述自己的罪行。犯罪人自动投案后如实供述自己的罪行，但不退还赃物的，原则上也不影响自首的成立。

(2) 特别自首。

特别自首是指被采取强制措施的犯罪嫌疑人、被告人或者正在服刑的罪犯，如实供述司法机关还未掌握的本人其他罪行的行为。

需要注意的是，在认定特别自首时，如实供述的罪行必须是司法机关还没有掌握的本人的其他罪行；如实供述的罪行必须与司法机关已经掌握的或者判决确定的罪行不属于同种罪行，如果是同种罪行，可以酌情从轻处罚，但不属于自首。这里所称的"强制措施"包括拘传、取保候审、监视居住、拘留和逮捕等刑事强制措施，还包括行政拘留。

案例分析6-6

2000年以来，被告人韦某飞参加黑社会性质组织。2010年至2011年，被告人韦某飞还实施了聚众斗殴、故意毁坏财物、寻衅滋事等犯罪行为。被告人袁某伟在2010年11月至12月，在被告人韦某飞的召集下，先后实施了聚众斗殴、寻衅滋事等犯罪行为。

案发后，被告人韦某飞于2013年9月29日到公安机关投案，但投案后未如实供述自己及同案犯的全部犯罪事实。在本案侦察阶段，被告人韦某飞提供司法机关尚未掌握的其他案件犯罪嫌疑人藏匿地址，协助公安机关抓捕其他犯罪嫌疑人。被告人袁某伟于2011年9月26日到公安机关投案，并如实供述了自己所涉本案的全部犯罪事实，投案当日被公安机关决定取保候审，在取保候审期间被告人袁某伟逃跑，后又于2014年6月11日到公安机关自动投案。

法院认为被告人韦某飞、袁某伟犯有数罪，应当数罪并罚。被告人袁某伟在缓刑考验期限内又犯罪，应当撤销缓刑，数罪并罚。在聚众斗殴和寻衅滋事犯罪中，被告人韦某飞在共同犯罪中起到主要作用，是主犯；被告人袁某伟起次要作用，是从犯，应当减轻刑罚。被告人韦某飞构成累犯，应当从重处罚。被告人韦某飞对参与黑社会性质组织罪和寻衅滋事罪自愿认罪，对上述罪名可以从轻处罚。被告人袁某伟犯罪以后自动投案，如实供述自己的罪行，是自首，可以从轻处罚。判决被告人韦某飞犯参加黑社会性质组织罪，判处有期徒刑3年1个月；犯聚众斗殴罪，判处有期徒刑3年6个月；犯故意损坏财物罪，判处有期徒刑3年；犯寻衅滋事罪，判处有期徒刑1年4个月；决定执行有期徒刑8年10个月；被告人袁某伟犯聚众斗殴罪，判处有期徒刑2年；犯寻衅滋事罪，判处有期徒刑1年；连同前罪判处刑罚有期徒刑3年，决定执行有期徒刑4年8个月。

【问题】试运用自首相关法律制度分析此案例。

【解析】一般自首是指犯罪以后自动投案。自动投案是指犯罪事实或者犯罪嫌疑人未被司法机关发觉，或者虽然被发觉但犯罪嫌疑人尚未受到司法机关的讯问、未被采取强制措施、未被群众扭送时，在犯罪人尚未归案之前主动将自己置于公安、检察、审判机关的合法控制下，接受公安、检察、审判机关的审查与裁判的行为。此案中，被告人袁某伟犯罪以后自动投案，如实供述自己的罪行，构成一般自首，可以从轻处罚。

资料来源：江苏省镇江市京口区人民法院〔2015〕京刑初字第66号.

4) 立功

《刑法》第六十八条规定："犯罪分子有揭发他人犯罪行为，查证属实的，或者提供重要线索，从而得以侦破其他案件等立功表现的，可以从轻或者减轻处罚；有重大立功表现的，可以减轻或者免除处罚。"所以，我们从一般立功和重大立功两方面列举立功的常见情形。

(1) 一般立功。

① 到案后有检举、揭发他人犯罪行为，经查证属实的。

"揭发他人犯罪行为"是指他人实施的且与揭发者非同案的罪行，以下情形不属于立功：其一，揭发同案共犯；其二，揭发同案对合犯，对合犯是指由二人及以上的相互行为构成的犯罪，如重婚、行受贿；其三，本犯说出他人提供事后帮助行为的，不成立立功，但提供事后帮助行为的犯罪人提供本犯罪行的，属于揭发他人罪行，成立立功。

② 提供侦破其他案件的重要线索，经查证属实的。

③ 阻止他人犯罪活动的。

④ 协助司法机关抓捕其他犯罪嫌疑人(包括同案犯)的。

⑤ 具有其他有利于国家和社会的突出表现的。

(2) 重大立功。

① 检举、揭发他人重大犯罪行为，经查证属实的。

② 提供侦破其他重大案件的重要线索，经查证属实的。

③ 阻止他人重大犯罪活动的。

④ 协助司法机关抓捕其他重大犯罪嫌疑人(包括同案犯)的。
⑤ 对国家和社会有其他重大贡献的。

立功具有如下法律后果：犯罪分子有揭发他人犯罪行为，查证属实的，或者提供重要线索，从而得以侦破其他案件等立功表现的，可以从轻或者减轻处罚；有重大立功表现的，可以减轻或者免除处罚。

5) 缓刑

(1) 缓刑适用条件。

对于被判处拘役、3年以下有期徒刑的犯罪分子，同时符合下列条件的，可以宣告缓刑，对其中不满18周岁的人、怀孕的妇女和已满75周岁的人，应当宣告缓刑：①犯罪情节较轻；②有悔罪表现；③没有再犯罪的危险；④宣告缓刑对所居住社区没有重大不良影响。宣告缓刑可以根据犯罪情况，同时禁止犯罪分子在缓刑考验期限内从事特定活动，进入特定区域、场所，接触特定的人。被宣告缓刑的犯罪分子，如果被判处附加刑，附加刑仍须执行。对于累犯和犯罪集团的首要分子，不适用缓刑。

(2) 缓刑的考验期限。

拘役的缓刑考验期限为原判刑期以上1年以下，但是不能少于2个月。有期徒刑的缓刑考验期限为原判刑期以上5年以下，但是不能少于1年。缓刑考验期限，从判决确定之日起计算。

(3) 缓刑犯应遵守的规定。

被宣告缓刑的犯罪分子，应当遵守下列规定：①遵守法律、行政法规，服从监督；②按照考察机关的规定报告自己的活动情况；③遵守考察机关关于会客的规定；④离开所居住的市、县或者迁居，应当报经考察机关批准。

(4) 缓刑的考验及其积极后果。

对宣告缓刑的犯罪分子，在缓刑考验期限内，依法实行社区矫正，如果没有《刑法》第七十七条规定的情形，缓刑考验期满，原判的刑罚就不再执行，并公开予以宣告。

(5) 缓刑的撤销及其处理。

被宣告缓刑的犯罪分子，在缓刑考验期限内犯新罪或者发现判决宣告以前还有其他罪没有判决的，应当撤销缓刑，对新犯的罪或者新发现的罪做出判决，把前罪和后罪所判处的刑罚，依照《刑法》规定执行刑罚。被宣告缓刑的犯罪分子，在缓刑考验期限内，违反法律、行政法规或者国务院有关部门关于缓刑的监督管理规定，或者违反人民法院判决中的禁止令，情节严重的，应当撤销缓刑，执行原判刑罚。

6) 减刑

(1) 减刑的条件与限度。

被判处管制、拘役、有期徒刑、无期徒刑的犯罪分子，在执行期间，如果认真遵守监规，接受教育改造，确有悔改表现的，或者有立功表现的，可以减刑；有下列重大立功表现之一的，应当减刑：①阻止他人重大犯罪活动的；②检举监狱内外重大犯罪活动,经查证属实的;③有发明创造或者重大技术革新的;④在日常生产、生活中舍己救人的;⑤在抗御自然灾害或者排除重大事故中,有突出表现的;⑥对国家和社会有其他重大贡献的。

减刑以后实际执行的刑期不能少于下列期限:①判处管制、拘役、有期徒刑的,不能少于原判刑期的二分之一;②判处无期徒刑的,不能少于13年;③人民法院依照《刑法》第五十条第二款规定限制减刑的死刑缓期执行的犯罪分子,缓期执行期满后依法减为无期徒刑的,不能少于25年,缓期执行期满后依法减为25年有期徒刑的,不能少于20年。

(2) 减刑程序。

对于犯罪分子的减刑,由执行机关向中级以上人民法院提出减刑建议书。人民法院应当组成合议庭进行审理,对确有悔改或者立功事实的,裁定予以减刑。非经法定程序不得减刑。

(3) 无期徒刑减刑的刑期计算。

无期徒刑减为有期徒刑的刑期,从裁定减刑之日起计算。

7) 假释

(1) 假释的适用条件。

被判处有期徒刑的犯罪分子,执行原判刑期二分之一以上,被判处无期徒刑的犯罪分子,实际执行13年以上,如果认真遵守监规,接受教育改造,确有悔改表现,没有再犯罪的危险的,可以假释。如果有特殊情况,经最高人民法院核准,可以不受上述执行刑期的限制。对累犯以及因故意杀人、强奸、抢劫、绑架、放火、爆炸、投放危险物质或者有组织的暴力性犯罪被判处10年以上有期徒刑、无期徒刑的犯罪分子,不得假释。对犯罪分子决定假释时,应当考虑其假释后对所居住社区的影响。

(2) 假释的程序。

对于犯罪分子的假释,依照《刑法》第七十九条规定的程序进行。非经法定程序不得假释。

(3) 假释的考验期限。

有期徒刑的假释考验期限,为没有执行完毕的刑期;无期徒刑的假释考验期限为10年。假释考验期限,从假释之日起计算。

(4) 假释犯应遵守的规定。

被宣告假释的犯罪分子,应当遵守下列规定:①遵守法律、行政法规,服从监督;②按照监督机关的规定报告自己的活动情况;③遵守监督机关关于会客的规定;④离开所居住的市、县或者迁居,应当报经监督机关批准。

(5) 假释考验及其积极后果。

对假释的犯罪分子,在假释考验期限内,依法实行社区矫正,如果没有《刑法》第八十六条规定的情形,假释考验期满,就认为原判刑罚已经执行完毕,并公开予以宣告。

(6) 假释的撤销及其处理。

被假释的犯罪分子，在假释考验期限内犯新罪，应当撤销假释，依照《刑法》第七十一条的规定实行数罪并罚。在假释考验期限内，发现被假释的犯罪分子在判决宣告以前还有其他罪没有判决的，应当撤销假释，依照《刑法》第七十条的规定实行数罪并罚。被假释的犯罪分子，在假释考验期限内，有违反法律、行政法规或者国务院有关部门关于假释的监督管理规定的行为，尚未构成新的犯罪的，应当依照法定程序撤销假释，收监执行未执行完毕的刑罚。

6.1.6 追诉时效

追诉时效，是指刑法规定的司法机关追究犯罪人刑事责任的有效期限。犯罪已过法定追诉时效期限的，不再追究犯罪分子的刑事责任；已经追究的，应当撤销案件，或者不予起诉，或者宣告无罪。

1. 追诉时效期限

犯罪经过下列期限不再追诉：①法定最高刑为不满5年有期徒刑的，经过5年；②法定最高刑为五年以上不满10年有期徒刑的，经过10年；③法定最高刑为10以上有期徒刑的，经过15年；④法定最高刑为无期徒刑、死刑的，经过20年。如果20年以后认为必须追诉的，须报请最高人民检察院核准。

《刑法》第九十九条规定："本法所称以上、以下、以内，包括本数。"

2. 追诉期限的延长

在人民检察院、公安机关、国家安全机关立案侦查或者在人民法院受理案件以后，逃避侦查或者审判的，不受追诉期限的限制。被害人在追诉期限内提出控告，人民法院、人民检察院、公安机关应当立案而不予立案的，不受追诉期限的限制。

3. 追诉期限的计算与中断

追诉期限从犯罪之日起计算；犯罪行为有连续或者继续状态的，从犯罪行为终了之日起计算。在追诉期限以内又犯罪的，前罪追诉的期限从犯后罪之日起计算。

6.2 破坏金融管理秩序的常见犯罪

6.2.1 伪造货币罪

伪造货币罪是指违反国家货币管理法规，仿照货币的形状、色彩、图案等特征，使用各种方法非法制造出外观上足以乱真的假货币，破坏货币的公共信用，破坏金融管理秩序的行为。

1. 伪造货币罪的犯罪构成

1) 伪造货币罪的客体

本罪侵犯的客体是国家货币管理制度。

2) 伪造货币罪的客观方面

本罪的客观方面表现为违反国家货币管理法规，伪造货币的行为。

3) 伪造货币罪的主体

本罪的主体为一般主体，凡达到刑事责任年龄且具备刑事责任能力的自然人均可以构成本罪，单位不能构成本罪主体。

4) 伪造货币罪的主观方面

本罪的主观方面只能表现为行为人主观故意，且为直接故意；间接故意和过失不构成本罪。

2. 伪造货币罪的刑事责任

《刑法》第一百七十条规定："伪造货币的，处3年以上10年以下有期徒刑，并处罚金；有下列情形之一的，处10年以上有期徒刑或者无期徒刑，并处罚金或者没收财产：①伪造货币集团的首要分子；②伪造货币数额特别巨大的；③有其他特别严重情节的。"

《最高人民法院关于审理伪造货币等案件具体应用法律若干问题的解释(二)》第一条规定："仿照真货币的图案、形状、色彩等特征非法制造假币，冒充真币的行为，应当认定为刑法第一百七十条规定的'伪造货币'。"第二条规定："同时采用伪造和变造手段，制造真伪拼凑货币的行为，依照刑法第一百七十条的规定，以伪造货币罪定罪处罚。"

《最高人民检察院、公安部关于公安机关管辖的刑事案件立案追诉标准的规定(二)》第十九条规定："伪造货币，涉嫌下列情形之一的，应予立案追诉：①伪造货币，总面额在2000元以上或者币量在200张(枚)以上的；②制造货币版样或者为他人伪造货币提供版样的；③其他伪造货币应予追究刑事责任的情形。本规定中的'货币'是指流通的以下货币：①人民币(含普通纪念币、贵金属纪念币)、港元、澳门元、新台币；②其他国家及地区的法定货币。贵金属纪念币的面额以中国人民银行授权中国金币总公司的初始发售价格为准。"

案例分析6-7

2016年6月份，方某某在上网聊天时，认识了QQ名叫"百川"的人，得知该人伪造并销售假币。随后，被告人方某某通过网络多次购买假币并使用。2017年3月，被告人方某某根据"百川"教授的伪造货币技术并使用"百川"给他提供的电子模板和打印机，同时自己又购买了10台打印机，开始伪造货币，并通过网络发布销售信息，销往全国各地。2017年4月15日至5月25日，李某(另案)向被告人方某某先后通过微信转账13次，从方某某手中购买面额20元、10元成品假币6张及面额20元、10元、5元的半成品假币3605张，其中1200张半成品假币由方某某直接通过快递公司发给李某。被告人李某购得半成品假币后按照方某某教授的方法，购买了裁纸刀、钢尺等工具对半成品假币进行进一步加工，后对外销售并使用。李某将下线买家联系方式及收获地址告知方某某，并扣除自己利润后将款通过微信转给方某某，由方某某将剩余2405张半成品假币直接发往李某提供的下线买家。2017年5月31日，渭南市华州区公安局接到群众举报，将李某在华州区华州街道办城内村东巷组36号出租房内抓获，同时扣押疑似第五套人民币面额20元122张，疑似第五套人民币面额10元12张以及电脑、打印机、刮板、裁纸刀、水印版、封口机、钢尺等物品。后来李某手机微信记录中获得李某购买半成品假币来源于微信号"某某"的男子。在技术部门协助下锁定该男子为江苏省连云港灌南县堆沟港镇方某某。2017年6月29日，被告人方某某到江苏省灌南县化工园区派出所投案，2017年6月30日被移交渭南市华州区公安局刑事拘留，被告人方某某交代了其伪造货币并出售的犯罪事实。随后公安机关扣押了方某某用于伪造货币的爱普生R330打印机14台，烫金机1台，U盘4个及其对外销售假币的"天天快递"运单164份。经中国人民银行货币真伪鉴定书认定，从李某处扣押的22张20元券、12张10元券均为假币。

法院认为，被告人方某某违反国家货币管理法规，仿照人民币的图案、形状、色彩等特征，采取机器印刷的方法，非法制造面额20元、10元、5元的人民币3000余张，其行为已经构成伪造货币罪。渭南市华州区人民检察院指控其犯罪罪名成立。被告人方某某自2017年3月开始伪造货币，并销往全国各地。根据现有证据，能够证实本案被告人方某某与李某微信交易13次，销售了3605张的面额5元、10元、20元的半成品假币和6张成品假币(10元、20元面额各3张)，半成品的面额因两被告人供述不一，无法认定面额，但根据二人供述，结合其交易金额，认定交易张数为3605张。因大部分是半成品，量刑时予以从轻处罚。鉴于被告人方某某能主动投案，并如实供述自己的犯罪事实，属于自首，依法应予以从轻处罚。对辩护人提出的"被告人方某某具有投案自首情节"之意见予以采纳。依照《刑法》第一百七十条、第六十七条第一款、第六十四条及《最高人民法院关于审理伪造货币等案件具体应用法律若干问题的解释》第一条规定，判决方某某犯伪造货币罪，判处有期徒刑6年，并处罚金60 000元；作案工具爱普生R330打印机14台、烫金机1个、假币模板U盘4个予以没收。

【问题】运用刑法相关的法律制度分析此案例。

【解析】伪造货币罪是指违反国家货币管理法规，仿照货币的形状、色彩、图案等特征，使用各种方法非法制造出外观上足以乱真的假货币，破坏货币的公共信用，破坏金融管理秩序的行为。此案例，方某某构成伪造货币罪。

伪造货币罪与变造货币罪的区别有两点：一是，前者表现为仿照真币的色彩、图案、形状、原料等制造假币，其中不包括真币的成分；后者是在真币上做手脚，即通过挖补、揭层、涂改、拼凑等方式对真币进行加工处理，使其面额增大或张数增加。二是，前者刑法没有规定数额较大才构成；后者则是以数额较大为构成要件。

案例来源：宁夏回族自治区固原市原州区人民法院〔2018〕0503刑初23号.

6.2.2 出售、购买、运输假币罪

出售、购买、运输假币罪是指出售、购买伪造的货币或者明知是伪造的货币而运输,数额较大的行为。"出售伪造的货币"是指以营利为目的,以各种方式或途径,以一定的价格卖出伪造的货币的行为。"购买伪造的货币"是指行为人以一定的价格用货币买入伪造的货币的行为。"明知是伪造的货币而运输"是指行为人主观上明明知道是伪造的货币,而使用汽车、飞机、火车、轮船等交通工具或者以其他方式将伪造的货币从一地运往另外一地的行为。

1. 出售、购买、运输假币罪的犯罪构成

1) 出售、购买、运输假币罪的客体

本罪侵犯的客体是国家货币管理制度。

2) 出售、购买、运输假币罪的客观方面

本罪的客观方面表现为行为人必须有出售、购买、运输伪造的货币的行为。

3) 出售、购买、运输假币罪的主体

本罪的主体为一般主体,凡达到刑事责任年龄且具备刑事责任能力的自然人均可以构成本罪。

4) 出售、购买、运输假币罪的主观方面

本罪的主观方面表现为行为人主观故意。

2. 出售、购买、运输假币罪的刑事责任

《刑法》第一百七十一条规定:"出售、购买伪造的货币或者明知是伪造的货币而运输,数额较大的,处3年以下有期徒刑或者拘役,并处2万元以上20万元以下罚金;数额巨大的,处3年以上10年以下有期徒刑,并处5万元以上50万元以下罚金;数额特别巨大的,处10年以上有期徒刑或者无期徒刑,并处5万元以上50万元以下罚金或者没收财产。"伪造货币并出售或者运输伪造的货币的,依照刑法第一百七十条的规定定罪从重处罚。

《最高人民法院关于审理伪造货币等案件具体应用法律的若干问题的解释》第二条规定:"行为人购买假币后使用,构成犯罪的,依照刑法第一百七十一条的规定,以购买假币罪定罪,从重处罚。行为人出售、运输假币构成犯罪,同时有使用假币行为的,依照刑法第一百七十一条、第一百七十二条的规定,实行数罪并罚。"第三条规定:"出售、购买假币或者明知是假币而运输,总面额在四千元以上不满五万元的,属于'数额较大';总面额在5万元以上不满20万元的,属于'数额巨大';总面额在20万元以上的,属于'数额特别巨大',依照《刑法》第一百七十一条第一款的规定定罪处罚。"

《最高人民检察院、公安部关于公安机关管辖的刑事案件立案追诉标准的规定(二)》第二十条规定:"出售、购买伪造的货币或者明知是伪造的货币而运输,总面额在4000元以上或者币量在400张(枚)以上的,应予立案追诉。在出售假币时被抓获的,除现场查获的假币应认定为出售假币的数额外,现场之外在行为人住所或者其他藏匿地查获的假币,也应认定为出售假币的数额。"

案例分析6-8

2007年下半年,苏北人"小刘"(身份不明)告诉被告人李某伟其在做假币生意。被告人李某伟为牟利遂联系上李某堂、张某(二人均另案处理),让该二人出资合伙购买假币。张某因自己没钱,便联系上周某云(刑拘在逃)出资合伙购买假币。2008年3月2日,被告人李某伟等4人在湖南省娄底市经事先商量,共同出资13万元人民币交李某伟用于购买52万元假币。被告人李某伟在购买假币的途中被"小刘"骗走13万元人民币。2014年4月17日,被告人李某伟被公安机关抓捕归案。

一审法院根据被告人李某伟的供述,同案人李某堂、张某、周某云的供述、辨认笔录,仙居县公安机情况说明、前科判决书、户籍证据及归案经过等证据认定上述事实,以购买假币罪判处被告人李某伟有期徒刑4年,并处罚金人民币10万元。

被告人李某伟以量刑过重为由提起上诉,其辩护人认为原判认定52万元犯罪金额的证据不足,请求改判。

二审法院认为,上诉人(原审被告人)李某伟购买伪造的货币,数额特别巨大,其行为已经构成购买假币罪。李某伟因被他人骗取用于购买假币的款项,却未能购得假币,系犯罪未遂,依法予以减轻处罚。原判基于犯罪未遂等量刑情节,对上诉人依法予以减轻处罚,所作量刑并无不当。故上诉人的上诉理由与辩护人辩护一件均不能成立。原判定罪和适用法律正确,量刑适当,审判程序合法,依法予以维持。因而裁定驳回上诉,维持原判。

【问题】李某伟构成何罪?为什么?

【解析】出售、购买、运输假币罪是指出售、购买伪造的货币或者明知是伪造的货币而运输,数额较大的行为。本罪要求行为人在客观上必须有出售、购买、运输伪造的货币的行为。本案中,李某伟构成购买伪造货币罪。此罪与走私假币罪的区别:前者表现为国内出售、运输、购买假币的行为,后者表现为违反海关规定,逃避海关监督检查的走私行为。

资料来源:浙江省台州市中级人民法院〔2015〕浙台刑二终字第5号.

6.2.3 持有、使用假币罪

持有、使用假币罪是指违反货币管理法律法规,明知道是伪造的货币而持有、使用,数额较大的行为。

1. 持有、使用假币罪的犯罪构成

1) 持有、使用假币罪的客体

该罪侵犯的客体是国家的货币流通管理制度。

2) 持有、使用假币罪的客观方面

该罪的客观方面表现为持有、使用伪造的货币,数额较大的行为。"持有"是一种占有状态,为非法拥有,实际处于行为人的支配和控制中就可以视为持有。只有在无法查证认定持有人持有假币是为了走私、出售、使用,或者直接来源于制造、变造、走私、购买假币行为的,才能以持有假币罪定罪处罚。"使用"是指将假币取代真币在经济交易中运用。"使用假币"往往是行为一方单方面隐瞒事实真相,即隐瞒使用的是假币这一事实,从而得以以假充真,以此骗取利益的行为,使用人是以假充真,而对方属于不知实情,其参与交换、兑换而使行为人"使用假币"行为得以实现是其上当受骗的结果。

3) 持有、使用假币罪的主体

该罪的主体为自然人。对于伪造货币后又持有、使用的,构成伪造货币罪,因为持有、使用是伪造行为的自然延伸,不构成单独的犯罪。

4) 持有、使用假币罪的主观方面

该罪的主观方面表现为故意,即行为人明知是伪造的货币而持有、使用。只要行为人明知是伪造的货币而持有、使用,数额较大的,无论其出于何种目的,均构成持有、使用假币罪。

2. 持有、使用假币罪的刑事处罚

《刑法》第一百七十二条规定:"明知是伪造的货币而持有、使用,数额较大的,处3年以下有期徒刑或者拘役,并处或者单处1万元以上10万元以下罚金;数额巨大的,处3年以上10年以下有期徒刑,并处2万元以上20万元以下罚金;数额特别巨大的,处10年以上有期徒刑,并处5万元以上50万元以下罚金或者没收财产。"

《最高人民法院关于审理伪造货币等案件具体应用法律若干问题的解释》第五条规定:"明知是假币而持有、使用,总面额在4000元以上不满5万元的,属于'数额较大';总面额在5万元以上不满20万元的,属于'数额巨大';总面额在20万元以上的,属于'数额特别巨大',依照刑法第一百七十二条的规定定罪处罚。"

6.2.4 变造货币罪

变造货币罪,是指对真币采用挖补、剪贴、揭层、拼凑、涂改等方法进行加工处理,改变货币的真实形状、图案、面值或张数,改变票面面额或者增加票张数量,数额较大的行为。

1. 变造货币罪的犯罪构成

1) 变造货币罪的客体

该罪侵犯的客体是国家货币管理制度。

2) 变造货币罪的客观方面

该罪的客观方面表现为变造货币,数额较大的行为。

3) 变造货币罪的主体

该罪的主体是达到法定刑事责任年龄且具备刑事责任能力的自然人。

4) 变造货币罪的主观方面

本罪的主观方面表现为故意。

2. 变造货币罪的刑事责任

《刑法》第一百七十三条规定："变造货币，数额较大的，处3年以下有期徒刑或者拘役，并处或者单处1万元以上10万元以下罚金；数额巨大的，处3年以上10年以下有期徒刑，并处2万元以上20万元以下罚金。"

《最高人民法院关于审理伪造货币等案件具体应用法律若干问题的解释》第六条规定："变造货币的总面额在2000元以上不满3万元的，属于'数额较大'；总面额在3万元以上的，属于'数额巨大'，依照《刑法》第一百七十三条的规定定罪处罚。"

根据《最高人民检察院、公安部关于公安机关管辖的刑事案件立案追诉标准的规定(二)》第二十三条规定："变造货币，总面额在2000元以上或者币量在200张(枚)以上的，应予立案追诉。"

6.2.5 金融工作人员购买假币、以假币换取货币罪

金融工作人员购买假币、以假币换取货币罪是指银行或者其他金融机构的工作人员购买伪造的货币或者利用职务上的便利，以伪造的货币换取货币的行为。

1. 金融工作人员购买假币、以假币换取货币罪的犯罪构成

1) 金融工作人员购买假币、以假币换取货币罪的客体

该罪侵犯国家的货币管理制度。

2) 金融工作人员购买假币、以假币换取货币罪的客观方面

该罪的客观方面表现为银行或者其他金融机构工作人员购买伪造的货币，或者利用职务上的便利以伪造的货币换取货币的行为，不包括变造的货币。所谓购买伪造的货币，是指以一定的价格利用货币或物品买回、换取伪造的货币之行为。所谓以伪造的货币换取货币的行为，是指以伪造的假币换取真币的行为。这种行为方式，必须在利用职务之便的情况下实施，才能构成本罪的客观方面。

3) 金融工作人员购买假币、以假币换取货币罪的主体

该罪的主体为特殊主体，即只有金融机构的工作人员才能构成。所谓金融机构，是指专门从事各种金融活动的组织。

4) 金融工作人员购买假币、以假币换取货币罪的主观方面

该罪的主观方面表现必须是故意，即明知是伪造的货币而予以购买或者利用职务之便利换取货币。

2. 金融工作人员购买假币、以假币换取货币罪的刑事责任

《刑法》第一百七十一条第二款："银行或者其他金融机构的工作人员购买伪造的货币或者利用职务上的便利，以伪造的货币换取货币的，处3年以上10年以下有期徒

刑，并处2万元以上20万元以下罚金；数额巨大或者有其他严重情节的，处10年以上有期徒刑或者无期徒刑，并处2万元以上20万元以下罚金或者没收财产；情节较轻的，处3年以下有期徒刑或者拘役，并处或者单处1万元以上10万元以下罚金。"

《最高人民法院关于审理伪造货币等案件具体应用法律若干问题的解释》第四条规定："银行或者其他金融机构的工作人员购买假币或者利用职务上的便利，以假币换取货币，总面额在4000元以上不满5万元或者币量在400张(枚)以上不足5000张(枚)的，处3年以上10年以下有期徒刑，并处2万元以上20万元以下罚金；总面额在5万元以上或者币量在5000张(枚)以上或者有其他严重情节的，处10年以上有期徒刑或者无期徒刑，并处2万元以上20万元以下罚金或者没收财产；总面额不满人民币4000元或者币量不足400张(枚)或者具有其他情节较轻情形的，处3年以下有期徒刑或者拘役，并处或者单处1万元以上10万元以下罚金。"

根据《最高人民检察院、公安部关于公安机关管辖的刑事案件立案追诉标准的规定(二)》第二十一条规定："银行或者其他金融机构的工作人员购买伪造的货币或者利用职务上的便利，以伪造的货币换取货币，总面额在2000元以上或者币量在200张(枚)以上的，应予立案追诉。"

经典例题

【例6-7】下列行为中，属于危害货币管理罪的有(　　)。
A. 持有假币　　　　　　　　　　B. 金融机构工作人员以假币换真币
C. 在不知是假币的情况下使用了假币　D. 使用假币
E. 将假币赠与他人

【答案】ABDE

【解析】危害货币管理罪包括金融工作人员购买假币、以假币换取货币罪，持有、使用假币罪，出售、购买、运输假币罪等。

6.2.6 高利转贷罪

高利转贷罪是指以转贷牟利为目的，套取金融机构信贷资金高利转贷他人，违法所得数额较大的行为。

1. 高利转贷罪的犯罪构成

1) 高利转贷罪的客体

该罪侵犯的是国家对信贷资金的发放及利率管理秩序。信贷资金是金融机构根据中国人民银行有关贷款方针、政策，用于发放农村、城市贷款的资金。

2) 高利转贷罪的客观方面

该罪在客观方面表现为以转贷牟利为目的，套取金融机构信贷资金高利转贷他人，违法所得数额较大的行为。此罪为结果犯，只有在转贷行为取得违法所得数额较大的，才构成高利转贷罪。

3) 高利转贷罪的主体

该罪的主体是自然人和单位。自然人要求具有完全民事行为能力人；单位包括经工商行政管理机关或主管机关核准登记的企事业法人、其他经济组织、个体工商户。

4) 高利转贷罪的主观方面

该罪的主观表现必须是故意，且须以转贷牟利为目的，过失不能构成该罪。

2. 高利转贷罪的刑事处罚

根据《刑法》第一百七十五条的规定："以转贷牟利为目的，套取金融机构信贷资金高利转贷他人，违法所得数额较大的，处3年以下有期徒刑或者拘役，并处违法所得1倍以上5倍以下罚金；数额巨大的，处3年以上7年以下有期徒刑，并处违法所得一倍以上5倍以下罚金。单位犯前款罪的，对单位判处罚金，并对其直接负责的主管人员和其他直接责任人员，处3年以下有期徒刑或者拘役。"

根据《最高人民检察院、公安部关于公安机关管辖的刑事案件立案追诉标准的规定(二)》第二十六条的规定："以转贷牟利为目的，套取金融机构信贷资金高利转贷他人，涉嫌下列情形之一的，应予立案追诉：①高利转贷，违法所得数额在10万元以上的；②虽未达到上述数额标准，但两年内因高利转贷受过行政处罚二次以上，又高利转贷的。"

6.2.7 非法吸收公众存款罪

非法吸收公众存款罪，是指非法吸收公众存款或者变相吸收公众存款，扰乱金融秩序的行为。

1. 非法吸收公众存款罪的犯罪构成

1) 非法吸收公众存款罪的客体

该罪侵犯的是国家的金融信贷管理秩序。非法吸收公众存款行为不仅侵犯了金融储蓄的管理秩序，而且由于金融储蓄是信贷资金的主要来源，还侵犯了整个金融信贷秩序。

2) 非法吸收公众存款罪的客观方面

该罪的客观方面表现为未经中国人民银行批准，向社会不特定对象吸收资金，或者不以吸收公众存款的名义，出具凭证，承诺在一定期限内还本付息，扰乱金融秩序的行为。这里的"公众"是指社会的大多数人表明了吸收存款对象的不特定性。"扰乱金融秩序"可以作为本罪的社会危害性量化的标尺，同时是对非法吸收或者变相吸收公众存款行为的性质的说明，是对非法吸收或者变相吸收公众存款行为的本质说明。

3) 非法吸收公众存款罪的主体

该罪的主体是自然人和单位。只要达到刑事责任年龄且具有刑事责任能力的自然人均可成为本罪的犯罪主体。

4) 非法吸收公众存款罪的主观方面

该罪的主观方面表现必须是故意。既可以是直接故意也可以是间接故意,行为人明知自己非法吸收公众存款的行为会造成扰乱金融秩序的危害结果,而希望或者放任这种结果发生。过失不能构成非法吸收公众存款罪。

《最高人民法院关于审理非法集资刑事案件具体应用法律若干问题的解释》第一条规定:"违反国家金融管理法律规定,向社会公众(包括单位和个人)吸收资金的行为,同时具备下列4个条件的,除刑法另有规定的以外,应当认定为《刑法》第一百七十六条规定的'非法吸收公众存款或者变相吸收公众存款':①未经有关部门依法批准或者借用合法经营的形式吸收资金;②通过媒体、推介会、传单、手机短信等途径向社会公开宣传;③承诺在一定期限内以货币、实物、股权等方式还本付息或者给付回报;④向社会公众即社会不特定对象吸收资金。未向社会公开宣传,在亲友或者单位内部针对特定对象吸收资金的,不属于非法吸收或者变相吸收公众存款。"

《最高人民法院关于审理非法集资刑事案件具体应用法律若干问题的解释》第二条规定:"实施下列行为之一,符合本解释第一条第一款规定的条件的,应当依照刑法第一百七十六条的规定,以非法吸收公众存款罪定罪处罚:①不具有房产销售的真实内容或者不以房产销售为主要目的,以返本销售、售后包租、约定回购、销售房产份额等方式非法吸收资金的;②以转让林权并代为管护等方式非法吸收资金的;③以代种植(养殖)、租种植(养殖)、联合种植(养殖)等方式非法吸收资金的;④不具有销售商品、提供服务的真实内容或者不以销售商品、提供服务为主要目的,以商品回购、寄存代售等方式非法吸收资金的;⑤不具有发行股票、债券的真实内容,以虚假转让股权、发售虚构债券等方式非法吸收资金的;⑥不具有募集基金的真实内容,以假借境外基金、发售虚构基金等方式非法吸收资金的;⑦不具有销售保险的真实内容,以假冒保险公司、伪造保险单据等方式非法吸收资金的;⑧以投资入股的方式非法吸收资金的;⑨以委托理财的方式非法吸收资金的;⑩利用民间'会''社'等组织非法吸收资金的;⑪其他非法吸收资金的行为。"

2. 非法吸收公众存款罪的刑事处罚

《刑法》第一百七十六条规定:"非法吸收公众存款或者变相吸收公众存款,扰乱金融秩序的,处3年以下有期徒刑或者拘役,并处或者单处2万元以上20万元以下罚金;数额巨大或者有其他严重情节的,处3年以上10年以下有期徒刑,并处5万元以上50万元以下罚金。单位犯前款罪的,对单位判处罚金,并对其直接负责的主管人员和其他直接责任人员,依照前款的规定处罚。"

《最高人民法院关于审理非法集资刑事案件具体应用法律若干问题的解释》第三条规定:"非法吸收或者变相吸收公众存款,具有下列情形之一的,应当依法追究刑事责任:①个人非法吸收或者变相吸收公众存款,数额在20万元以上的,单位非法吸收或者变相吸收公众存款,数额在100万元以上的;②个人非法吸收或者变相吸收公众存款对象30人以上的,单位非法吸收或者变相吸收公众存款对象150人以上的;③个人非法吸收或者变相吸收公众存款,给存款人造成直接经济损失数额在10万元以上的,单位非法吸收或者变相吸收公众存款,给存款人造成直接经济损失数额在50万元以上的;④造成恶劣社会影响或者其他严重后果的。具有下列情形之一的,属于刑法第一百七十六条规定的'数额巨大或者有其他严重情节':①个人非法吸收或者变相吸收公众存款,数额在100万元以上的,单位非法吸收或者变相吸收公众存款,数额在500万元以上的;②个人非法吸收或者变相吸收公众存款对象100人以上的,单位非法吸收或者变相吸收公众存款对象500人以上的;③个人非法吸收或者变相吸收公众存款,给存款人造成直接经济损失数额在50万元以上的,单位非法吸收或者变相吸收公众存款,给存款人造成直接经济损失数额在250万元以上的;④造成特别恶劣社会影响或者其他特别严重后果的。非法吸收或者变相吸收公众存款的数额,以行为人所吸收的资金全额计算。案发前后已归还的数额,可以作为量刑情节酌情考虑。非法吸收或者变相吸收公众存款,主要用于正常的生产经营活动,能够及时清退所吸收资金,可以免予刑事处罚;情节显著轻微的,不作为犯罪处理。"

案例分析6-9

某某市某某区人民检察院以沪杨检金融刑诉〔2017〕43号起诉书指控被告人吴某某、蔡某某、水某、孙某某、贺某某、江某某犯非法吸收公众存款罪,于2017年10月19日向本院提起公诉。本院依法组成合议庭,公开开庭审理了本案。某某市某某区人民检察院指派检察员潘某某出庭支持公诉,被告人吴某某及某某区法律援助中心指派的辩护人周某某,被告人蔡某某及某某区法律援助中心指派的辩护人卢某,被告人水某及其辩护人颜某,被告人孙某某及某某区法律援助中心指派的辩护人张某某,被告人贺某某及某某区法律援助中心指派的辩护人何某某,被告人江某某及某某区法律援助中心指派的辩护人张某到庭参加诉讼。其间,公诉机关建议延期审理一次。现已审理终结。

某某市某某区人民检察院指控,2013年10月,上海某某置业有限公司在本市浦东新区注册成立,法定代表人杨某某。2014年4月,该公司法定代表人变更为车强(另案处理)。同年6月,该公司更名为上海某某置业有限公司(下称"某某置业")。2015年2月,某某置业更名为上海某某置业集团有限公司(下称"某某集团")。

上海某某金融信息服务有限公司(下称"某某金融")由王某某(另案处理)于2014年12月在本市某某区注册成立,是受某某集团控制的下属公司,主要负责集团对外发展客户,销售理财产品。

某某金融在本市某某区通北路×××号、某某区淮海中路×××号香港新世界大厦(K11大厦)等处设立办公地点,招募业务员通过拨打电话、开展推介会等方式,向社会不特定公众宣传投资青岛华能债权等项目,并许以高额回报。

2015年9月,被告人吴某进入某某金融任业务员,其任职期间,个人向社会不特定公众吸收资金共计人民币(下同)500余万元。

2015年12月,被告人蔡某某进入某某金融任业务员,其任职期间,个人向社会不特定公众吸收资金共计500余万元。

2015年4月,被告人水某进入某某金融任业务员,其任职期间,个人向社会不特定公众吸收资金共计200余万元。

2015年6月,被告人孙某某进入某某金融任业务员,其任职期间,个人向社会不特定公众吸收资金共计100余万元。

2015年5月,被告人贺某某进入某某金融任业务员,其任职期间,个人向社会不特定公众吸收资金共计100余万元。

2015年9月,被告人江某某进入某某金融任业务员,其任职期间,个人向社会不特定公众吸收资金共计100余万元。

经民警电话联系,被告人吴某某、蔡某某、水某、孙某某、贺某某、江某某于2017年1月10日至某某市公安局杨浦分局投案。到案后,孙某某向公安机关退出违法所得8.48万元,江某某向公安机关退出违法所得6万元,吴某向公安机关退出违法所得5万元,水某向公安机关退出违法所得1.5万元。

该院确认被告人吴某某、蔡某某、水某、孙某某、贺某某、江某某在某某集团下属的某某金融工作期间,违反国家金融法律规定,未经有关部门依法批准,以投资相关项目名义非法向社会公开宣传,承诺在一定期限内以货币方式还本并给付回报,非法向社会不特定对象变相吸收资金,吴某某、蔡某某非法吸收资金数额巨大,水某、孙某某、贺某某、江某某非法吸收资金数额较大,其行为已触犯《中华人民共和国刑法》第一百七十六条,应当作为单位其他直接责任人员以非法吸收公众存款罪追究刑事责任。吴某某、蔡某某、水某、孙某某、贺某某、江某某经电话通知后主动投案并如实供述自己罪行,依照《中华人民共和国刑法》第六十七条第一款,系自首,可以从轻或者减轻处罚。孙某某、江某某、吴某某、水某到案后退出部分违法所得,酌情可以从轻处罚。

被告人吴某某、蔡某某、水某、孙某某、贺某某、江某某及其辩护人对起诉书指控的犯罪事实、罪名均无异议。辩护人认为,吴某某、蔡某某、水某、孙某某、贺某某、江某某均是自首,初犯;在单位犯罪中为层级最低的工作人员,作用相对较小;有自投,主观恶性小;案发后能退出违法所得,请求对其从轻或减轻处罚。

经审理查明,2013年10月,上海某某置业有限公司在某某市某某区注册成立,法定代表人为杨某某,后变更为车某。2014年6月,该公司更名为某某置业。2015年2月,某某置业更名为某某集团。某某集团在本市某某区通北路×××号租房办公。

2014年12月,王某某在本市某某区注册成立某某集团下属公司某某金融,在本市某某区通北路×××号、某某区淮海中路×××号香港新世界大厦(K11大厦)等处设立办公地点,负责对外发展投资客户,招募业务员对外公开宣传某某集团旗下青岛华能大厦等项目,并许以高息回报吸引不特定公众参与投资,通过与投资人签订《债权转让服务合同》,使用POS机收款、银行转账等方式变相吸收投资人资金进入某某集团控制的银行账户。

2015年4月,被告人水某入职某某金融任业务员,在任职期间向社会不特定公众非法吸收资金共计200余万元。

同年5月,被告人贺某某入职某某金融任业务员,在任职期间向社会不特定公众非法吸收资金共计100余万元。

同年6月,被告人孙某某入职某某金融任业务员,至同年12月向社会不特定公众非法吸收资金共计100余万元。

同年9月,被告人吴某、江某某入职某某金融任业务员,在任职期间分别向社会不特定公众非法吸收资金计500余万元、100余万元。

同年12月,被告人蔡某某入职某某金融任业务员,在任职期间向社会不特定公众非法吸收资金共计500余万元。

2017年1月10日,被告人吴某某、蔡某某、水某、孙某某、贺某某、江某某经民警电话通知至某某市公安局某某分局投案,对上述犯罪事实予以供认。吴某某、水某、孙某某、江某某到案后,分别向公安机关退出违法所得5万元、1.5万元、8.48万元、6万元。在审理期间,吴某某、蔡某某、水某、孙某某、贺某某、江某某分别向本院退出5万元、12万元、4万元、2万元、3万元、7万元。

本院认为,被告人吴某某、蔡某某、水某、孙某某、贺某某、江某某违反国家金融管理法律规定,未经有关部门依法批准,通过某某金融向社会公开推销某某集团旗下投资项目,承诺在一定期限内以货币方式还本并给付回报,非法向社会不特定对象变相吸收资金,扰乱金融秩序,其中,吴某某、蔡某某吸收资金数额巨大,其行为均已构成非法吸收公众存款罪,公诉机关指控的罪名成立。孙某某、江某某是自首并自愿认罪,犯罪较轻,退出个人全部违法所得,依法可以免除处罚。吴某某、蔡某某、水某、贺某某应作为单位的其他直接责任人员承担相应的刑事责任,吴某某、蔡某某、水某、贺某某均是自首并自愿认罪,根据各自的情节在量刑时予以区分,依法可以对吴某某、蔡某某减轻处罚,对水某、贺某某从轻处罚。吴某某、蔡某某、水某、贺某某的单位犯罪事实、情节、对社会的危害程度及退出部分违法所得等具体情况均在量刑中综合考虑。为严肃国家法制,维护国家金融管理秩序,依照《中华人民共和国刑法》第一百七十六条,第六十七条第一款,第七十二条第一、三款,第七十三条,第六十四条之规定,判决如下:

一、被告人吴某某犯非法吸收公众存款罪,判处有期徒刑1年,缓刑1年,罚金人民币2万元(缓刑考验期限,从判决确定之日起计算。罚金自本判决生效之日起十日内向本院缴纳)。吴某某回到社区后,应当遵守法律、法规,服从监督管理,接受教育,完成公益劳动,做一名有益社会的公民。

二、被告人蔡某某犯非法吸收公众存款罪,判处有期徒刑1年,缓刑1年,罚金人民币2万元(缓刑考验期限,从判决确定之日起计算。罚金自本判决生效之日起十日内向本院缴纳)。蔡某某回到社区后,应当遵守法律、法规,服从监督管理,接受教育,完成公益劳动，做一名有益社会的公民。

三、被告人水某犯非法吸收公众存款罪，判处有期徒刑8个月，缓刑1年，罚金人民币2万元(缓刑考验期限，从判决确定之日起计算。罚金自本判决生效之日起十日内向本院缴纳)。水某回到社区后，应当遵守法律、法规，服从监督管理，接受教育，完成公益劳动，做一名有益社会的公民。

四、被告人孙某某犯非法吸收公众存款罪，免予刑事处罚。

五、被告人贺某某犯非法吸收公众存款罪，判处拘役5个月，缓刑5个月，罚金人民币2万元(缓刑考验期限，从判决确定之日起计算。罚金自本判决生效之日起十日内向本院缴纳)。贺某某回到社区后，应当遵守法律、法规，服从监督管理，接受教育，完成公益劳动，做一名有益社会的公民。

六、被告人江某某犯非法吸收公众存款罪，免予刑事处罚。

七、被告人吴某某、蔡某某、水某、孙某某、贺某某、江某某退出的违法所得应予追缴，不足部分责令继续退赔。

如不服本判决，可在接到判决书的第二日起十日内，通过本院或者直接向某某市第二中级人民法院提出上诉。书面上诉的，应当提交上诉状正本1份，副本1份。

【问题】运用刑法的相关知识分析此案例。

【解析】《刑法》第一百七十六条规定："非法吸收公众存款或者变相吸收公众存款，扰乱金融秩序的，处3年以下有期徒刑或者拘役，并处或者单处2万元以上20万元以下罚金；数额巨大或者有其他严重情节的，处3年以上10年以下有期徒刑，并处5万元以上50万元以下罚金。单位犯前款罪的，对单位判处罚金，并对其直接负责的主管人员和其他直接责任人员，依照前款的规定处罚。"

第六十七条规定："犯罪以后自动投案，如实供述自己的罪行的，是自首。对于自首的犯罪分子，可以从轻或者减轻处罚。其中，犯罪较轻的，可以免除处罚。"

第七十二条规定："对于被判处拘役、3年以下有期徒刑的犯罪分子，同时符合下列条件的，可以宣告缓刑，对其中不满18周岁的人、怀孕的妇女和已满75周岁的人，应当宣告缓刑：①犯罪情节较轻；②有悔罪表现；③没有再犯罪的危险；④宣告缓刑对所居住社区没有重大不良影响。宣告缓刑，可以根据犯罪情况，同时禁止犯罪分子在缓刑考验期限内从事特定活动，进入特定区域、场所，接触特定的人。被宣告缓刑的犯罪分子，如果被判处附加刑，附加刑仍须执行。"

第七十三条规定："拘役的缓刑考验期限为原判刑期以上1年以下，但是不能少于2个月。有期徒刑的缓刑考验期限为原判刑期以上5年以下，但是不能少于1年。缓刑考验期限，从判决确定之日起计算。"

第六十四条规定："犯罪分子违法所得的一切财物，应当予以追缴或者责令退赔；对被害人的合法财产，应当及时返还；违禁品和供犯罪所用的本人财物，应当予以没收。没收的财物和罚金，一律上缴国库，不得挪用和自行处理。"

资料来源：http://www.lawtime.cn/article/lll1255396511255447450o591690.

6.2.8 违法发放贷款罪

违法发放贷款罪是指银行或者其他金融机构的工作人员违反国家规定发放贷款，数额巨大或者造成重大损失的行为。

1. 违法发放贷款罪的犯罪构成

1) 违法发放贷款罪的客体

该罪侵犯的是国家的金融管理制度。金融机构发放贷款要对借款人的偿还能力进行严格的审查，并对担保的可靠性进行审查。贷款人发放贷款不遵守法律的规定，不仅破坏国家的贷款管理制度，甚至会影响国家金融管理制度及金融的稳定秩序。

2) 违法发放贷款罪的客观方面

该罪的客观方面表现为违反国家规定发放贷款，要求数额巨大或者造成重大损失的行为。"违反国家规定"是指违反我国的《商业银行法》《担保法》《贷款通则》《合同法》等法律法规中有关信贷管理的规定。

3) 违法发放贷款罪的主体

该罪的主体是中国境内设立的中资商业银行、信托投资公司、城乡信用合作社、其他经营贷款业务的金融机构，以及上述金融机构的工作人员。其他任何单位包括外资金融机构和个人都不能成为违法发放贷款罪的主体。

4) 违法发放贷款罪的主观方面

该罪的主观方面表现必须是故意，并且违法向关系人发放贷款，还要求明知是关系人而违法向其发放贷款。

2. 违法发放贷款罪的刑事责任

《刑法》第一百八十六条规定："银行或者其他金融机构的工作人员违反国家规定发放贷款，数额巨大或者造成重大损失的，处5年以下有期徒刑或者拘役，并处1万元以上10万元以下罚金；数额特别巨大或者造成特别重大损失的，处5年以上有期徒刑，并处2万元以上20万元以下罚金。银行或者其他金融机构的工作人员违反国家规定，向关系人发放贷款的，依照前款的规定从重处罚。单位犯前两款罪的，对单位判处罚金，并对其直接负责的主管人员和其他直接责任人员，依照前两款的规定处罚。关系人的范围，依照《中华人民共和国商业银行法》和有关金融法规确定。"

《最高人民检察院、公安部关于公安机关管辖的刑事案件立案追诉标准的规定(二)》第四十二条规定："银行或者其他金融机构及其工作人员违反国家规定发放贷款，涉嫌下列情形之一的，应予立案追诉：①违法发放贷款，数额在100万元以上的；②违法发放贷款，造成直接经济损失数额在20万元以上的。"

6.2.9 吸收客户资金不入账罪

吸收客户资金不入账罪是指银行或者其他金融机构的工作人员吸收客户资金不入

账，数额巨大或者造成重大损失的行为。

1. 吸收客户资金不入账罪的犯罪构成

1) 吸收客户资金不入账罪的客体

该罪侵犯的是国家对存贷款的管理秩序。

2) 吸收客户资金不入账罪的客观方面

该罪的客观方面表现为吸收客户资金不入账，数额巨大或者造成重大损失的行为。"吸收客户资金不入账"是指不记入金融机构的法定存款账目，以逃避国家金融监管，至于是否记入法定账目以外设立的账目则不影响该罪的成立。

3) 吸收客户资金不入账罪的主体

该罪的主体可以是银行或者其他金融机构的工作人员，也可以是银行或者其他金融机构本身。

4) 吸收客户资金不入账罪的主观方面

该罪的主观方面表现必须是故意。

2. 吸收客户资金不入账罪的刑事责任

《刑法》第一百八十七条规定："银行或者其他金融机构的工作人员吸收客户资金不入账，数额巨大或者造成重大损失的，处5年以下有期徒刑或者拘役，并处2万元以上20万元以下罚金；数额特别巨大或者造成特别重大损失的，处5年以上有期徒刑，并处5万元以上50万元以下罚金。单位犯前款罪的，对单位判处罚金，并对其直接负责的主管人员和其他直接责任人员，依照前款的规定处罚。"

《最高人民检察院、公安部关于公安机关管辖的刑事案件立案追诉标准的规定(二)》第四十三条规定："银行或者其他金融机构及其工作人员吸收客户资金不入账，涉嫌下列情形之一的，应予立案追诉：①吸收客户资金不入账，数额在100万元以上的；②吸收客户资金不入账，造成直接经济损失数额在20万元以上的。"

经典例题

【例6-8】金融机构及其工作人员吸收客户资金不入账，数额巨大或者造成重大损失的行为属于(　　)。

A. 非法吸收公众存款罪　　　　　　B. 集资诈骗罪
C. 吸收客户资金不入账罪　　　　　D. 挪用资金罪

【答案】C

6.2.10 伪造、变造金融票证罪

伪造、变造金融票证罪是指伪造、变造汇票、本票、支票，伪造、变造委托收款凭证、汇款凭证、银行存单等其他银行结算凭证，伪造、变造信用证或者附随的单据、文

件或者伪造信用卡的行为。

1. 伪造、变造金融票证罪的犯罪构成

1) 伪造、变造金融票证罪的客体

该罪侵犯的是国家对金融票证的管理制度。

2) 伪造、变造金融票证罪的客观方面

该罪的客观方面的表现有以下几种：伪造、变造汇票、本票、支票的；伪造、变造委托收款凭证、汇款凭证、银行存单等其他银行结算凭证的；伪造、变造信用证或者附随的单据、文件的；伪造信用卡的。

3) 伪造、变造金融票证罪的主体

该罪的主体为一般主体，包括自然人和法人。

4) 伪造、变造金融票证罪的主观方面

该罪的主观方面表现为故意，即明知伪造、变造金融票证的行为会发生破坏金融秩序的结果，并且希望或者放任这种结果的发生。

2. 伪造、变造金融票证罪的刑事责任

《刑法》第一百七十七条第一款规定："有下列情形之一，伪造、变造金融票证的，处5年以下有期徒刑或者拘役，并处或者单处2万元以上20万元以下罚金；情节严重的，处5年以上10年以下有期徒刑，并处5万元以上50万元以下罚金；情节特别严重的，处10年以上有期徒刑或者无期徒刑，并处5万元以上50万元以下罚金或者没收财产。①伪造、变造汇票、本票、支票的；②伪造、变造委托收款凭证、汇款凭证、银行存单等其他银行结算凭证的；③伪造、变造信用证或者附随的单据、文件的；④伪造信用卡的。"第二款："单位犯前款罪的，对单位判处罚金，并对其直接负责的主管人员和其他直接责任人员，依照前款的规定处罚。"

《最高人民检察院、公安部关于公安机关管辖的刑事案件立案追诉标准的规定（二）》第二十九条规定："伪造、变造金融票证，涉嫌下列情形之一的，应予立案追诉：①伪造、变造汇票、本票、支票，或者伪造、变造委托收款凭证、汇款凭证、银行存单等其他银行结算凭证，或者伪造、变造信用证或者附随的单据、文件，总面额在1万元以上或者数量在10张以上的；②伪造信用卡1张以上，或者伪造空白信用卡10张以上的。"

6.2.11 违规出具金融票证罪

违规出具金融票证罪是指银行或者其他金融机构的工作人员违反规定，为他人出具信用证或者其他保函、票据、存单、资信证明，情节严重的行为。

1. 违规出具金融票证罪的犯罪构成

1) 违规出具金融票证罪的客体

该罪侵犯国家的金融管理秩序及金融机构的财产所有权。

2) 违规出具金融票证罪的客观方面

该罪在客观方面表现为违规出具金融票证情节严重的行为。

3) 违规出具金融票证罪的主体

该罪的主体是银行或者其他金融机构以及银行或者其他金融机构的工作人员，一般的单位或者自然人不构成本罪。

4) 违规出具金融票证罪的主观方面

该罪的主观表现必须是故意，即明知违反规定，而为他人出具信用证或者其他保函、票据、存单、资信证明。

2. 违规出具金融票证罪的刑事责任

《刑法》第一百八十八条规定："银行或者其他金融机构的工作人员违反规定，为他人出具信用证或者其他保函、票据、存单、资信证明，情节严重的，处5年以下有期徒刑或者拘役；情节特别严重的，处5年以上有期徒刑。单位犯前款罪的，对单位判处罚金，并对其直接负责的主管人员和其他直接责任人员，依照前款的规定处罚。"

《最高人民检察院、公安部关于公安机关管辖的刑事案件立案追诉标准的规定(二)》第四十四条规定："银行或者其他金融机构及其工作人员违反规定，为他人出具信用证或者其他保函、票据、存单、资信证明，涉嫌下列情形之一的，应予立案追诉：①违反规定为他人出具信用证或者其他保函、票据、存单、资信证明，数额在100万元以上的；②违反规定为他人出具信用证或者其他保函、票据、存单、资信证明，造成直接经济损失数额在20万元以上的；③多次违规出具信用证或者其他保函、票据、存单、资信证明的；④接受贿赂违规出具信用证或者其他保函、票据、存单、资信证明的；⑤其他情节严重的情形。"

6.2.12 对违法票据承兑、付款、保证罪

对违法票据承兑、付款、保证罪是指银行或者其他金融机构的工作人员在票据业务中，对违反票据法规定的票据予以承兑、付款或者保证，造成重大损失的行为。

1. 对违法票据承兑、付款、保证罪的犯罪构成

1) 对违法票据承兑、付款、保证罪的客体

该罪侵犯的是国家的票据管理制度和金融机构管理制度。

2) 对违法票据承兑、付款、保证罪的客观方面

该罪的客观方面表现为银行或者金融机构的工作人员在票据业务中，对违反票据法规定的票据予以承兑、付款或者保证，造成重大损失的行为。票据法所规定的票据为汇票、本票和支票。此罪为结果犯罪，要求必须造成重大损失，才能构成该犯罪。

3) 对违法票据承兑、付款、保证罪的主体

本罪的犯罪主体具有特殊性，仅指银行或者其他金融机构的工作人员。

4) 对违法票据承兑、付款、保证罪的主观方面

该罪的客观方面表现为过失犯罪,即银行或者金融机构的工作人员主观由于工作不负责任,审查不严格导致的,而不是主观故意为之。

2. 对违法票据承兑、付款、保证罪的刑事责任

《刑法》第一百八十九条规定:"银行或者其他金融机构的工作人员在票据业务中,对违反票据法规定的票据予以承兑、付款或者保证,造成重大损失的,处5年以下有期徒刑或者拘役;造成特别重大损失的,处5年以上有期徒刑。单位犯前款罪的,对单位判处罚金,并对其直接负责的主管人员和其他直接责任人员,依照前款的规定处罚。"

《最高人民检察院、公安部关于公安机关管辖的刑事案件立案追诉标准的规定(二)》第四十五条规定:"银行或者其他金融机构及其工作人员在票据业务中,对违反票据法规定的票据予以承兑、付款或者保证,造成直接经济损失数额在20万元以上的,应予立案追诉。"

6.2.13 骗取贷款、票据承兑、金融票证罪

骗取贷款、票据承兑、金融票证罪是指以欺骗手段取得银行或者其他金融机构贷款、票据承兑、信用证、保函等,给银行或者其他金融机构造成重大损失或者有其他严重情节的行为。

1. 骗取贷款、票据承兑、金融票证罪的犯罪构成

1) 骗取贷款、票据承兑、金融票证罪的客体

该罪侵犯的是国家金融管理制度。

2) 骗取贷款、票据承兑、金融票证罪的客观方面

该罪的客观方面表现为以欺骗手段取得银行或者其他金融机构贷款、票据承兑、信用证、保函等行为。欺诈手段,是指行为人在取得银行或者其他金融机构的贷款、票据承兑、信用证、保函等信贷资金、信用时,采用的是虚构事实、隐瞒真相等手段,掩盖了客观事实,骗取了银行或其他金融机构的信任。

3) 骗取贷款、票据承兑、金融票证罪的主体

该罪的主体是一般主体,即自然人和单位。

4) 骗取贷款、票据承兑、金融票证罪的主观方面

该罪的主观方面表现为故意,并且以欺骗为主要手段。

2. 骗取贷款、票据承兑、金融票证罪的刑事责任

《刑法》第一百七十五条规定:"以欺骗手段取得银行或者其他金融机构贷款、票据承兑、信用证、保函等,给银行或者其他金融机构造成重大损失或者有其他严重情节的,处3年以下有期徒刑或者拘役,并处或者单处罚金;给银行或者其他金融机构造成特别重大损失或者有其他特别严重情节的,处3年以上7年以下有期徒刑,并处罚金。单位犯前款罪的,对单位判处罚金,并对其直接负责的主管人员和其他直接责任人员,依

照前款的规定处罚。"

《最高人民检察院、公安部关于公安机关管辖的刑事案件立案追诉标准的规定(二)》第二十七条规定:"以欺骗手段取得银行或者其他金融机构贷款、票据承兑、信用证、保函等,涉嫌下列情形之一的,应予立案追诉:①以欺骗手段取得贷款、票据承兑、信用证、保函等,数额在100万元以上的;②以欺骗手段取得贷款、票据承兑、信用证、保函等,给银行或者其他金融机构造成直接经济损失数额在20万元以上的;③虽未达到上述数额标准,但多次以欺骗手段取得贷款、票据承兑、信用证、保函等的;④其他给银行或者其他金融机构造成重大损失或者有其他严重情节的情形。"

6.2.14 背信运用受托财产罪

背信运用受托财产罪是指商业银行、证券交易所、期货交易所、证券公司、期货经纪公司、保险公司或者其他金融机构,违背受托义务,擅自运用客户资金或者其他委托、信托的财产,情节严重的行为。

1. 背信运用受托财产罪犯罪构成

1) 背信运用受托财产罪的客体

该罪侵犯了国家的金融管理制度。

2) 背信运用受托财产罪的客观方面

该罪在客观方面表现为行为主体实施了"违背受托义务,擅自运用客户资金或者其他委托、信托的财产"的行为。"委托、信托的财产",主要是指在当前的委托理财业务中,存放在各类金融机构中的以下几类客户资金和资产:①证券投资业务中的客户交易资金;②委托理财业务中的客户资产;③信托业务中的信托财产,分为资金信托和一般财产信托;④证券投资基金。本罪为结果犯,必须是"情节严重的"才构成犯罪。"情节严重"是指由于违背受托义务,擅自运用客户资金或者其他委托、信托的财产,给委托人造成重大财产损失等情形。

3) 背信运用受托财产罪的主体

该罪的主体是特殊主体,即为商业银行、证券交易所、期货交易所、证券公司、期货经纪公司、保险公司或者其他金融机构,个人不能构成本罪的主体。

4) 背信运用受托财产罪的主观方面

该罪的主观方面表现必须是故意。

2. 背信运用受托财产罪的刑事责任

《刑法》第一百八十五条规定:"商业银行、证券交易所、期货交易所、证券公司、期货经纪公司、保险公司或者其他金融机构,违背受托义务,擅自运用客户资金或者其他委托、信托的财产,情节严重的,对单位判处罚金,并对其直接负责的主管人员和其他直接责任人员,处3年以下有期徒刑或者拘役,并处3万元以上30万元以下罚金;情节特别严重的,处3年以上10年以下有期徒刑,并处5万元以上50万元以下罚金。"

《最高人民检察院、公安部关于公安机关管辖的刑事案件立案追诉标准的规定(二)》第四十条规定:"商业银行、证券交易所、期货交易所、证券公司、期货公司、保险公司或者其他金融机构,违背受托义务,擅自运用客户资金或者其他委托、信托的财产,涉嫌下列情形之一的,应予立案追诉:①擅自运用客户资金或者其他委托、信托的财产数额在30万元以上的;②虽未达到上述数额标准,但多次擅自运用客户资金或者其他委托、信托的财产,或者擅自运用多个客户资金或者其他委托、信托的财产的;③其他情节严重的情形。"

6.3 金融诈骗的常见犯罪

6.3.1 集资诈骗罪

集资诈骗罪是指以非法占有为目的,使用诈骗方法非法集资,数额较大的行为。

1. 集资诈骗罪的犯罪构成

1) 集资诈骗罪的客体

该罪侵犯的是社会公众的财产与国家的金融秩序。

2) 集资诈骗罪的客观方面

该罪的客观方面表现为非法集资的行为,即为公司、企业、个人或者其他组织未经合法批准,向社会公众或者集体募集资金的行为。

3) 集资诈骗罪的主体

该罪的主体是自然人和法人,为一般主体。

4) 集资诈骗罪的主观方面

该罪的主观方面表现为故意,以非法占有为目的.

2. 集资诈骗罪的刑事责任

《刑法》第一百九十二条规定:"以非法占有为目的,使用诈骗方法非法集资,数额较大的,处5年以下有期徒刑或者拘役,并处2万元以上20万元以下罚金;数额巨大或者有其他严重情节的,处5年以上10年以下有期徒刑,并处5万元以上50万元以下罚金;数额特别巨大或者有其他特别严重情节的,处10年以上有期徒刑或者无期徒刑,并处5万元以上50万元以下罚金或者没收产。"

《最高人民检察院、公安部关于公安机关管辖的刑事案件立案追诉标准的规定(二)》第四十九条规定:"以非法占有为目的,使用诈骗方法非法集资,涉嫌下列情形之一的,应予立案追诉:①个人集资诈骗,数额在10万元以上的;②单位集资诈骗,数额在50万元以上的。"

经典例题

【例6-9】下列关于集资诈骗罪的说法，不正确的是(　　)。
A. 本罪主体包括自然人和单位
B. 本罪客观方面是非法集资行为
C. 本罪客体是国家存款管理制度
D. 本罪主观方面是故意，且要求以非法占有为目的
【答案】C
【解析】集资诈骗罪的客体为社会公众的财产与国家的金融秩序。

6.3.2 贷款诈骗罪

贷款诈骗罪是指以非法占有为目的，诈骗银行或者其他金融机构的贷款，数额较大的行为。

1. 贷款诈骗罪的犯罪构成

1) 贷款诈骗罪的客体

该罪不仅侵犯银行等金融机构的财产所有权，还必然影响银行等金融机构贷款业务和其他金融业务的正常进行，破坏我国金融秩序的稳定。

2) 贷款诈骗罪的客观方面

该罪的客观方面的主观方面表现有以下几种：编造引进资金、项目等虚假理由的；使用虚假的经济合同的；使用虚假的证明文件的；使用虚假的产权证明作担保或者超出抵押物价值重复担保的；以其他方法诈骗贷款的。

3) 贷款诈骗罪的主体

该罪的主体是一般主体，单位不能构成本罪。

4) 贷款诈骗罪的主观方面

该罪的主观方面表现为故意，并且以非法占有为目的

2. 贷款诈骗罪的刑事责任

《刑法》第一百九十三条规定："有下列情形之一，以非法占有为目的，诈骗银行或者其他金融机构的贷款，数额较大的，处5年以下有期徒刑或者拘役，并处2万元以上20万元以下罚金；数额巨大或者有其他严重情节的，处5年以上10年以下有期徒刑，并处5万元以上50万元以下罚金；数额特别巨大或者有其他特别严重情节的，处10年以上有期徒刑或者无期徒刑，并处5万元以上50万元以下罚金或者没收财产。"

《最高人民检察院、公安部关于公安机关管辖的刑事案件立案追诉标准的规定(二)》第五十条的规定："以非法占有为目的，诈骗银行或者其他金融机构的贷款，数额在2万元以上的，应予立案追诉。"

经典例题

【例6-10】 下列关于贷款诈骗罪的客观表现,说法正确的是( )。
A. 编造引进资金、项目等虚假理由
B. 使用虚假的经济合同
C. 使用虚假的证明文件
D. 使用虚假的产权证明作担保
E. 超出抵押物价值重复担保

【答案】 ABCDE

【解析】 贷款诈骗罪在客观方面的表现有以下几种:编造引进资金、项目等虚假理由的;使用虚假的经济合同的;使用虚假的证明文件的;使用虚假的产权证明做担保或者超出抵押物价值重复担保的;以其他方法诈骗贷款的。

6.3.3 信用证诈骗罪

信用证诈骗罪是指使用伪造、变造的信用证或者附随的单据、文件,或者使用作废的信用证,或者骗取信用证以及以其他方法进行信用证诈骗活动的行为。

1. 信用证诈骗罪的犯罪构成

1) 信用证诈骗罪的客体
该罪侵犯的是国家的金融管理制度。

2) 信用证诈骗罪的客观方面
该罪客观方面的表现有以下几种:使用伪造、变造的信用证或者附随的单据、文件的;使用作废的信用证的;骗取信用证的;以其他方法进行信用证诈骗活动的。

3) 信用证诈骗罪的主体
该罪的主体是一般主体,包括自然人和单位。

4) 信用证诈骗罪的主观方面
该罪的主观方面表现为故意,并且以非法占有为目的。

2. 信用证诈骗罪的刑事责任

《刑法》第一百九十五条规定:"有下列情形之一,进行信用证诈骗活动的,处5年以下有期徒刑或者拘役,并处2万元以上20万元以下罚金;数额巨大或者有其他严重情节的,处5年以上10年以下有期徒刑,并处5万元以上50万元以下罚金;数额特别巨大或者有其他特别严重情节的,处10年以上有期徒刑或者无期徒刑,并处5万元以上50万元以下罚金或者没收财产。"

《刑法》第二百条规定:"单位犯本节第一百九十二条、第一百九十四条、第一百九十五条规定之罪的,对单位判处罚金,并对其直接负责的主管人员和其他直接责任人员,处5年以下有期徒刑或者拘役,可以并处罚金;数额巨大或者有其他严重情节的,处5年以上10年以下有期徒刑,并处罚金;数额特别巨大或者有其他特别严重情节的,处10年以上有期徒刑或者无期徒刑,并处罚金。"

最高人民检察院、公安部关于公安机关管辖的刑事案件立案追诉标准的规定(二)》第五十三条规定:"进行信用证诈骗活动,涉嫌下列情形之一的,应予立案追诉:①使用伪造、变造的信用证或者附随的单据、文件的;②使用作废的信用证的;③骗取信用证的;④以其他方法进行信用证诈骗活动的。"

经典例题

【例6-11】信用证诈骗罪表现行为有(　　)。
A. 使用伪造、变造的信用证或者附随的单据、文件
B. 使用作废的信用证　　　　　　C. 骗取信用证
D. 伪造、变造的信用卡　　　　　　E. 其他方法
【答案】ABCE
【解析】信用证诈骗罪的客观方面表现:使用伪造、变造的信用证或者附随的单据、文件的;使用作废的信用证的;骗取信用证的;以其他方法进行信用证诈骗活动的。

6.3.4　信用卡诈骗罪

信用卡诈骗罪是指使用伪造的信用卡,或者使用以虚假的身份证明骗领的信用卡,或者使用作废的信用卡,或者冒用他人的信用卡,或者利用信用卡恶意透支进行诈骗活动,数额较大的行为。

1. 信用卡诈骗罪的犯罪

1) 信用卡诈骗罪的客体

该罪既侵犯了国家有关的信用卡管理制度,又侵犯了银行以及信用卡的有关关系人的公私财产。

2) 信用卡诈骗罪的客观方面

该罪的客观方面的表现有以下几种:使用伪造的信用卡,或者使用以虚假的身份证明骗领的信用卡的;使用作废的信用卡进行诈骗;冒用他人信用卡进行诈骗;使用信用卡进行恶意透支的。

3) 信用卡诈骗罪的主体

该罪的主体是一般主体,为自然人,单位不构成本罪。

4) 信用卡诈骗罪的主观方面

该罪的主观方面表现为故意,并且以非法占有为目的。

2. 信用卡诈骗罪的刑事责任

《刑法》第一百九十六条规定:"有下列情形之一,进行信用卡诈骗活动,数额较大的,处5年以下有期徒刑或者拘役,并处2万元以上20万元以下罚金;数额巨大或者有其他严重情节的,处5年以上10年以下有期徒刑,并处5万元以上50万元以下罚金;数额

特别巨大或者有其他特别严重情节的，处10年以上有期徒刑或者无期徒刑，并处5万元以上50万元以下罚金或者没收财产：①使用伪造的信用卡，或者使用以虚假的身份证明骗领的信用卡的；②使用作废的信用卡的；③冒用他人信用卡的；④恶意透支的。前款所称恶意透支，是指持卡人以非法占有为目的，超过规定限额或者规定期限透支，并且经发卡银行催收后仍不归还的行为。盗窃信用卡并使用的，依照本法第二百六十四条的规定定罪处罚。"

《最高人民检察院、公安部关于公安机关管辖的刑事案件立案追诉标准的规定(二)》第五十四条规定："进行信用卡诈骗活动，涉嫌下列情形之一的，应予立案追诉：①使用伪造的信用卡，或者使用以虚假的身份证明骗领的信用卡，或者使用作废的信用卡，或者冒用他人信用卡，进行诈骗活动，数额在5000元以上的；②恶意透支，数额在1万元以上的。本条规定的'恶意透支'，是指持卡人以非法占有为目的，超过规定限额或者规定期限透支，并且经发卡银行两次催收后超过3个月仍不归还的。恶意透支，数额在1万元以上不满10万元的，在公安机关立案前已偿还全部透支款息，情节显著轻微的，可以依法不追究刑事责任。"

经典例题

【例6-12】陈某使用信用卡过程中，透支高达10万元，发卡银行再三催讨欠款，陈某故意不予理睬，经银行核查，陈某完全没有偿还能力。陈某的行为( )。
A.是合法的，因为陈某使用的是自己的信用卡，而信用卡本身是具有透支功能
B.是合法的，因为陈某没有伪造、使用作废的或冒用他人的信用卡
C.是不合法的，因为陈某恶意透支了信用卡
D.是不合法的，因为陈某冒用了他人的信用卡
【答案】C
【解析】陈某行为属于恶意透支信用卡，属于信用卡诈骗罪。

6.3.5 票据诈骗罪、金融凭证诈骗罪

1. 票据诈骗罪

票据诈骗罪是指以非法占有为目的，采用虚构事实、隐瞒真相的方法，利用金融票据进行诈骗活动，数额较大的行为。
1) 票据诈骗罪的犯罪构成
(1) 票据诈骗罪的客体：侵犯国家的金融管理制度，金融票据，仅指汇票、本票、支票。
(2) 票据诈骗罪的客观方面：表现为明知是伪造、变造的汇票、本票、支票而使用的；明知是作废的汇票、本票、支票而使用的；冒用他人的汇票、本票、支票的；签发

空头支票或者与其预留印鉴不符的支票，骗取财物的；汇票、本票的出票人签发无资金保证的汇票、本票或者在出票时作虚假记载，骗取财物的。

(3) 票据诈骗罪的主体：一般主体，包括自然人和单位。

(4) 票据诈骗罪的主观方面：表现为故意，并且以非法占有为目的。

2) 票据诈骗罪的刑事责任

《刑法》第一百九十四条规定："有下列情形之一，进行金融票据诈骗活动，数额较大的，处5年以下有期徒刑或者拘役，并处2万元以上20万元以下罚金；数额巨大或者有其他严重情节的，处5年以上10年以下有期徒刑，并处5万元以上50万元以下罚金；数额特别巨大或者有其他特别严重情节的，处10年以上有期徒刑或者无期徒刑，并处5万元以上50万元以下罚金或者没收财产：①明知是伪造、变造的汇票、本票、支票而使用的；②明知是作废的汇票、本票、支票而使用的；③冒用他人的汇票、本票、支票的；④签发空头支票或者与其预留印鉴不符的支票，骗取财物的；⑤汇票、本票的出票人签发无资金保证的汇票、本票或者在出票时作虚假记载，骗取财物的。"

《刑法》第二百条规定："单位犯本节第一百九十二条、第一百九十四条、第一百九十五条规定之罪的，对单位判处罚金，并对其直接负责的主管人员和其他直接责任人员，处5年以下有期徒刑或者拘役，可以并处罚金；数额巨大或者有其他严重情节的，处5年以上10年以下有期徒刑，并处罚金；数额特别巨大或者有其他特别严重情节的，处10年以上有期徒刑或者无期徒刑，并处罚金。"

经典例题

【例6-13】票据诈骗罪侵犯的客体包括( )。

A. 汇票　　　　B. 本票　　　　C. 支票
D. 提单　　　　E. 债券

【答案】ABC

【解析】票据诈骗罪侵犯的客体包括汇票、本票、支票。

2. 金融凭证诈骗罪

金融凭证诈骗罪是指以非法占有为目的，采用虚构事实、隐瞒真相的方法，使用伪造、变造的委托收款凭证、汇款凭证、银行存单等其他银行结算凭证进行诈骗活动的行为。

从广义上讲，汇票、本票、支票属于银行的结算凭证，但作为本罪行为对象的金融凭证，则仅指委托收款凭证、汇款凭证及银行存单。如果使用伪造、变造的汇票、本票、支票进行诈骗，构成犯罪的，不构成金融凭证诈骗罪，而应构成票据诈骗罪。

使用伪造、变造的委托收款凭证、汇款凭证、银行存单等其他银行结算凭证的，数额较大的，处5年以下有期徒刑或者拘役，并处2万元以上20万元以下罚金；数额巨大或者有其他严重情节的，处5年以上10年以下有期徒刑，并处5万元以上50万元以下罚金；数额特别巨大或者有其他特别严重情节的，处10年以上有期徒刑或者无期徒刑，并处5

万元以上50万元以下罚金或者没收财产。"

《刑法》第二百条规定："单位犯本节第一百九十二条、第一百九十四条、第一百九十五条规定之罪的，对单位判处罚金，并对其直接负责的主管人员和其他直接责任人员，处5年以下有期徒刑或者拘役，可以并处罚金；数额巨大或者有其他严重情节的，处5年以上10年以下有期徒刑，并处罚金；数额特别巨大或者有其他特别严重情节的，处10年以上有期徒刑或者无期徒刑，并处罚金。"

经典例题

【例6-14】下列关于金融凭证诈骗罪的说法中，正确的是( )。
A. 是指以非法占有为目的，采用虚构事实、隐瞒真相的方法
B. 使用伪造、变造的委托收款凭证、汇款凭证、银行存单等其他银行结算凭证进行诈骗活动的行为
C. 作为本罪行为对象的金融凭证，则仅指委托收款凭证、汇款凭证及银行存单
D. 使用伪造、变造的汇票、本票、支票进行欺骗，构成犯罪的，也构成金融凭证罪
E. 《刑法》规定，数额特别巨大并且给国家和人民利益造成特别重大损失的，判处无期徒刑或者死刑，并没收财产

【答案】ABCE
【解析】使用伪造、变造的汇票、本票、支票进行诈骗，构成犯罪的，构成票据诈骗罪。

6.4 银行业相关的职务犯罪

6.4.1 职务侵占罪

职务侵占罪是指公司、企业或者其他单位的人员，利用职务上的便利，将本单位的财物非法占为己有，数额较大的行为。

1. 职务侵占罪的犯罪构成要件
1) 职务侵占罪的客体
该罪侵犯的是公司、企业或者其他单位的财产所有权，其侵犯的对象不仅包括公司、企业或者其他单位占有、管理之下的财产，还包括本单位有权占有而未占有的财产。
2) 职务侵占罪的客观方面
该罪的客观方面表现是利用职务上的便利，采取侵吞、盗窃、骗取、擅自出卖、隐

匿、拒绝返还等方式将本单位财物非法占为己有，数额较大的行为。所谓"利用职务上的便利"是指利用职权或者职务上便利的条件。所谓"本单位财物"是指单位依法占有的全部财产，包括单位占有的有形财产、无形财产、债权等。所谓"非法占为己有"是指采用侵吞、窃取、骗取等各种手段将本单位财产化为私有。

3) 职务侵占罪的主体

该罪的主体为公司、企业或者企业单位，这些主体原则上应为非国有性质的单位，否则构成贪污罪。职务侵占罪的主体必须是在本公司、本企业或本单位内担任一定的职务或者因工作需要而主管、经手财物的不具有国家工作人员身份的人员。

4) 职务侵占罪的主观方面

行为人主观方面是直接故意，且以非法占有为目的，间接故意和过失不构成本罪。

2. 职务侵占罪的刑事责任

《刑法》第二百七十一条规定："公司、企业或者其他单位的人员，利用职务上的便利，将本单位财物非法占为己有，数额较大的，处5年以下有期徒刑或者拘役；数额巨大的，处5年以上有期徒刑，可以并处没收财产。"

《刑法》第一百八十三条规定："保险公司的工作人员利用职务上的便利，故意编造未曾发生的保险事故进行虚假理赔，骗取保险金归自己所有的，依照《刑法》第二百七十一条的规定定罪处罚。国有保险公司工作人员和国有保险公司委派到非国有保险公司从事公务的人员有前款行为的，依照《刑法》第三百八十二条、第三百八十三条的规定定罪处罚。"

《最高人民检察院、公安部关于公安机关管辖的刑事案件立案追诉标准的规定(二)》的规定："公司、企业或者其他单位的人员，利用职务上的便利，将本单位财物非法占为己有，数额在5000元至1万元以上的，应予以立案追诉。"

经典例题

【例6-15】下列人员中，不能构成职务侵占罪的犯罪主体是(　　)。

A. 公司工作人员　　　　　　B. 商业银行工作人员
C. 企业工作人员　　　　　　D. 国有企业中从事公务的人员

【答案】D

【解析】职务侵占罪的犯罪主体包括公司、企业或者企业单位，这些主体原则上应为非国有性质的单位。

6.4.2 非国家工作人员受贿罪

公司、企业或者其他单位的工作人员利用职务上的便利，索取他人财物或者非法收受他人财物，为他人谋取利益，数额较大的行为。

1. 非国家工作人员受贿罪的犯罪构成

1) 非国家工作人员受贿罪的客体

该罪违反了市场公平竞争的原则，干扰社会经济的正常运转；侵犯了公司、企业或者其他单位的正常经营活动。

2) 非国家工作人员受贿罪的客观方面

该罪的客观方面表现是利用职务上的便利，索取或者非法收受他人财物的行为；在经济往来中，违反国家有关规定以各种名义收取回扣、手续费等行为。"利用职务便利"是指利用职权或者所在岗位上的便利条件等。"索取贿赂"是指非国家工作人员主动向对方索要财物，利用其职务上的便利，为他人谋取利益，采取拖延、刁难等手段，让对方主动行使贿赂行为。"收受贿赂"是指行为人利用职务便利，收取他人主动送来的财物行为。

3) 非国家工作人员受贿罪的主体

该罪的主体是非国家工作人员。"非国家工作人员"是指公司、企业或者其他单位的非国家工作人员。刑法所称国家工作人员，是指国家机关中从事公务的人员。具体包括国有公司、企业、事业单位、人民团体中从事公务的人员和国家机关、国有公司、企业、事业单位委派到非国有公司、企业、事业单位、社会团体从事公务的人员，以及其他依照法律从事公务的人员。

4) 非国家工作人员受贿罪的主观方面

该罪的主观方面只能表现为故意，过失不构成此罪。非国家工作人员收受贿赂的目的是为他人谋取利益，因此，即使收受他人财物，不为他人谋取利益的，不构成本罪。

2. 非国家工作人员受贿罪的刑事责任

《刑法》第一百八十四条的规定："银行或者其他金融机构的工作人员在金融业务活动中索取他人财物或者非法收受他人财物，为他人谋取利益的，或者违反国家规定，收受各种名义的回扣、手续费，归个人所有的，依照本法第一百六十三条的规定定罪处罚。国有金融机构工作人员和国有金融机构委派到非国有金融机构从事公务的人员有前款行为的，依照本法第三百八十五条、第三百八十六条的规定定罪处罚。"

《刑法》第一百六十三条规定："公司、企业或者其他单位的工作人员利用职务上的便利，索取他人财物或者非法收受他人财物，为他人谋取利益，数额较大的，处5年以下有期徒刑或者拘役；数额巨大的，处5年以上有期徒刑，可以并处没收财产。公司、企业或者其他单位的工作人员在经济往来中，利用职务上的便利，违反国家规定，收受各种名义的回扣、手续费，归个人所有的，依照前款的规定处罚。国有公司、企业或者其他国有单位中从事公务的人员和国有公司、企业或者其他国有单位委派到非国有公司、企业以及其他单位从事公务的人员有前两款行为的，依照本法第三百八十五条、第三百八十六条的规定定罪处罚。"

《最高人民检察院、公安部关于公安机关管辖的刑事案件立案追诉标准的规定(二)》第十条规定："公司、企业或者其他单位的工作人员利用职务上的便利，索取他人财物或者非法收受他人财物，为他人谋取利益，或者在经济往来中，利用职务上的便利，违反国家规定，收受各种名义的回扣、手续费，归个人所有，数额在5000元以上的，应予立案追诉。"

经典例题

【例6-16】李某大学毕业后到一家城市信用社工作，在一起贷款业务中收受回扣，则李某的行为有可能构成(　　)。

A. 职务侵占罪　　　　　　　　B. 挪用资金罪
C. 非国家工作人员受贿罪　　　D. 职业侵占罪

【答案】C

【解析】非国家工作人员受贿罪的主体为非国家工作人员是指公司、企业或者其他单位的非国家工作人员。

6.4.3 挪用资金罪

挪用资金罪是指公司、企业或者其他单位的工作人员，利用职务上的便利，挪用本单位资金归个人使用或者借贷给他人，数额较大、超过3个月未还的，或者虽未超过3个月，但数额较大、进行营利活动的，或者进行非法活动的行为。

1. 挪用资金罪的犯罪构成

1) 挪用资金罪的客体

该罪侵犯的是公司、企业或者其他单位资金的使用收益权。

2) 挪用资金罪的客观方面

该罪的客观方面表现为挪用本单位资金归个人使用或者借贷给他人使用的行为，主要包括三种情况：一是挪用本单位资金进行非法活动；二是挪用本单位资金、数额较大、进行营利活动；三是挪动本单位资金，数额较大，超过3个月未还的。

3) 挪用资金罪的主体

该罪的主体为公司、企业或者其他单位的工作人员。具有国家工作人员身份的人，不能成为本罪的主体，只能成为挪用公款罪的主体。

4) 挪用资金罪的主观方面

该罪的主观方面表现为行为人主观故意，并且行为人并不具有永久占有资金财物的目的，而仅仅是故意擅自动用，但准备日后归还，这一点是此罪与职务侵占罪的根本区别。

2. 挪用资金罪的刑事责任

《刑法》第一百八十五条规定："商业银行、证券交易所、期货交易所、证券公司、期货经纪公司、保险公司或者其他金融机构的工作人员利用职务上的便利，挪用本单位或者客户资金的，依照刑法第二百七十二条的规定定罪处罚。国有商业银行、证券交易所、期货交易所、证券公司、期货经纪公司、保险公司或者其他国有金融机构的工作人员和国有商业银行、证券交易所、期货交易所、证券公司、期货经纪公司、保险公司或者其他国有金融机构委派到前款规定中的非国有机构从事公务的人员有前款行为的，依照本法第三百八十四条的规定定罪处罚。"

《最高人民检察院、公安部关于公安机关管辖的刑事案件立案追诉标准的规定(二)》第八十五条规定："公司、企业或者其他单位的工作人员，利用职务上的便利，挪用本单位资金归个人使用或者借贷给他人，涉嫌下列情形之一的，应予立案追诉：①挪用本单位资金数额在1万元至3万元以上，超过3个月未还的；②挪用本单位资金数额在1万元至3万元以上，进行营利活动的；③挪用本单位资金数额在5000元至2万元以上，进行非法活动的。具有下列情形之一的，属于本条规定的'归个人使用'：①将本单位资金供本人、亲友或者其他自然人使用的；②以个人名义将本单位资金供其他单位使用的；③个人决定以单位名义将本单位资金供其他单位使用，谋取个人利益的。"

3. 挪用资金罪与挪用公款罪的区别

挪用资金罪与挪用公款罪都属于职务犯罪，但是两者有两点不同：一是犯罪主体不同，即挪用资金罪的犯罪主体是非国家工作人员；挪用公款罪的犯罪主体是国家工作人员。二是犯罪对象不同，即挪用资金罪的犯罪对象是非国有单位的资金；挪用公款罪的犯罪对象是公款。

6.4.4 签订、履行合同失职被骗罪

签订、履行合同失职被骗罪，是指国有公司、企业、事业单位直接负责的主管人员在签订、履行合同过程中，因严重不负责任被诈骗，致使国家利益遭受重大损失的行为。

1. 签订、履行合同失职被骗罪的犯罪构成

1) 签订、履行合同失职被骗罪的客体

该罪侵犯的是公司、企业的管理秩序与国家财产。本罪属于渎职犯罪。

2) 签订、履行合同失职被骗罪的客观方面

该罪的客观方面表现为在签订、履行合同过程中，因严重不负责任被诈骗，致使国家利益遭受重大损失。本罪的行为发生在合同的签订和履行两个过程中，行为人只需参与其中一个过程即可。金融机构工作人员严重不负责任，造成大量外汇被骗购或者逃汇的，以本罪论处。

3) 签订、履行合同失职被骗罪的主体

该罪的主体是国有公司、企业、事业单位直接负责的主管人员。

4) 签订、履行合同失职被骗罪的主观方面

该罪的主观方面表现为过失。行为人既可能是未尽严格审查合同、认识被骗结果的注意义务，也可能是对结果有所认识，但未尽避免国家利益遭受重大损失的结果避免义务。

2. 签订、履行合同失职被骗罪的刑事责任

《刑法》第四百零六条规定:"国家机关工作人员在签订、履行合同过程中,因严重不负责任被诈骗,致使国家利益遭受重大损失的,处3年以下有期徒刑或者拘役;致使国家利益遭受特别重大损失的,处3年以上7年以下有期徒刑。"

经典例题

【例6-17】 关于签订、履行合同失职被骗罪的说法中,正确的有( )。
A. 发生在国有公司、企业、事业单位直接负责的主管人员在签订、履行合同过程中
B. 因严重不负责任被诈骗,致使国家利益遭受重大损失的行为
C. 本罪侵犯的客体是公司、企业的管理秩序与国家财产
D. 本罪主体是特殊主体,为国有公司、企业、事业单位直接负责的主管人员
E. 本罪主观方面表现为故意

【答案】 ABCD

【解析】 签订、履行合同失职被骗罪的主观方面表现为过失。

6.4.5 贪污罪

贪污罪是指国家工作人员利用职务上的便利,侵吞、窃取、骗取或者以其他手段非法占有公共财物的。

1. 贪污罪的犯罪构成

1) 贪污罪的犯罪客体

该罪侵犯的是国家财产的所有权。原则上,贪污罪的犯罪对象为公共财物。《刑法》所称公共财产,是指国有财产;劳动群众集体所有的财产;用于扶贫和其他公益事业的社会捐助或者专项基金的财产。在国家机关、国有公司、企业、集体企业和人民团体管理、使用或者运输中的私人财产,以公共财产论。

需要注意三点:一是,当行为人是受国家机关、国有公司等国有单位的委托而管理、经营国有财产的人员时,其构成贪污罪的对象仅为国有财产而非其他公共财产。二是,非公共财产在特定情况下也有可能成为贪污罪的犯罪对象。当行为人是国家机关、国有公司等国有单位委派到非国有公司、企业、事业单位、社会团体从事公务的人员时,其利用职务之便,非法占有所在的非国有性质单位的财产而构成贪污的,犯罪对象可能不属于公共财产。三是,国家工作人员在国内公务活动或者对外交往中接受礼物,依照国家规定应当交还而未交公,数额较大的,应当以贪污罪定罪处罚。

2) 贪污罪的犯罪客观方面

该罪的主观方面表现为利用职务上的便利,侵吞、窃取、骗取或者以其他手段非法占有公共财物。"利用职务上的便利"是指利用职务上的主管、管理、经手公共财物的

权力及方便条件。

3) 贪污罪的犯罪主体

贪污罪的犯罪主体特殊，原则上必须是国家工作人员。国家工作人员包括以下几种：在国家机关中从事公务的人员；在国家机关之外的其他国有单位从事公务的人员；国家机关以及其他国有单位委派到非国有单位从事公务的人员；其他依照法律从事公务的人员。受国家机关、国有公司、企业、事业单位、人民团体委托管理、经营国有财产的人员，利用职务上的便利，侵吞、窃取、骗取或者以其他手段非法占有国有财物的，以贪污论处。

4) 贪污罪的犯罪主观方面

该罪的主观方面表现为故意，必须以非法占有为目的，而非暂时的使用。

2. 贪污罪的刑事责任

《刑法》第三百八十三条规定："对犯贪污罪的，根据情节轻重，分别依照下列规定处罚：①贪污数额较大或者有其他较重情节的，处3年以下有期徒刑或者拘役，并处罚金。②贪污数额巨大或者有其他严重情节的，处3年以上10年以下有期徒刑，并处罚金或者没收财产。③贪污数额特别巨大或者有其他特别严重情节的，处10年以上有期徒刑或者无期徒刑，并处罚金或者没收财产；数额特别巨大，并使国家和人民利益遭受特别重大损失的，处无期徒刑或者死刑，并处没收财产。对多次贪污未经处理的，按照累计贪污数额处罚。犯第一款罪，在提起公诉前如实供述自己罪行、真诚悔罪、积极退赃，避免、减少损害结果的发生，有第一项规定情形的，可以从轻、减轻或者免除处罚；有第二项、第三项规定情形的，可以从轻处罚。犯第一款罪，有第三项规定情形被判处死刑缓期执行的，人民法院根据犯罪情节等情况可以同时决定在其死刑缓期执行二年期满依法减为无期徒刑后，终身监禁，不得减刑、假释。"

3. 贪污罪的共犯

《刑法》第三百八十二条的规定："国家工作人员利用职务上的便利，侵吞、窃取、骗取或者以其他手段非法占有公共财物的，是贪污罪。受国家机关、国有公司、企业、事业单位、人民团体委托管理、经营国有财产的人员，利用职务上的便利，侵吞、窃取、骗取或者以其他手段非法占有国有财物的，以贪污论。与前两款所列人员勾结，伙同贪污的，以共犯论处。"

非国家工作人员可以成为贪污罪的共犯，但成立贪污罪共犯的一个前提条件是行为人与国家工作人员勾结，共同非法占有公共财物的行为，必须是利用了国家工作人员的职务便利，否则不构成贪污共犯。

4. 贪污罪的既遂与未遂

贪污罪属于数额犯兼具结果犯的特征，其既遂表现为行为人已经将其主管、经管、经手的财物非法转为自己所有；如果行为人已经着手实施贪污行为，因意志以外的原因未能将财物转归为己有的，属于贪污罪未遂。

5. 贪污罪的数额规定

《最高人民法院、最高人民检察院关于办理贪污贿赂刑事案件适用法律若干问题的解释》第一条第一款规定:"贪污或者受贿数额在3万元以上不满20万元的,应当认定为刑法第三百八十三条第一款规定的'数额较大',依法判处3年以下有期徒刑或者拘役,并处罚金。"

《最高人民法院、最高人民检察院关于办理贪污贿赂刑事案件适用法律若干问题的解释》第一条第二款规定:"贪污数额在1万元以上不满3万元,具有下列情形之一的,应当认定为刑法第三百八十三条第一款规定的'其他较重情节',依法判处3年以下有期徒刑或者拘役,并处罚金:①贪污救灾、抢险、防汛、优抚、扶贫、移民、救济、防疫、社会捐助等特定款物的;②曾因贪污、受贿、挪用公款受过党纪、行政处分的;③曾因故意犯罪受过刑事追究的;④赃款赃物用于非法活动的;⑤拒不交代赃款赃物去向或者拒不配合追缴工作,致使无法追缴的;⑥造成恶劣影响或者其他严重后果的。"

《最高人民法院、最高人民检察院关于办理贪污贿赂刑事案件适用法律若干问题的解释》第一条第三款规定:"受贿数额在1万元以上不满3万元,具有前款第②项至第③项规定的情形之一,或者具有下列情形之一的,应当认定为刑法第三百八十三条第一款规定的'其他较重情节',依法判处3年以下有期徒刑或者拘役,并处罚金:①多次索贿的;②为他人谋取不正当利益,致使公共财产、国家和人民利益遭受损失的;③为他人谋取职务提拔、调整的。"

《最高人民法院、最高人民检察院关于办理贪污贿赂刑事案件适用法律若干问题的解释》第二条规定:"贪污或者受贿数额在20万元以上不满300万元的,应当认定为《刑法》第三百八十三条第一款规定的'数额巨大',依法判处3年以上10年以下有期徒刑,并处罚金或者没收财产。贪污数额在10万元以上不满20万元,具有本解释第一条第二款规定的情形之一的,应当认定为《刑法》第三百八十三条第一款规定的'其他严重情节',依法判处3年以上10年以下有期徒刑,并处罚金或者没收财产。受贿数额在10万元以上不满20万元,具有本解释第一条第三款规定的情形之一的,应当认定为《刑法》第三百八十三条第一款规定的'其他严重情节',依法判处3年以上10年以下有期徒刑,并处罚金或者没收财产。"

《最高人民法院、最高人民检察院关于办理贪污贿赂刑事案件适用法律若干问题的解释》第三条规定:"贪污或者受贿数额在300万元以上的,应当认定为《刑法》第三百八十三条第一款规定的'数额特别巨大',依法判处10年以上有期徒刑、无期徒刑或者死刑,并处罚金或者没收财产。贪污数额在150万元以上不满300万元,具有本解释第一条第二款规定的情形之一的,应当认定为《刑法》第三百八十三条第一款规定的'其他特别严重情节',依法判处10年以上有期徒刑、无期徒刑或者死刑,并处罚金或者没收财产。受贿数额在150万元以上不满300万元,具有本解释第一条第三款规定的情形之一的,应当认定为《刑法》第三百八十三条第一款规定的'其他特别严重情节',依法判处10年以上有期徒刑、无期徒刑或者死刑,并处罚金或者没收财产。"

《最高人民法院、最高人民检察院关于办理贪污贿赂刑事案件适用法律若干问题的解释》第四条规定:"贪污、受贿数额特别巨大,犯罪情节特别严重、社会影响特别恶劣、给国家和人民利益造成特别重大损失的,可以判处死刑。符合前款规定的情形,但具有自首,立功,如实供述自己罪行、真诚悔罪、积极退赃,或者避免、减少损害结果的发生等情节,不是必须立即执行的,可以判处死刑缓期二年执行。符合第一款规定情形的,根据犯罪情节等情况可以判处死刑缓期二年执行,同时裁判决定在其死刑缓期执行二年期满依法减为无期徒刑后,终身监禁,不得减刑、假释。"

【课后思考题】

1. 犯罪构成的要件包括哪些?它对银行在认定犯罪过程中有何重要意义?

2. 犯罪的一般主体和特殊主体是什么?

3. 何为追诉时效?人民检察院、公安机关、国家安全机关立案侦查或者在人民法院受理案件以后,逃避侦察或者审判的,是否受到追诉时效的限制?

4. 我国《刑法》第一百七十二条规定:"明知是伪造的货币而持有、使用,数额较大的,处3年以下有期徒刑或者拘役,并处或者单处1万元以上10万元以下罚金;数额巨大的,处3年以上10年以下有期徒刑,并处2万元以上20万元以下罚金;数额特别巨大的,处10年以上有期徒刑,并处5万元以上50万元以下罚金或者没收财产。"其中,所谓"数额较大"的标准是什么?

参考文献

[1] 上海起航教育信息咨询有限责任公司. 商业银行法律基本原理与制度[M]. 北京：中国金融出版社，2012：146-162.

[2] 刘旭东，赵红梅. 金融法规概论[M]. 北京：高等教育出版社，2016：100-120.

[3] 杨立新. 民法案例教程[M]. 4版. 北京：中国人民大学出版社，2018：25-30.

[4] 王利民. 民法[M]. 7版. 北京：中国人民大学出版社，2018：13-48.

[5] 梁慧星，陈华彬. 物权法[M]. 6版. 北京：法律出版社，2019：74-89.

[6] 黄京平. 刑法案例分析(总则)[M]. 3版. 北京：中国人民大学出版社，2018：113-125.

[7] 谢怀栻. 票据法概论[M]. 增订2版. 北京：法律出版社，2018：74-89.

[8] 李洪华. 银行借款合同风险管理[M]. 上海：上海财经大学出版社，2011：62-76.

[9] 王亦平. 银行法基本问题研究[M]. 北京：人民法院出版社，2005：23-34.

[10] 范健，王建文. 公司法[M]. 北京：法律出版社，2011：55-67.